【海外儒学研究前沿丛书】

主编◎安乐哲 杜维明 执行主编◎彭国翔

孟子与阿奎那

美德理论与勇敢概念

李耶理◎著 施忠连◎译

中国社会科学出版社

图书在版编目（CIP）数据

孟子与阿奎那／李耶理著，施忠连译．—北京：中国社会科学出版社，2011．2

（海外儒学研究前沿丛书）

ISBN 978－7－5004－9254－2

Ⅰ．①孟…　Ⅱ．①李…②施…　Ⅲ．①孟轲（前390～前305）—哲学思想—研究②阿奎那，T．（1225～1274）—哲学思想—研究　Ⅳ．①B222．55②B503．21

中国版本图书馆CIP数据核字（2010）第211968号

责任编辑　鉴传今
责任校对　周　昊
封面设计　回归线视觉传达
技术编辑　王炳图

出版发行　中国社会科学出版社
社　　址　北京鼓楼西大街甲158号　　邮　编　100720
电　　话　010—84029450（邮购）
网　　址　http://www.csspw.cn
经　　销　新华书店
印　　刷　北京君升印刷有限公司　　装　订　广增装订厂
版　　次　2011年2月第1版　　印　次　2011年2月第1次印刷
开　　本　710×1000　1/16
印　　张　17.5　　插　页　2
字　　数　288千字
定　　价　36.00元

凡购买中国社会科学出版社图书，如有质量问题请与本社发行部联系调换

《海外儒学研究前沿丛书》总序

揽彼造化力，持为我神通

彭国翔

正如儒学早已不再是中国人的专利一样，儒学研究也早已成为一项全世界各国学者都在参与的人类共业。“夜郎自大”的“天朝心态”不可避免地导致固步自封，落后于世界现代化发展的潮流。学术研究如果不能具有国际的视野，“闭门造车”充其量也不过是“出门合辙”，难以真正推陈出新，产生原创性的成果。如今，理、工、农、医以及社会科学包括政治学、经济学、社会学、人类学等无不步西方后尘，已是无可奈何之事，不是“赶英超美”的豪情壮志所能立刻迎头赶上的。至于中国传统人文学包括文、史、哲的研究，由于晚清以至20世纪80年代不断激化的反传统思潮在广大知识人群体中造成的那种“抛却自家无尽藏，沿门托钵效贫儿”的普遍心态，较之“外人”的研究，也早已并无优势可言。中国人文研究“待从头，收拾旧山河”的“再出发”，至少在中国大陆，已是20世纪80年代之后的事了。

依我之见，现代意义上中国人文学研究的鼎盛时期是在20世纪20—40年代。尽管那时的中国内忧外患、风雨飘摇，但学术研究并未受到意识形态的宰制，一时间大师云集、硕儒辈出。而那些中国人文学研究的一线人物，除了深入中国古典、旧学之外，一个重要的特点就是兼通他国语文，能够及时了解和吸收域外中国人文研究的动态与成果。所谓“昌明国故，融会新知”，不但是“学衡派”诸君子以及当时那些大师硕儒的标的，其实在一定程度上也恰恰是他们自己学行的体现。1949年鼎革之后，虽然有一批人文硕儒避地海外，于“花果飘零”之际，使现代中国人文研究的传统得以薪火相传，但毕竟难以维持以往的鼎盛了。如今中国大陆人文研究的再出发能否趋于正途、继往开来，在一定意义上，其实就是看能否接得上20世纪20—40年代的“学统”。

接续并发扬现代中国人文研究学统的一个重要方面，就是及时了解和吸收海外相关的研究成果。对此，中国人文学界的知识人其实不乏自觉。单纯西方学术著作的引进自清末民初以来已经蔚为大观，这一点自不必论。海外研究中国人文学术的各种著作，也在20世纪80年代以来渐成风潮，以至于“海外汉学”或“国际汉学”几乎成为一个独立的园地。不过，对于“海外汉学”或“国际汉学”本身是否能够构成一个独立的专业领域，笔者历来是有所保留的。很简单，海外有关中国人文研究的各种成果，无论采用传统的“义理、考据、辞章”或“经、史、子、集”，还是现代的“文、史、哲”，都必然系属于某一个特定的学科部门。而鉴别这些研究成果的高下、深浅和得失，必须得是该学科部门的当行人士，绝不是外行人士所能轻易置评的。譬如，一部西方学者用英文撰写的研究苏轼的著作，只能由那些不仅通晓英文同时更是苏轼专家的学者才能论其短长，我们很难想象，在文学、历史、哲学、宗教、艺术等人文学科的部门和领域之外，可以有一个独立的“海外汉学”或“国际汉学”。如果本身不是中国人文学科任何一个部门的专业人士，无论外国语文掌握到何种程度，都很难成为一位研究海外或国际汉学的专家。所谓“海外汉学”或“国际汉学”并不能构成独立于中国人文学之外的一个专门领域，其意正在于此。事实上，在海外，无论“汉学”还是“中国研究”，正是一个由包括历史、哲学、宗教、文学、政治学、经济学等各门具体学科构成的园地，而不是独立于那些学科之外的一门专业。也正是在这个意义上，要想真正了解和吸收海外中国人文研究的最新成果，还需要一个重要的前提，那就是：了解和吸收的主体自身，必须是中国人文学相关领域的内行人士，对于相关海外研究成果所处理的中国人文课题的原始文献，必须掌握娴熟，了解其自身的脉络和问题意识。只有如此，了解和吸收海外的研究成果，才不会导致盲目的“从人脚跟转”。否则的话，非但不能对海外中国人文研究的成果具备真正的判断力和鉴赏力，更谈不上真正的消化吸收、为我所用了。

当前，在中文世界中国人文研究的领域中，也出现了一股对西方学者的研究亦步亦趋的风气。西方学界对于中国人文的研究稍有风吹草动，中文世界都不乏聪明才智之士闻风而起。但各种方法、模式和理论模仿得无论怎样惟妙惟肖，是否能够施之于中国人文学的研究对象而“有用武之地”，不至于生吞活剥，最终还是要取决于研究对象本身的特质。所谓“法无定法”，任何一种方法本身并无所谓长短高下之分，其运用的成功与否，完全要看是否适用于研究对象。譬如，在北美的中国史研究中，思想史（intellectual history）的研究目前似乎已经式微，起而代之的社会史（social history）、地方史（local history）等研究取径颇有独领风骚之势。但是，如果研究的对象是宋明时代一位或一些与其他各地学者经常保持联系的儒家知识人，那么，即使这位儒家学者多年家居并致力于地方文化的建设，这位或这些学者与其背后广泛的儒家士人群体的互动，以及那些互动对于这位学者观念和行为所产生的深远影响，都需要充分考虑，这就不是单纯的地方史的研究取径所能专擅的了。再者，如果要了解这位或这些学者思想观念的义理内涵，社会史的角度就难免有其盲点了。如今，中国学者对于中国人文学的研究，所可虑者似乎已经不是对于海外研究成果缺乏足够的信息，反倒正是由于对各种原始文献掌握不够深入而一味模仿西方学者研究方法、解释模式所产生的“邯郸学步”与“东施效颦”。中国人文学研究似乎正在丧失其主体性而落入“喧宾夺主”的境地尚不自知。

然而，面对这种情况，是否我们就应该采取“一刀两断”的方式，摈弃对于海外中国人文学术的了解和引进，如此才能建立中国人文研究的主体性呢？显然不行，那势必“自小门户”，不但不能接续20世纪20—40年代所形成的良好学统，反而会重新回到“画地为牢”、“固步自封”的境地。在“不知有汉，无论魏晋”的情况下，“天朝心态”虽然是无知的产物，但毕竟还是真实的自得其乐。而在全球化的时代，试图在与西方绝缘的情况下建立中国人文学术的主体性，不过是狭隘的民族主义作祟。这种情况下的“天朝心态”，就只能是掩盖自卑心理而故作高亢的惺惺作态了。

所谓“揽彼造化力，持为我神通”。只要我们能够充分掌握中国人文学术的各种原始文献，植根于那些文献的历史文化脉络，深明其内在的问题意识，不丧失自家的“源头活水”，在这种情况下去充分了解海外的研究成果，就只嫌其少，不嫌其多。西方的各种理论和方法，也就只会成为我们进一步反思自我的资源和助缘，不会成为作茧自缚的负担和枷锁。

以上所说，正是我们选编并组织翻译这套“海外儒学研究前沿丛书”背后的考虑和自觉。是为序。

目　录

序言 …………………………………………………… 弗兰克·雷诺兹（1）

致谢 ……………………………………………………………（1）

中译者说明 ……………………………………………………（1）

第一章　宗教比较哲学与美德研究 ………………………（1）

1　导言：关于宗教精神昌盛的比较哲学的重要性 ………（1）

2　孟子和阿奎那之间总的相似处和不同点 ………………（4）

3　宗教比较哲学与伦理学的三领域 …………………………（7）

4　美德的一般概念 ……………………………………………（15）

5　美德的扩充与假象 …………………………………………（20）

第二章　孟子与阿奎那美德观念的语境 …………………（29）

1　解释孟子与阿奎那中的问题 ………………………………（29）

2　阿奎那的美德系列 …………………………………………（34）

3　阿奎那建立与分析其美德系列的两个支柱理念 ………（37）

4　孟子的美德系列 ……………………………………………（42）

5　对比孟子与阿奎那的美德系列 ……………………………（47）

6　孟子和阿奎那思想中规诫与生活方式的领域的关系 …………（52）

第三章　孟子与阿奎那的美德理论 ………………………（62）

1　孟子与阿奎那：美德的一般概念 …………………………（62）

2　孟子：人性的根本倾向是美德的基础 ……………………（68）

3　孟子：真正的美德是道德推论的结果，使用推、思，
认识假象 ………………………………………………………（73）

4　孟子：美德，它们的假象，以及智的作用 ………………（79）

5　阿奎那：理性与天性 ………………………………………（85）

6　阿奎那：理性与倾向、情感的关系，及其对美德
假象的认识 ……………………………………………………（93）

7 孟子与阿奎那对于人无德的认识 …………………………… (99)
8 美德理论基础的自我观：实践理性，情感与意向 ………… (114)
9 美德理论基础的自我观：情感的形成与意向的特性 ………… (122)
第四章 孟子与阿奎那的勇敢概念 …………………………… (133)
1 导言：勇敢美德的区别性标志 …………………………… (133)
2 阿奎那对普通的勇敢的分析，恐惧与信心在其中的作用 …… (139)
3 阿奎那对真正的勇敢与勇敢假象的区分 ……………………… (146)
4 阿奎那对勇敢的扩展，及其对忍耐与赴死意愿的定位 ……… (153)
5 阿奎那论坚忍美德与天赐勇敢 …………………………… (160)
6 孟子关于勇敢的一般概念，适当的自尊的重要性 ………… (170)
7 孟子对完美的勇敢的认识：他的分析的特点 ……………… (177)
8 孟子对完美的勇敢的认识：对天赐勇敢的假象的理论
解说与简短考察 ………………………………………… (183)
9 孟子对勇敢的扩充：对命和天的正确态度，简短考察
与阿奎那的坚忍类似的说法 ……………………………… (187)
第五章 结论 ………………………………………………… (198)
1 孟子与阿奎那之间的不同以及细微的相似 ……………… (199)
2 孟子与阿奎那对美德的认识的真实相似处 ……………… (202)
3 关于宗教精神昌盛的比较哲学中基本的、实践的和次要
的理论 …………………………………………………… (205)
4 比较明显不同的美德观念：阿奎那模式的问题与潜在
价值 ……………………………………………………… (212)
5 类比表达，核心的和次要的术语与关于人性卓越
的比较哲学 ……………………………………………… (220)
6 类比的想象与宗教比较哲学 …………………………… (229)
参考文献 …………………………………………………… (239)

序　言

芝加哥大学神学院一直进行一项研讨活动，李耶理是主要供稿者之一，此项讨论产生了《走向宗教比较哲学》丛书。在1981—1984年之间就“天体演化论与伦理秩序”举行了三次会议，他都是主要的参加者；他为相关的论文集（《天体演化论与伦理秩序：比较伦理学新论》，罗宾·洛文、弗兰克·雷诺兹主编，芝加哥大学出版社，1985年）提供了两篇论文——一篇论孟子，另一篇论弗洛伊德。1986年到1989年之间，他参加了六次关于“文化与历史中的宗教”的会议，这些会议的结果是现在这个丛书的第一本——即我同大卫·特拉西共同主编的、题为《神话与哲学》的论文集（纽约大学出版社，1990年）。因此，在这期间他撰写的主要著作作为我们新的丛书的第二本出现是适当的。

李耶理在研究孟子和阿奎那的时候，对一种新的宗教比较哲学的发展做出了两个重要的和原创性的贡献，这种比较哲学无论是在眼光上，还是在同当代哲学的发展和问题的协调一致上，都具有普遍意义。第一个贡献是将当代伦理哲学家的十分热切的关怀纳入到比较研究的轨道内。尽管已经有非常重要的进步既出现于比较研究中，又出现于对于美德伦理学（the ethics of virtue,）的探索中（见李耶理自己的“近来对于美德的研究”，《宗教研究评论》1990年第1期），然而，以前的学者们既不愿、也不能够破除将这两种旨趣分离开来的障碍。

李耶理做出的第二个、更具有普遍意义的贡献是，在宗教比较哲学方面提供了这样一种研究成果：它由单个作者撰写，以书的篇幅出现，它将以下三方面富有成效地结合在一起，它们是细致的描述性分析，使用经过清楚地表述、高度精致的比较研究方法，以及对规范性的预设和蕴含的清晰的反思。在宗教比较哲学中，以前曾经有过一些著作或多或少恰当地使用这些非常重要、且相互联系在一起的因素中的一项、甚至两项；但是我不知道还有别的什么书能够富有成效地将这三方面整合于单一的、统一的领域之中。

在其早期的学术生涯中，李耶理将他的研究集中于西方传统，撰写的博士论文是研究从阿奎那到拉赫纳（Rahner）的天主教传统中天生的[①]和神学的美德，出版了他的第一本书《纽曼的观念：基督教与人类的宗教性》（宾夕法尼亚州立大学出版社，1978年）。从20世纪70年代中期开始，他将其注意力转向研究中国语言和古典文本，随后出版了论中国各派哲学家的七篇重要论文。在80年代，他日益关注既从理论上，又从实践上探讨比较研究方法的问题和可能性；在比较研究方法与规范性的反思之间建立一种联系。在现在这本书中，李耶理勾画出了这一内容丰富而多样的背景。不仅如此，他将各种成分编织成一个中心明确、高度创造性的综合体。

就像《走向宗教比较哲学》丛书中的所有著作一样，李耶理对于中国和西方哲学伦理学一个特殊方面的比较研究将会招致争议。中国学家和中世纪研究专家必定会质疑文本解释中的某一特殊之处。聚焦范围狭窄的专家，还有别的类型的比较研究学者，肯定将会质疑所运用的方法。重视规范的哲学家和伦理学家无疑将从理论上提出反对意见，以及一些重大的反建议。

然而，大卫·特拉西和我相信，李耶理的书将经得起检验；它将为其他以比较研究为导向的宗教哲学家提供一个可遵循的范型。我们还相信，尽管不可避免地会听到一些人因他们家喂养得很好的牛被刺伤而发出的叫嚷声，但这本书将促进孟子研究、阿奎那研究以及探索对于现代世界有意义的美德伦理学等方面的创造性的新发展。

弗兰克·雷诺兹
芝加哥大学
1990年1月20日

---

① 中译者注：自然的：英文为natural，这个字在英文中兼有“自然的”、“天然的”、“天生的”、“固有的”、“合乎人性的”等意义，在本书中作者就是在以上不同的意义上在各处使用此字，我们按照行文的需要，在上述意义中选择适当的译法。

致　谢

这本书的形成时间很长，这意味着我必定会忽略一些人的帮助。但是，我确实想要感谢那些支持过我的人，我十分感激他们。国家人文学科筹款会给予我资深研究员基金，给我的支持使我能够顺利地开展这一项目。亨利·鲁斯基金会资助我一年，在阿姆斯特（Amherst）和五学院作为宗教比较哲学的鲁斯讲座教授，从事各项重要工作，谈话，教学。斯坦福大学宗教研究所的教职工支持我，提供与撰写此书稿的工作相关的许多东西，斯坦福大学人文与科学学院院长办公室和东亚研究中心这两方面都提供资金，帮助我写成此书稿。

许多人还通过非正式的谈话，对他们邀我写的论文的答复，以及阅读这部书稿的几次修改稿的全部或部分，作出了很多贡献。我并不想列出他们所有人的名字，但是，我确实想要突出地提到两个群体，他们持续存在了一段时间，我曾经被特许成为他们中的一员。一个群体是那些参加了从1980年到1983年之间讨论比较宗教伦理学六次会议的人，这些会议从全国人文学科筹款会和鲁斯基金会获得资助。另一个群体是那些参加了近日结束的六次半年会的人，这些会议讨论文化与历史中的宗教，得到了布思—范利思基金会的资助。这些会议几乎都是在芝加哥大学神学院举行的，它们为跨文化和跨学科的持续对话提供了一个环境。我在这两种环境中的收获都难以估量，并且还建立了学术友谊，这对我的工作是极其重要的。

具体指明的个人，包括那些出版匿名审阅人，给我既有支持，又有对书稿相关论题的敏锐批评。我特别要感谢罗伯特·贝拉，卡尔·别莱菲尔特，迈克尔·布拉特曼，约翰·卡尔曼，克里斯·甘威尔，罗纳德·格林，杰姆·古斯塔夫森，约瑟夫·北川，凡·哈维，P. J. 伊凡荷，利昂·卡斯，查尔斯·隆，大卫·利特尔，杜维明，大卫·尼维森，贾尔斯·米尔黑文，弗兰克·雷诺兹，小约翰·里德，信广来，胡斯通·斯密斯，乔纳森·斯密斯，威尔弗莱德·斯密斯，大卫·特拉西，以及大卫·

威尔斯。在我从事这一项目时我在教大学本科生，也从他们中许多人获得启发，这也有很大的帮助，非常重要。还要特别感谢斯坦福大学的两个研究生，他们帮助我最终完成书稿，布莱恩·范·诺登和马克·贡纳曼做了索引以及许多别的事。我的母亲玛丽·霍华德·耶理，虽已至耄耋之年，仍婉转地、但有力地强调要有出色的英语行文，并为我通读了整部书稿。当然，所有这些人是不应当为解释、思想或表述中仍然存在的任何一个错误负责的。

我的两个孩子詹尼弗与约翰，在他们少年时期的相当大的部分与一个写书的父亲为伴，这种机会有好有坏，而他们以耐心、善意的幽默和克制待之，这应当受到赞扬。最后，我的妻子萨丽·格莱森丝应当得到的感谢是我难以给予的。她以无数方式支持我的事业，包括与我共同锤炼思想，承受批评，不断地帮助我对我所做的事情中那些有问题的方面作出恰当的处理。

中译者说明

1. 方括号［ ］里的文字为原文中省略部分，是中译者所加，以使文字流畅，易于理解。

2. 圆括号（ ）里的文字为原文所有，其中提到的人名需加外文的，直接附于中文名字之后，不加括号。

3. 中译者为了避免歧义而为专名和术语所加英文原字也置于圆括号内。

4. 作者所加的注释，原来放在书末，现在为了阅读方便，改为脚注。

5. 为了帮助读者读通书中不易理解的文字，中译者作了少量简要的注释，作为脚注置于当页的底部。

6. 原文中表示强调的斜体字在译文中一律改为黑体字。

7. 斜体的字母为拉丁文。

第一章　宗教比较哲学与美德研究

1　导言：关于宗教精神昌盛的比较哲学的重要性

谈论任何像知识分子中的共识这样的事情是危险的。尽管如此，当我们思考宗教比较哲学中的问题时，现在大部分人赞同这样一个貌似简单的观点的真理性：人类的宗教表现既不完全一样，也不截然不同。[①]（尽管这样，许多人偶尔会像飞蛾扑火，被吸引到对于这样一些极端主张的讨论中去：人类的宗教全然相似，或是截然不同。）设定了这个一致意见后，我们的最重要的工作就是弄清两种极端的选择之间的全部状况。我们必须决定在这个范围内怎样最好地作比较研究工作。这主要是描述性的事情，纵然它依靠运用我们的想象力。然而，我们也必须看到，我们能够产生或发现有什么样的——如果有的话——规范性的结论，这是一种创造性的工作，只是部分地依靠运用描述性材料。

然后我在这本书中测绘相同的与不同的东西之间的中间部分，也许甚至要使之变得适宜于寄身。我的意图还在于反思我的测绘所产生的积极含义。在考察两位思想家之时，我将标明差别中的相似处和相似中的不同点，还要讨论这一过程所产生的规范性结论。这两位思想家是孟子（公元前四世纪），一个早期儒家，以及托马斯·阿奎那（公元 1224/5—1274），一个中世纪的基督教徒。我聚焦于他们关于美德[②]、关于人性的

---

① 中译者注：作者这里所使用的“宗教”（religion）一词是广义的，不仅指崇拜超自然、超人类的神力、有严格的教义、教规和严密的组织的宗教，还包括没有这些特征、但追求最高的精神性、注重修身养性和个人觉悟的伟大的世俗的精神传统，如儒家。

② 中译者注：在英语中美德（virtue）这个词的主要含义是卓越的精神，高尚的品德，德行，也指优点，长处，即人的非德性方面的卓越，如想象力，政治技巧。本书主要是在前面的意义上使用这个词，因此，在译文中我们一般将它翻译为“美德”或“德行”，如若表示后面那种词义，我们将根据上下文的意思和行文的需要，翻译为“优点”，“长处”，或“美德”，如有需要，后加英文原字，置于圆括号内。

卓越或昌盛（human excellences or flourishings）① 的理论，他们对特定的美德，特别是勇敢的美德的论述。

孟子和阿奎那是特别重要的、影响极大的思想家。他们每一方都以一种罕见的方式将理论上的敏锐和精神上的敏感结合在一起。每一方都是他们各自传统的源泉，然而他们不应为后人对他们和为他们所做的事负责。最后，每一方都被现在的卫道者用来捍卫关于人性昌盛的观点，这一观点被认为由于现代观念而受到威胁。

然而，将两人作对比，可能产生的似乎只不过是一种反差。我自己以前的著作，不论是论其中一方，还是在中国和西方的思想家之间作一般的对比，事实上都几乎使我相信，这是真的。然而，当我专注于他们对美德的论述，我看到了那些我以前没有想到会存在的相似之处。不仅如此，这种专注引导我看出这两个思想家中我曾经忽略了的特征，并且重新思考某些思想：这些思想的力量我以前只是朦胧地意识到——或者说有时完全忽略了。

我的探索也引导我作出一些规范性的结论。尽管我的大部分著作产生的是描述性的成果，我确实运用了从这两个思想家获得的材料来构造一种主张，我认为，它能被确立为对事情状况作准确的说明。（然而，这种主张也阐明了我对这两个思想家的描述。）在构造这种主张时，如果我只是要作出一种非常令人信服的论证，那么我并不企图弄清所有问题，但是，我确实意在给出一种真实可靠的解释。我对勇敢的分析，对理智、情感和意向（disposition，译者按：英语中这个词还包含有性情、性格、癖性、倾向等意义。）如何相互作用的分析，以及对关于美德的假象和扩充（semblances and expansions of virtue）的思想如何发生作用的分析，这些大概最好地说明了这一种建设性的探索的性质。②

---

① 中译者注："昌盛"（flourishing）本书常用的这个词主要不是指一个实体的状况，或事业的发展，而是表示人性或精神的卓越和高度发展。为了忠实于原著，我们将这个英文词仍然译为"昌盛"，但为了避免歧义，我们将"religious flourishing"译为"宗教精神的昌盛"。

② 建设性和描述性工作的关系将在第五章作总的讨论，特别见第3、4节。对勇敢的建设性论述，见第四章第1、3、4节；第二个论题见第三章第8、9节；关于美德的假象和扩充，见第一章第5节；第三章第4、6、9节；以及第11章第3节。

我将偶尔交替使用术语"宗教精神的昌盛"（religious flourishing）和"人道昌盛"（human flourishing），因为这两个思想家（和我）认定其中一个包含了另一个。当然，这种用法并不是不可争议的。

我逐渐看出，对这两个思想家的对比既有它本身成功的做法，又有不成熟的形态，我的探索的另外一种规范性特征就是在意识到这种情况下形成的。当我问自己，或者在别人问我时，我的工作中真正的问题是什么，我开始想到的就是发展能够使我们比较不同的世界观的那些品德（virtues）和技术是何等重要。发展任何一种真正的人类能力是值得赞扬的，但是，发展上述这些能力特别重要。我们每一个人生活于其中的国家和世界里，多种多样的民族和观念之间的接触以极高的速度增长着。如果我们要繁荣昌盛，或者也许要说要生存下来，我们就必须发展这样一些品德，它们使我们能够理解、判断和论述我们所面对的、但看起来同我们自己明显不同的、关于人性昌盛的理念。

所面对的这些碰撞有些是纯理论上的，而另一些则是现实的。当我问我自己是否能够想象，一方面我仍然是我，另一方面我能体现唐朝一个禅宗僧人的品德，这时纯理论的碰撞就发生了。而当我问自己怎样对待女儿要加入旧金山一座禅宗寺院的愿望时，现实的碰撞就发生了。这样的区别是有用的，但是太简单了。在这个文化中，那种曾经是纯理论上的碰撞现在变成现实了。那些不同的、厚积而成的文化冲击了美国文化，或是美国文化的一部分，这种状况在历史上鲜有先例。它们向我们所有的人显示了新的可能的生活方式，因而也显示了一些真正的诱人之处和冲突。值得记住的是，几乎每一种文化事后发现忽略了——几乎是彻底地忽略了——它所面对的真正的问题。我想，如何最好地对待这种多样性，是我们的文化所面对的这些问题之一。为了我们自己个人的福祉，为了我们所爱的那些人的福祉，为了正在兴起的社会的福祉，我们必须面对这个问题。[①]

应对这种前所未有的局面所造成的挑战和机会，既要求新的品德，也要求一些旧品德的新结合。然而需要的所有品德包括想要做好、也能够做好同我在对比孟子和阿奎那中所作相类似的事情。对人性卓越的思想的比较，关于宗教精神的昌盛的比较哲学研究，这些都需要智识上的品德，这同对所有的智识活动的要求一样。我们必须具有那种引导我们从事这种对比、并坚持不懈地勤奋追求的意向。我们还必须具有这样一种意向，它使

---

① 关于纯理论上的碰撞和现实的碰撞之间的区分，见威廉斯 1985，第 160—167 页。对于那些似乎不能完全归入这两个范畴的碰撞，威廉斯从不加以讨论，他甚至可能怀疑它们的存在以及它们的重要性。要了解对这个问题的更深入的讨论，见李耶理即将出版的论“冲突”的文章。

我们能够以一种富有启发性的方式构造一些对照，并且能够判断它们会产生什么样的规范性的结论，如果会产生什么的话。

只靠书本很难产生我们所需要的那些东西，用以很好地对付这样复杂的问题。然而，书本能够显示，甚至阐明所需要的智识品德；它还能够增强旧的旨趣，产生新的旨趣。我希望，这本书对于某些读者来说，能够做到这些，而不是只同特定的人物和传统相关。我的探索只限于两位思想家，孟子和阿奎那，因而，也就限于两个传统的一部分，战国时期的儒家和中世纪的基督教。但是，在这样的对比中所使用的方法，加以必要的更改，是可以应用到许多其他类型的项目中的。（这个方法与所有的方法一样，通过弄清它怎样对于特殊的材料发挥作用，而得到最好的理解和评价；但是在最后一章中，我将就怎样最好地比较那些似乎是论人性卓越的截然不同的话语的东西，陈述我的总的想法。）

扼要地概述一下，在考察孟子和阿奎那关于美德的思想时，我的意图是指明差别之中的相似之处，以及相似之中的不同点。这种探索也引导我对于自我论这样的问题，构造规范性主张，这种自我论能最好地说明美德的性质。此外，我的全部工作依据这样一个信念：如果我们要成功地应对我们的充满多样性的社会展现的挑战，就必须具备比较关于宗教精神昌盛的理念所需要的智识品德。让我们转而考察几个给我们提供所需的背景的一般的论题，我们从指明孟子和阿奎那之间总的相似处和不同点开始。

2 孟子和阿奎那之间总的相似处和不同点

孟子和阿奎那之间的哲学和宗教的差别常常显得很突出。例如，在阿奎那的神学宇宙论中，神创造和维持了世界却与之根本不同。在孟子的机体论的宇宙论中，所有的成分都是内在地相互联系在一起的；它们是它们所是的东西，只是取决于它们同其他成分的关系。宇宙论中的这种区别造成了其他基本差别。在阿奎那那里，上帝的自我存在，人格的不朽，死后的审判，都是一些根本的观念。然而在孟子那里，上帝自我存在的理念甚至是不可能成之的概念，而人格的不朽，更不用说死后的审判，是无关紧要的问题。此外，由于宇宙论中的差别，根本概念也经常好像是大相径庭。在孟子那里不可能找到同阿奎那的恩典（英文：grace；拉丁文：*gratia*）观念明显相当的观念，或者在阿奎那那里也不可能发现同孟子的心理物理上的动能概念“气”明显相当的观念，这种气能够成为一种神秘的精神力量。①

不仅如此，确立两个思想家每一方的基本的宗教成分之间的关系可能是困难的，我们在孟子中看不到似乎与诸如启示、教会、圣事等概念相当的东西，或者说在阿奎那中找不到似乎与诸如礼、命、思等概念相当的东西。确实，孟子和阿奎那显然不共有深入地思考宗教、哲学问题所牵涉的相似概念。分析的程序和工具对于阿奎那来说是极其重要的，但是对于孟子来说，它们通常总是处于无关紧要的地位。关于它们的价值，他似乎持有怀疑的看法，相信它们可能会损害而不是支持宗教的事业。

这两个思想家之间的区别严重到足以损害我们发现的许多明显的相似之处。这就是说，它们使那些相似之处看起来好像是表面的，没有意义，使这些相似点处于如此抽象的层面，如此狭隘地限制于一个范围，以至于它们的重要性很少。例如，孟子和阿奎那一致认为，一种更崇高的精神的力量以某种方式造成人性的品质及其实现；而人性的比较低下的方面会危及实现；人们能够达到一种超越人类平常能力的状态，尽管“超人的”力量必须是求得这种（中译者按：即人性的）实现。但是，他们两人对任何这类问题的更深入的论述就背道而驰了。比如他们对更崇高的精神力量的性质或人性中比较低的方面的认识看起来是根本不同的。

这两人之间重要差别之多，许多明显相似的表面性，这些都必须牢记在心。然而，我们也要记住，这两个思想家他们自己相信，他们能够协调对于大部分人来说好像是极其不同的立场和话语。例如，阿奎那以为他能够将圣保罗、圣奥古斯丁和亚里士多德结合在一起；而孟子（至少有时候）以为他能够将杨朱、墨子和孔子结合在一起。这两个思想家每人都面临着好像几乎是不可逾越的差别，就像我们要把孟子和阿奎那拉在一起所面临的那种不可逾越的差别一样，然而，他们以为他们能够成功地把它们联系在一起。

他们的信念、抱负完全不同于大部分精明的现代人，这种信念据以确

---

① 我早期的三篇文章详细地考察了这些区别的一些方面：见李耶理 1982，1983a，1985c。我将要回到这一论题以及其他学者对它的论述。

这本书使用的是威妥玛—吉尔斯拼音法。在书的末尾附有威妥玛—吉尔斯拼音法、汉语拼音与汉字的对照表。它分为三部分，第一部分包括文本中的术语，第二是名字和名称，第三是较长的引语。

立的基础应当加以怀疑。他们的历史意识常常是可疑的；此外，他们坚守一种有疑问的理念：人性昌盛只有一种单一形式（可能还要再加上一些具体的变形）。然而，他们的信仰和努力仍然要我们慎重对待，我们应该对它们采取十分认真的态度，足以能够对它们作出恰当的评价。不仅如此，我们应该记住，今天某些重要的思想家（例如麦金太尔）不赞同大部分当代思想家集中注意于差别的不可调和性这样一种倾向。他们提出，这样一种倾向是由于不能仔细地考察以下这样一种主张而产生的：伟大的思想家和富有生命力的传统拥有一些资源和程序，这些使他们能够协调那些明显歧异的主张。其理由是，这种传统中的思想家能够把歧异的主张融合得既保留他们的重要见解，又弥补他们的主张中的不足，解决以前未能解决的问题。①

对于我们来说，最重要的是我们也发现了孟子和阿奎那关于美德的理论以及对特定美德的论述中真正相似之点。例如，相似之点出现于他们关于美德的假象和美德的扩充的思想之间，出现于作为他们关于美德的思想的基础的自我的概念之中，出现于他们对于实践理性、情感和意向的特性及其相互作用的论述之中。此外，他们对勇敢的美德——不论是以日常的形式，还是以宗教的形式出现——的论述都在差别中显示了一系列有趣的相似之处。他们都论证勇敢是一种特别重要的美德——尽管对核心美德的论述截然不同——因为人们经常面临恐惧，如果他们要达到所希望的目标，他们必须克服它们。不仅如此，他们两人都相信，许多人以为体现了勇敢的那些做法只不过是勇敢的一种表现，或是它的较小的方面。此外，两人还陈述了关于勇敢的最完美的形态的观点，即它的宗教形态，这显示了明显的相似。

一旦我们看出这些相似的类型，我们就会转而重新思考某些明显的差别是否是它们原来所显示的那样。例如，信仰的美德与孟子是不相干的，人性善以及善性可恢复的思想与阿奎那是不相干的，这两种观念每一方面是否像它们原来看起来的那样？重新思考这类问题使我们既能更深入地了解两位思想家，又能在他们之间建立一种更加微妙的关系。

在差别中探索这些相似点的最好办法是集中注意于他们各自论述的细

① 麦金太尔（1988）表述了这一论点，如果他像通常那样通过讲述，而不是通过理论上的论争来表达就会很好。见第164—208、401—403页。

节。当然，在我看来，最富有启发性的相似通常是在我聚焦于严格地规定的论题时出现的。对像勇敢这样一个单一美德详尽的比较分析，与对他们提出的各种美德的一般讨论相比，更富有成果。对他们关于意向和美德的关系的认识的比较分析，与对他们关于性格的思想作一般论述相比，更能说明问题。对孟子和阿奎那之间关系的一些概括，自有其用武之地，但是，它们只有产生于对细节的考察，才能恰当地反映这两个思想家每一方的特征，避免表面的相似。

可是，我们确实需要思考更具理论性的背景，它贯穿于我们对孟子和阿奎那的细节考察。因此，这一章以下部分考察伦理学、特别是美德在宗教比较哲学中的作用。我们从描绘伦理学领域的三个不同方面开始，在结束时考察关于美德的一般概念，特别是那些认为美德有种种假象、可以加以扩展的理念。这些分析给我们提供我们在论述孟子和阿奎那时将要加以运用的概念。它们也使我们能够显示美德的观念是怎样在宗教比较哲学中起作用的。

3　宗教比较哲学与伦理学的三领域

宗教比较哲学中的所有探索必须研究理智在那些具有重要的宗教意义的领域中是怎样发挥作用的。在比较孟子和阿奎那时，尽管我们可以聚焦于理智在形而上学领域中的作用，由于那些已说过的理由，我怀疑我们是否能在差别中找到许多相似处。（假如论题是阿奎那与诸如王阳明这样的理学家的异同，结果可能会稍有不同。）作为替代，我们的探索将集中于我称之为他们的实践理论（practical theories）那些东西，这些理论被置于它们的基本理论（primary theories）与次要理论（secondary theories）之间。集中注意于它们能够使我们在差异中找到相似之处，而只注意后两种理论中的任何一种我们就不可能发现这样的相似之处。①

我将在最后一章详细地讨论这三种理论，不过要在这里指明它们的一般性质。基本理论关涉类似滋润植物生长的水这样的论题，它们所提供的解释能使人们预知、筹划、对付世界所展示的常见问题。这种理论对于一个文化中的大部分人来说明显地是真实的，并且常常具有普遍性。次要理

① 要了解对这三种理论更充分的讨论，见第三篇第5章。

论因不同的文化而异，它们是根据基本理论确立起来的，用以说明特殊的或令人烦恼的事情，譬如水为何突然毁灭而不是滋养了植物。它们运用关于一类事物的概念（如邪恶的精灵），这些事物有别于可见现象，因而即使对于此文化中的人们来说也是熟悉的东西与奇异东西的混合。实践理论往往是基于由基本理论所产生的观念发挥作用，并且同次要理论中的概念相联系。但是，对于常见现象，实践理论提出了比基本理论更富有理论性的说明，而且比次要理论更接近于它们。不仅如此，其目的是引导人们去加以充分地实现，因而使用像美德、义务、意向这样一些概念。这样，大部分实践理论都关心我们称之为伦理学的学科。

我将聚焦于伦理学中以下部分：即探讨美德概念的内容，以及探讨在人性高度昌盛中看到的那些人性的卓越的内容。有些人可能理解聚焦于伦理学，但是会以为，我决定集中注意美德的概念，而不是像责任这样的伦理学观念，或像契约论（contractarianism）这样的伦理学理论，这是奇怪的。他们可能会争辩说，这些论题导致更加具有普遍性的结论，与美德的概念所显示的相比，需要对于合理的东西有更加清晰的认识，要求更加注意当代西方的讨论。不仅如此，今天美德这个词对于许多人来说，带有古老的光环，他们不是将美德同诸如极端谨慎这样的有问题的观念相联系，就是把它限制于狭隘的范围之内，如性行为。

确实，现代思想家经常质疑美德的观念是否具有那种知识上、甚至伦理学上的内容可供富有成效地分析。正像道德教育领域的主要理论家科尔伯格（Kohlberg）所说：

> 如果……我们从美德和邪恶的方面来规定我们道德的目标，我们就是从赞扬和责备他人的方面来规定它们，从而情不自禁地力求让各方面的人满意，最终随波逐流，毫无主见。美德与邪恶（只是）在道德的习俗层面对于个体来说确实具有重要意义：我们对他人的赞扬与责备的基础是将美德与邪恶归于他们。

科尔伯格的批判性的判断部分源于（我们在下面将会看到）他未能把美德在第一人称的考虑中的作用与第三人称的判定中的作用加以区别。然而，他的态度所反映的立场在其他更为精心的论述中也可以看到。甚至更为重要的一些哲学家也赞同边沁这样的判断：美德是无用的观念士兵：

> 它们没有编队；它们不喜欢队列阵法；它们是一群乌合之众，它们的成员经常相互仇视。……它们中的大部分的特征是模糊，而这种模糊是为了获得诗性的工具，但是对于重实际的道德家来说却是危险的，或无用的。①

这类非议是重要的，但是它们肯定不是不可争辩的。

当代对于美德的研究正在兴盛起来；十年前好像只是家庭小企业，现在正预示着将要成为一个工业巨人。对于我们来说，最重要的是美德的观念在关于宗教精神的实现的比较哲学中是一个特别有用的工具。许多宗教传统中的思想家经常最关注美德的问题。我们能够对他们作出高度条理化的比较，办法是集中注意于他们列出的美德系列，他们的美德概念，他们对于人们如何获得美德的观点，以及关于美德实际上或应当怎样相互作用的思想。此外，包含于传统思想家关于美德的观念中的规范性结论，通常特别清楚和具体地反映了他们关于最好的宗教生活的思想。②

现在让我们考察美德观念是怎样同伦理学领域另外两个特征相联系的。这一论题使我们能够通晓那些有助于我们分析孟子和阿奎那关于美德观念的概念和术语。它也能使我们对付比较宗教伦理学中的重要问题，并且通过一种特殊的棱镜聚焦从宗教比较哲学中产生的问题，譬如这些问题有伦理思想如何同其他的宗教表达形式相联系。

伦理学世界可以组织为三个领域或方面。每一领域都是根据其内容以及其中发生作用的理性论证的形式区别开来的。第一个领域包括规诫(injunctions)③，普遍的训示和禁律。第二个领域包括按照某种等级秩序排列的一系列美德，第三个领域包括生活的方式或形态，它们是由规诫加

---

① 引自边沁的这段话见弗莱明 1980 年版，第 587 页；关于科尔伯格的引语，见科尔伯格 1971，第 77 页；又见梅郎德（Meilaender）的著作（1984），它无可非议地批判了科尔伯格的全部理论努力，见第 85—95 页。

② 见李耶理 1990 c，从中可以看到对于哲学、基督教神学以及大众哲学领域中当代论美德的著述的评论。要了解各种传统中对美德的独特研究，见豪利（Hawley）1987 中大部分文章和书目，以及洛文（Lovin）和雷诺兹（Reynolds）1985，第 1—66、203—327 页。

③ 译者按：规诫（injunction）在英语中包含有训喻、命令、规定、禁令等意义。

以保护的，而由美德规定其价值。①

规诫的领域是比较伦理学中以前大部分工作的重心所在，这一领域是由这样一些道德训示和禁律构成的：一种文化中的人民认为它们提出了不可违背的权利、责任，或要求。有些规诫是一般的；例如，认为人们不应当漠视其他人的福利的观念。然而，有许多规诫是相当具体的；例如，认为人们不应当同他们自己的孩子发生性关系的看法。不论内容是具体的还是一般的，都需要一种精致的工具，即决疑论②体系，以便决定怎样以及何时应用规诫。有一些问题必须加以回答，譬如，谁被算做小孩，或人的福利指什么。

如果人类生活要恰当地进行，如果要促进而不是妨碍人们的善行，如果要把人类当成根本的存在，而不是为了达到别的目标的工具，那么，这些规诫就是要保护所需要的最低限度的必要规定。因此，它们通常被认为适用于所有的社会，从而将全部人类结合为一体。此外，在传统社会中，大部分人认为规诫反映了神圣的秩序；这就是说，它们表达了宗教要求。这些规诫的普遍形式和宗教基础，同人们经常寻求或论证规诫的理性程序一样，给予规诫以非常特殊的地位。人们相信，它们的存在既不从属于、也不决定于别的观念；它们在任何情况下都是有效的。

许多现代西方伦理学家既集中注意力于这一领域，又强调理性反思在产生规诫中的作用。经常出现这样的主张：重理性的人如果撇开人的非本

---

① 欲了解同这里所展示的观点在总体上相似的一种立场，见汉普夏（Hampshire）1977，尤其是第15—17、55页。要了解对“道德观念”的批判，见威廉斯1985，第175—196页。关于道德的定义问题，见华莱士（Wallace）与瓦尔克（Walker）1970。

“伦理的”这个词我认为是一个类推术语，同时具有核心的和从属的意义。（要了解对于类推预言的较为充分的讨论，见第五篇第5章）它与“白的”这个词不同，并不表示某种单一的属性，这种属性普遍地呈现于现象的各种情况之中；然而，也不像“bat（球拍）”这样的词，它并非只是一个有歧义的用语。（译者按：bat这个英文词原意为短棍，转意为棒球的球棒，板球的球板，网球、乒乓球等的球拍。）这样，它始终是模糊的，然而仍然可以看出这个词不同的用法之间的清晰的关系。我们能够具体地指明核心意义，各种从属的意义与之相连接，即使它们缺少主要的用法所包含的某些东西。例如，在一个人受到袭击后我行动起来努力减轻他的痛苦，这时合乎伦理的行动明显地出现了，而在我行动起来努力减轻某个人的精神上的烦恼时，只不过是其明显程度稍低一点而已。但是当我写一篇论美学的文章，目的在于帮助人们欣赏多那太罗（译者按：多那太罗是意大利文艺复兴初期著名的写实主义雕塑家）的作品，从属的意义就出现了。

② 译者按：决疑论（casuistry）是一种伦理学方法，它将伦理学或宗教律法用于判定行为是非或解决良心问题。

质的特征就能发现这些规诫，能够看到这样一些一般的、类似于法规的常则，它们从最根本的方面规定了人是什么，人需要什么。这些现代的表述与程序常常不能恰当地反映在别的文化中发现的实践。在这些文化中的规诫经常建立在并不清晰的论据上，它们包含了那些西方伦理学家会认为是不当的行为，并且是含糊不清的；例如，“一个人要杀某人一定要有特殊的理由”。

此外，即使我们能够经常在许多文化中发现相似的规诫，由它们产生的行为也可能很不相同。例如，报世仇可被认为是杀害一个小孩的恰当的特殊理由。正如伯纳德·威廉斯所说，在任何一种文化中，“符合伦理的生活总是包含了对诸如屠杀、伤害、撒谎这样一类事的制约，但是这些制约会采取十分不同的形式。”[①] 确实，在几乎所有的情况下，这些形式上的不同可以被解释为伦理学的另外两个领域、即生活方式和美德的概念，如何影响应用显然相似的规诫。这样，这三个领域之间的相互作用产生了人们的生活所体现的习俗，他们相信这些习俗合乎正确的原则。

第三个领域——生活方式或常规，文化的精神特质——既是最模糊的，又是极其复杂的领域。（就文化包含了各种各样的生活方式而言，这一论题甚至比我所论述的还要复杂得多，我为了清晰的目的只展示单一的生活方式）经过深思熟虑选择的、明确的行为典范是生活方式的一部分。然而，往往更加重要的是不明确、非选择的典范，它们表现于种种态度与行动。这样的典范一般是在这样一些学得的社会习俗中最清楚地表现出来：这些习俗既在重大的、常常是情感深沉的或不平静的时刻——如葬礼，又在经常出现的日常时刻——如吃饭时使用什么用具，如果有的话——支配行为。因而生活方式是指所有构成一个社会的特色的那些大大小小的行为。我们能够很容易看出那些大的表现，如死者受到怎样对待，并明白它们为何重要。要看出较小的表现往往比较难，但它们也是重要的。

一种文化的生活方式的许多特征是难以捉摸的，但是另外一些却能差不多立即看出来。从意大利到法国旅行就会发现，意大利人的生气勃勃、

① 威廉斯 1985，第 153 页。我同威廉斯一样怀疑，反思是否能够提供既指导行动、又引导世界的信念，是否能够以对于这种信念所必需的有效方式来指导这种重要的行动。见威廉斯 1985，第 148—155 页；也可注意第 54—70、110—117 页。

大声地谈话的优点，在法国则被视为放肆的、烦人的浮嚣的缺点。确实，生活方式中的差别使人们在旅游中敏锐地意识到他们是外国人。例如，向一个陌生人致意的适当方式在不同的文化中是不一样的。一个美国人在这样的相遇中倾向于微笑，这反映的生活的方式是建立于这样的理念的基础之上：人们应当以坦然的态度相见，因为陌生人能够、也应当相互友好。然而，在另外一种生活方式中，这样一种微笑会被视为表现了天真幼稚，或不适宜的冒失，而在旅行中的美国人很快就意识到这一点。因而生活方式所包含的那些观念、所产生的那些态度、所形成的那些常规，使一个群体内部的人们能够易于相互交往，在一个经常受到威胁的世界内感觉到比较舒服自在。①

比较宗教伦理学中的大部分工作不是集中注意规诫，就是聚焦于生活方式。（确实，比较宗教中的大量工作是对这种区分的回应；一类致力于理论叙述的逻辑，而另一类则研究文化习俗的复杂性。）生活方式是人类学家和宗教史学家的研究领域，他们主张文化整体论（cultural holism），强调细致的、系统的分析的重要性。他们还认为，文化决定了伦理生活所采取的实际形态；它提供了具体的指导原则，用以制约那些表现人性昌盛的特殊的活动和抽象的叙述。

成为对照的是，哲学的和宗教的伦理学家通常研究普遍的规诫。他们当中大胆的人主张，人类中存在着相似的地方，足以使我们在规诫的体系、根据、甚至内容中发现普遍原则。而另外一些伦理学家则比较谨慎。他们只是试图表述一般的定义和伦理学推理的据说是普遍的程序，尽管他们可能也思索规范的结论。最后，某些伦理学家甚至更为谨慎。他们提出，除非共有一些基本的预设条件，譬如人是理性的行动者，人性是按照与道德无关的法则起作用，否则就不可能发现伦理学的普遍原则。

这样，人类学家和历史学家的工作集中于生活方式的特殊研究领域，而哲学的和宗教的伦理学家则是探求那些可能出现于规诫中的普遍结论。这两种基本的进路之间的关系既不令人满意，也不是富有成果。

① 如果我们考察一下纳盖尔（Nagel）关于五种承担的看法在不同的文化中会受到怎样的评价，就会明白生活方式的影响；例如，爱好沉思在一种文化中可能会被看做至善论者的目标，而在另一种文化中只是被视为可接受的个人事情。

我想我们通过聚焦于美德，能够帮助在这鸿沟上架设桥梁，因为美德同规诫和生活方式这两方面都有着内在的联系。它们通过其观念形态以及所声称的普遍性与规诫相联系，又通过其寄寓于特殊的文化环境同生活方式相关联。①

按照等级形式排列起来的一系列美德在伦理学中构成了我们所说的第二领域。这个系列规定了什么样的品质是美德；等级序列帮助决定何时这个美德或另一个美德应当表现出来。列出的美德是很多的，随视角而不同，有时可能是冲突的；例如，公正地明断可能会同对家庭的忠诚发生冲突。这种等级式的排序在美德之间确定何者优先，它给人们以指导，帮助他们决定在一种特殊情况下，一种美德何时优先于另一种。譬如，这种排序使他们能够知道，对家庭的忠诚比公正的明断更加值得珍视，除非由此造成一个无辜的人可能死亡。

对美德的等级式排序是相当明确的。成年人会非常自信地将它教给年轻人，并且毫不费力地用它评价他们自己和别人。即使缺少清楚的表达，大部分人在大部分时间中仍然都能理解给予每个美德的相对的价值。确实，不用一种排列了次序的美德系列，人们很难很好地行动。（一个外来者描绘这种被使用的复杂的体系，会发现这任务十分棘手，可是，此社会的成员却得心应手、热忱地运用这个体系。）为了不断地展开无数的活动，人们既必须晓得有一些什么样的美德，还必须知道它们何时要表现出来。例如，他们必须知道，当你被告知你的朋友受到诋毁，正确的做法是耐心而不是冲动，是温和而不是激烈，是嘲讽而不是持重。

然而，对于这种等级秩序所产生的指导原则的明晰，我们不应该估计过高，特别是在好思索的人民中，以及在比较复杂的文化里。（确实，对于美德的假象和美德的扩充的认识常常是十分重要的，这恰恰是由于指导原则不明晰。）在美德之间确立优先的过程决定于许多变通，因而往往是复杂的。例如，一个人要在对家庭的忠诚与公正的明断之间分别先后，可

① 我在这里所主张的进路很可能同洛文和雷诺兹 1985 的导言第 18—20 页中的经验的进路最为一致，虽然他们关注的不是美德。然而，那本书中的大部分文章聚焦于生活方式。

就伦理学家而言，我所说的第一种进路最好地体现于格林（Green）1978 和 1988；第二种进路表现于里特尔（Little）和特维斯（Twiss）1978；第三种进路表现于多纳甘（Donagan）1977，第 34—35 页。洛文和雷诺兹的导言的第 12—18 页显示了前面两种。同约翰·里德（John Reeder）的谈话帮助我弄清了这些进路之间的区别。

能决定于以下两方面人的年龄和职责：一是行动者，二是行动者对待的、家庭内外的人们。实际上很好地运用这种体系的能力本身就是一种极其重要的美德，即“实践理性”的美德。其运作过程我很快将在下面加以分析，在这过程中，我们经常看到伦理学中理性的一个最重要的表现，比较宗教哲学对这种理性很感兴趣。

当我们考察美德领域同规诫和生活方式领域的关系时，也会看到理性在指导和理解合乎美德的行动中各种不同作用。美德在三方面同规诫相似。某些美德是普遍的；如果任何一个社会要维持下来，其中的人民要昌盛，它们就是必要的。例如，勇敢对于任何一个要受到赞扬的人来说是必不可少的，同样对于任何一种要拥有富有意义的生活的文化来说也是需要的。其次，就像对于规诫那样，对于美德的结构我们能够获得相当准确的认识。表现勇敢的特殊行动可能是各异的，但是，我们能够准确地讲述使用勇敢的概念所包含的意义。最后，大部分美德同规诫相联系，因为人们靠它们提供原则来指导他们的行动。例如，勇敢的人要受这样一条原则的指导：无辜的人不应无缘无故地受到伤害。

美德也同生活方式密切地联系在一起，甚至比同规诫的关系更密切。美德的特定的排列与某一美德的实际位置这两者都决定于它们所处的生活方式。由于一种社会的精神特质的作用，更大的优先将给予出于不偏不倚的公正的行为而不是出于对血缘关系的忠诚的行为，可是，在另外一种社会精神特质中，出现的是相反的做法。同样，评价人的卓越决定于立于怎样的基础之上：正直还是维护社会关系更值得珍视，对他人情感的细微关心还是同他们率直的但可能是烦人的相互交往更得到重视。合乎美德的行动所表现的特殊风格，以及一种美德在与别的美德的关系中所获得的相对的价值，都是从生活方式中产生的。

因此，生活方式在很大程度上决定了什么样的美德要表现出来，所有的美德是怎样排序的。美德系列和它们的等级秩序又反过来帮助区分生活方式。引导人民把爱国主义的自我牺牲视为英勇的典范的那种文化，与引导他们把宗教禁欲主义看做典范的那种文化之间存在着重大的区别。此外，如果勇敢被认为是最伟大的美德，或者如果它是服务于仁爱，就被认为是重要的美德，或者被认为是一个次要的美德，真正善良的人们很少需要它，这样，另外一些重要的差别就出现了。

确实，一种美德所处的生活方式，它的社会定位，在某种情况下基本上能够决定它的内容。如果我们问，奥德修斯①对独眼巨人库克罗普斯的回答是英勇的，还是粗暴无礼，或我们是否能够将罗伯特·李统率南方联军的决定称为是英勇的，那么可以说答案常常决定于回答者的实际的、或假定的社会定位。不仅如此，美德与一种生活方式的结合如此之紧密，以至于一种生活方式中的一个人不可能采用存在于另一种生活方式中的美德系列和美德排序。以献身革命的政治为首要任务的社会所需要的美德，同那种以求正当的实利与合乎规范的对家庭的忠诚为特征的社会所需要的美德，这两方面是不可能共存的。②

我认为，如果要恰当地恢复人的伦理生活全部的、丰富的复杂内容，我们就要致力于研究规诫、生活方式和美德。分析规诫，研究生活方式的适切的形态，显然是非常重要的探索。不过，如果我们聚焦于美德，而不是集中注意少数几个一般的规诫，或生活方式的几乎是压倒一切的复杂性和多样性，我们就能最好地作出条理井然但又可调整的比较。而且，当我们聚焦于美德，我们也就必定探源于另外两个领域。在论述美德时，我们总是必须往返于第一领域一般的、通常是抽象的规诫与第三领域生活方式的特殊的、可变性很高的形态之间。

美德的概念，以及它所表现的实践理论的种类，是如此的复杂，以至于我需要从理论上作一些关于它的说明来结束本章。在以下这一节中，我将对美德进行概略的一般论述，描述现代西方的讨论，指明这种美德概念是如何贯穿我对孟子和阿奎那的分析。在最后一节中，我将考察美德概念的两个特征，（即它们是可以扩充的，以及它们有假象。）并且讨论它们是如何被包括孟子和阿奎那在内的许多思想家用来质疑和改变伦理典范。

4　美德的一般概念

美德是一组相互联系、比较明确规定的品质，一个群体中大部分人认为它们反映了值得赞扬的特性。这个范畴的严格的界限始终是一个有争议

---

① 中译者注：奥德修斯是古希腊荷马史诗《奥德赛》中的主人公，伊塞卡国王，曾献木马计，赢得特洛伊战争。

② 关于生活方式所表现的善的多样性的一般问题，见汉普夏 1983，第 20—26、32—43、127—169 页；纳盖尔 1979，第 128—141 页；以及罗森塔尔 1987，第 41—47 页。

的问题。例如，完全音高感（perfect pitch），或天生的大力气不会被当作美德，但是，如果性魅力是出于品德，而不只是来自天生的美丽，可能会被当作美德。这就是说如果一种品质要算为美德，一种特有的欲望和动机样式，即“意志”的某种表现，也必须显示出来。这样，美德是行动、欲望、和感觉的意向，它需要作出判断，并导致明显可见的人性的卓越或显示人道昌盛的实际行为。此外，合乎美德的行动需要为了美德本身以及根据某种正当的人生打算而选择实行美德。

我们也可以将美德划分为两大类：像仁爱这样的倾向性或动机上的美德（virtues of inclination or motivation），以及像勇敢这样的保护性或抵御性美德（preservative or neutralizing virtues）。保护性美德保护倾向性美德，办法是抵御妨碍实现它们的欲望。反过来，倾向性美德经常产生保护性美德努力奋斗的目标。这两者之间的相互作用极其复杂，以至于对这种划分的机械运用将混淆而不是分清它们。不过，这种划分帮助我们区分种类繁多的美德，弄清某些特别微妙的行动，理解在下述情况下发生的事情的重要性：由宗教提升的勇敢成为倾向性、而不是保护性的美德，我将要讨论这种情况。①

① 罗伯茨（Roberts，1984）很好地论述了这两种美德之间的区别，但是，平考夫斯（Pincoffs，1986）对这种划分的某些方面提出了一些重要的问题；见平考夫斯 1986，第 73—100 页。我将讨论（特别是在第三章中）实践理性在美德中的作用问题，但是要在这里指出，它构成这两种美德的基础，而不是适应它们；它形成了美德，因而有其自身特色。

正如在注 7（译者注：即第 9 页注②）中指出的，李耶理 1990c 涉及论三个领域中美德的当代著作。论美德的当代哲学著作的概述见彭斯（Pence）1984，对于这一进路中的明显问题的评论见娄登（Louden）1984。对西方美德传统、特别是以亚里士多德的形式出现的这一传统的鉴赏性的、然而又是批判性的论述，见威廉斯 1985，第 35—36、174—196 页。重建这一传统的三个有影响、有趣的尝试，见华莱士 1978；富特（Foot）1978，第 10—18 页，以及富特 1983；汉普夏 1977。麦金太尔（MacIntyre）的著作将那个传统中为所有的人所赞同的观念置于突出的地位，他的著作是有助益的，但是，他对这一传统的重新表述即使在最倾向他的评论家中也只有少数人满意，特别注意伯恩斯坦因（Bernstein）1984 的批评；又见谢夫勒（Scheffler）1983；施尼文德（Schneewind）1982，1983；以及瓦尔托夫斯基（Wartofsky）1984。施克拉（Shklar）在 1984 年提出（也许过于简略），在我们思索美德时，是康德，而不是亚里士多德，才应当是我们的出发点（第 232—237 页）；关于这一论题，见奥尼尔（O'Neill）1984，娄登 1986，希尔（Hill）1973。

最后，肯定性的动因，而不是缺少否定性的动因，才是大部分论述中的最重要的东西，这肯定也适合于孟子和阿奎那的论述。然而，布朗特（Brandt，1970）不同意；对他的立场富有说服力的批评，见胡德森（Hudson）1980，罗伯茨 1984，以及华莱士 1978，第 60—61 页。

关于这两种美德，我们在评价行为（除了规诫领域内的那些行为）时使用的关键性的谓词是，它们是“合乎或不合乎自身特性”。善等于拥有适当的品质特征这样的人所做的一切，而坏事则等于缺少这些特征的那种人所做的一切。确定为好的或坏的其根据是所作所为是否与某种生活方式相符合。因而，好人或奋发有为的人给我们提供了最重要的标准，据以判断寻求什么样的状态，以及作出什么样的行动。这种“好人标准”肯定是循环论证。我们用好人来确定什么是好的，我们知道这样一些人是好的，这是因为他们表现了那种我们从好人榜样逐渐明白的善。但是，正如我将要论述的，这种循环论证是良性的，甚至是合乎道德的，而不是恶性的。①

这里最重要的是，当真正有美德的人考虑时，他们并不想到美德的善以及它所显示的生活方式。不如说他们是在考虑他们面临的情形，以及他们的行动要合乎当时的心境。我实行仁爱，这是因为我所面临的情形产生的感受引起仁爱之心：一个我能够帮助的、遭受苦难的人在我的面前。我不是为了成为仁人或让我或他人把自己看成仁人，而实行仁爱。确实，如果我那样做，我就缺乏真正的仁爱。因而，要有德行，就要确定一些相关的事实和考虑，并依据它们行动。有德行的人不会像旁观者的评论那样看自己的行动；第一人称的考虑（deliberation）与第三人称的归因（ascription）大相径庭。

然而，有两个抽象的思虑贯穿了有德行的人的考虑。一个是把某种行动看成责任的倾向；另一个是喜欢考虑行动的结果。（用时行的术语说，有德行的人显示了一种义务论的 deontological 和推断论的 consequentialist 关切）在一个比我们所居住的天地更完善的世界中，出于美德的判断，责任，以及对后果的关切，它们都会容易地相互协调。在这样的世界中，它们有时也会不协调。在它们发生冲突的情况下，有德行的人无论做了什么事都将会为之追悔。但是，如果不合乎美德的行动产生的有害结果相当少，那么这种追悔就不会那样强烈。它也不是在以下情况下产生的那样一种追悔：我明知我所做的事是合乎美德的——［例如，］拒绝吓唬学生以获知实情，即使它引起了我所憎恶的结果——可能毁了大有希望的学术前

① 对于好人的标准的进一步讨论，见第三章注26（译者注：即第84页注①），与其所注释的正文，以及第五章第6节末尾的分析。

程。我的追悔是强烈的，但是它担忧这样一个生活现实：产生不能接受的选择，即不符合美德的行动。①

符合美德的行动与关于责任或后果的认识的关系构成了三个领域中的第一领域，西方对于美德的大部分讨论集中于这一领域。在这个领域中，大多数学院哲学家，许多面向公众的哲学家，还有某些神学家，他们将美德的观念同关于道德的其他现代理论，尤其是义务论或契约论，结合在一起。（稍早一点的思想家，如斯德威克 Sidgwick，曾充分地讨论了美德与功利主义的关系。）主要的问题是，美德概念是为现代理论提供了所需要的补充，还是甚至能够取代它们。对于美德的特性更为直接的探讨发生在另外两个领域之中。

在第二个领域中的分析者考察了与美德观念相关的心灵与行动的特征。在他们考察诸如实际的判断、情感和意向的特点的课题时，他们的方法通常是抽象的，强调概念的严格性。另外一些课题，诸如叙述（narrative）、社群和传统的意义，通常要求别的能力和方法。例如，分析家们将对模范的人生作出详尽的、细致入微的描绘，或者运用探索性的、实验性的尝试方式。美德理论家如果要恰当地探索品德是怎样产生的，它怎样影响行动，以及它该怎样加以理解和评价，就必定为所有这些课题而操心，对所有这类做法作出回应。②

再次，讨论的最后一个、也是最少进展的领域，牵涉美德的观念如何同善的理论、同价值论（axiology）的论题相关联。美德理论家，尤其是那些倾向于传统表述的人，常常相信，一种生活类型比其他类型更充分地表现了人性的善。例如，他们认为经受过理论反思的一种生活要好于未经受过反思的那种生活。因而，考察关于人性昌盛的不同看法以及对它们的

---

① 关于归因与考虑之间的区别的问题，见威廉斯 1985，第 10—11 页，而要了解追悔的意义，见威廉斯 1981b，第 27—28 页。我关于美德与责任和后果的关系的看法由贝克（Becker）1986 阐明了，可见第 30—72、145—150 页。但是要注意，只聚焦于涉及冲突的问题就要忽略美德概念中许多重要的东西；关于"困境伦理学"（quandary ethics），见平考夫斯 1971 和 1986。

② 关于需要将一些方法结合起来以及对待不同的体裁的问题，见李耶理 1990c 第二部分的末尾，第 4—5 页。那篇论文附有详尽的参考书目，但是指出在第一领域中最具有启发性的、代表性的论述出现于巴伦（Baron）1984，贝克 1975，富特 1983，赫尔曼（Herman）1981，斯托克（Stocker）1976，华莱士 1978 等著作之中；至于斯德威克 1981，可见第 217—230、320—336 页。第二领域中的卓越著作，可以举出以下这些：登特（Dent）1984，亨特（Hunt）1985，麦克道威尔（MacDowell）1979，罗伯茨 1984，罗蒂（Rorty）1988，华特森（Watson）1984。

论证，显然是十分重要的。①

由探讨心灵和行动的特征而产生的那些课题，在讨论孟子和阿奎那中将会极其突出。可是，我也将简略地论述他们关于美德与规诫的关系的认识，还要非常详细地叙述他们的价值论判断。在所有这三个领域中，阿奎那，尤其是孟子，他们不时提出的问题有别于现代西方人所提出的那一些。他们的文化与时代相距遥远，这说明了其中一些差别。然而，另外一些差别的产生则是由于他们按照传统的宗教观看问题。不像所有的现代西方人（少数神学家除外），孟子和阿奎那突出诸美德之间或一个美德中的等级系统，它是依靠宗教标准建立起来的。两人也主张，除非人们认识到一种正确的宗教世界观的意义，认为有可能出现超凡入圣、拥有巨大精神力量的人物及其所感化的社会，否则最高形式的美德是不可能被理解的。即以勇敢为例，他们提出了一个行为等级体系，它的登峰造极是毫不犹豫的自我牺牲的行为，这一等级体系产生于拥有巨大精神力量的人物以及受其影响的社会，展示了极富特色的、对待生活的宗教态度。②

然而，由现代对美德的讨论而产生的看法能够帮助我们理解他们的思想。一个最新的这种看法是：美德是"纠正的"。美德克服那些据信对人来说毫不奇怪的难处，纠正需要抵御的某些诱惑，或需要使之变好的某些动机。例如，如果人们没有自私的驱动力，那么就不存在对仁爱的需要；如果他们没有懒惰的习性，那么就不存在对勤劳的需要；如果他们没有那种不当地放弃的倾向，那么就不存在对坚韧的需要；如果他们没有因恐惧而不做应当做的事的趋向，那么就不存在对勇敢的需要。因此，美德的观念是建基于对于人性的弱点和需要之上的。（这种联系有助于说明，为什

---

① 关于第三领域一些问题的概述，见芬德莱（Findlay）1970。还可注意伊凡斯（Evans）1979；伽达默 1986；平考夫斯 1986，第 101—114 页；以及威廉斯 1985，第 1—5、18—32、152—155 页，注 12（中译者注：即第 15 页注②）中提到的关于善的多样性的讨论。关于这一论题的富有启发性的相互切磋出现于沃尔夫 1982 与亚当斯 1987 第 164—173 页、麦金太尔（尤其是 1984b 和 1984a 第 218—222 页）与伯恩斯坦因 1984 以及施尼文德 1983 之间。哈特曼（Hartmann 1975）的著作包含了对于卓越的典范的更替的历史概述，它十分吸引人。

② 很多当代宗教思想家十分关心美德问题，他们的著作经常反映了相似的主题，例如，豪威尔瓦斯（Hauerwas）1981a 和 b，赫尔姆斯（Herms）1982，古斯塔夫森（Gustafson）1981，1984，麦克兰登（McClendon）1986，梅朗德（Meilaender）1984，索科罗夫斯基（Sokolowski）1982，第 69—86 页。

么将美德同［人性的］弱点相对应能够揭示有关美德特性的许多事情。）可以把特殊的美德同它们要纠正的问题相联系，以弄清被美德改变“之前”的人性是怎样的。此外，这种联系可以向我们显示，如果美德的纠正是不完全的，将会存在什么样的冲突。这意味着我们能够运用孟子和阿奎那关于美德的观念来弄清这样一些东西：他们相信它们是人类的基本的需要、问题和可能性。①

然而，在提出这些联系时，我们要明白倾向性与保护性美德是以不同的方式纠正问题。倾向性美德纠正人性的一般倾向，如自我放纵，自私。在一个德行非常高尚的人那里，它们并不纠正当下的趋向。我要行仁时不是必定感觉到自私的拉力。与此成为对照的是，保护性美德通常纠正一个当下的心理状态。勇敢的人合乎情理地害怕他们的行为可能招致性命或声誉的丧失，他们必须克服那种当下的恐惧。已养成的保护性的美德，如饮酒时的节制，可能只纠正一种一般的人性倾向。然而，即使这样，实行一种美德的情境必定是一个正常人会实际感觉到相反的冲动的地方。不仅如此，对于大多数人来说，就大部分节制类型——如使用于性欲表达中的那种——而言，这种美德永远不可能达到完美的状态。（确实，就像我们就要讨论的，当像勇敢这样的保护性美德只纠正一种一般的人性倾向时，行动者必定被某种卓越的力量改造了。）

因此，关于纠正的性质的某些问题，是十分复杂的。不过，运用这一概念以及对于美德的现代分析所得出的其他概念，能够帮助我们理解与评价孟子和阿奎那的论述。现在让我们转向最后一个导论性的论题：思想家们是怎样通过美德的扩充和假象来质疑和改造他们时代占统治地位的美德理念的。孟子和阿奎那，尤其是在其论勇敢的著作中，说明了这个过程是怎样进行的，但是，我在此将要对这个过程及其含义作出一个理论上的描述。

5 美德的扩充与假象

喜爱思索的人们经常能够感觉到一种不安，即对关于一种美德的认识

---

① 富特 1978 第 8—14 页展示了美德的纠正的特性，但是可以读一读斯洛特（Slote，1984）的评论，第 32—59 页，以及罗伯茨（1984）的批评；要了解这一观念同“可能的世界”（possible worlds）的联系，还可以注意诺威尔—斯密斯（Nowell—Smith）1954，第 250 页。

的不安，这种美德在他们文化中的作用最为广泛。这些人质疑以及很可能改造这种共同认识的一种方法，是扩充一种特殊的美德的范围，因而兼及意义。另一种方法是使用关于美德的假象的概念来弄清那些看起来好像相似的、符合美德的活动之间的差别，因而发展出一些评价行为和品德的、更为精致的方法。这两种战略的目标都是要使人们的美德概念更富有宗教意义，在哲学上更精致。

在勇敢这个美德上对这样的变革的需要尤其明显，对此加以考察能够很好地阐明观点。例如，孟子和阿奎那两人都认为，许多人都相信显示了勇气的那种行为，不是仅为勇敢的一种微不足道的表现，就是它的一种假象。因而他们同这样一些现代人的看法相一致：这些人认为人们通常理解的勇敢只适合于惹是生非的年纪，或只是人们生活中的有问题的典范。但是，他们不会赞同这些现代人这样一种看法：这些人下结论说：因此，勇敢不是一种美德。扩充勇敢的意义，把真正的勇敢与它的假象区分开来，这是孟子和阿奎那的回答。

当代的批评家们声称，只是在盛行英雄主义的时代，勇敢才是一种最重要的美德。在那些时代（以及在今日某些不幸的地区）一个社会或个人处于有形攻击的经常性威胁之下。只有靠最简单的、最率直的类型的勇敢，人们才能够保护他们自己、他们的家庭以及他们所珍视的一切其他东西。他们必须同带来浩劫的敌人战斗。这种局面有助于产生一种英雄主义世界观。以强烈的色彩描绘是与非；始终不断地经历、以至于追求激动人心的战斗。为了理想和摧毁敌人而作出壮烈的自我牺牲，由此而获得的荣誉与壮丽的英雄主义行为这两者都属于社会最有价值的珍爱。（这样一种眼光通常也反映和加强了那种表现了男性与女性、贵族与平民之间的等级区分的社会结构。）

然而，批评家们提出，今天面临的有形攻击的经常性威胁少得多了。因而，勇敢以及它所造成的英雄主义的典范也应当消失了。取而代之的是，人们应当培育诸如想象、嘲笑、政治技巧这样一些优点。这些优点使人们避免否则需要勇敢的那种局面。此外，它们向人们提供了比勇敢和与之相连的美德内容更丰富的人性完善的景象。人们不再是经历要勇敢地面对的困境，而是应当培育这样一些美德：它们使他们能够找到富有想象力的妥协，或者以超脱的嘲笑的态度来看一种局面。[①]

这一论断在20世纪后期的美国肯定具有说服力、甚至入木三分的刺透力。像兰博[②]这样的虚构人物、像奥利弗·诺斯（Oliver North）[③] 这样的真实人物的性格及其为公众所接受，能够很容易引导一个人怀疑勇敢的价值。还有一种勇敢类型，其更引人深思、更有说服力的范例能够让人不寒而栗。例如，想一想威廉·詹姆斯所引用的斯考别列夫（Skobeleff）[④]将军的话语：

> 我相信，我的勇敢只是一种激情，同时又是对危险的藐视。冒生命危险的行为以一种过度的狂热贯穿我的一生。敢于一起冒险的人越少，我就越是喜欢它。我的身体参与到事件之中是为了给我提供足够的兴奋。而一切智识性的东西在我看来都是内省的；但是人与人之间的会战、决战，这种我能够不顾一切地投入其中的危险，却吸引我，使我激动，让我陶醉。我为之发狂，我十分热爱它，我极其喜欢它。我追求危险就像一个男子追求女人；我希望它永远不要停止。假如它总是老样子，它也会给我带来新的快乐。当我投入冒险活动，希望从中寻到快乐，我的心脏因为前途未卜而激烈地跳动；我会既希望它出现，同时又希望它不要立即到来。一种痛苦的、而又充满快意的激动让我战栗不已；我的整个灵魂都发动起来，以一种如此巨大的动力去

---

① 哈尔（Hare）1963第149、155、187—191页展示了这样的论断，而吉契（Geach）1977作出了响应，有时其方式可能是有问题的；主要见第150—155页。罗蒂（1988）作出了一种均衡的分析，并且很好地展示了随美德扩充论而产生的诸问题；见第299—313页。还可注意麦金太尔（1984a）对古希腊英雄时代的栩栩如生、也许有点神秘的描绘，见第120—130页。在赫尔齐曼（Hirschmann）1977第9—47页中可以看到很有吸引力的叙述，它说明了后来西方对这一时代的描绘的特征，以及这个时代为什么会消失。

② 中译者注：兰博是20世纪80年代中期在美国风行一时的《第一滴血》、《第二滴血》等系列电影中的主人公，他曾在越南作战，回美国后与当地恶势力斗争，后又到阿富汗同苏联人侵军队作战。

③ 中译者注：奥利弗·诺斯是美国战地记者、畅销书作者。他毕业于海军学院，曾在美国海军服役二十二年，因战斗有功而多次获得勋章，在20世纪80年代后美国的反恐斗争中也有出色表现。

④ 中译者注：斯考别列夫是沙皇俄国的著名将领，军事活动时期在19世纪下半叶到20世纪初，主要活动地区在中亚和远东。

迎接险情，以至于我的意志想要抵御将会是徒劳。[①]

这位将军可能是一个极端的范例，但是，正像詹姆斯所指出的，加里波第[②]曾说出相似的想法；还有一些值得称赞的人物也曾表达了几乎同样的思想感情。确实，这样一些类型的美德的存在使我们能够看到尼采以下格言的价值："向人们祈祷——'因我们的德行宽恕我们'——这样一个人就应当向人们祈祷。"[③] 不仅如此，我们都知道，种种社会组织，或至少是政府，当它们确立的目标变得十分可疑的时候，经常赞颂勇敢的价值。正像东欧的一条谚语所说：当他们开始谈论勇敢，那就是要移居异国的时候了。

包括孟子和阿奎那在内的许多传统思想家已经看出了这些问题。然而，他们还是提出，勇敢始终具有重要的地位。紧张，牺牲，富有戏剧性的冒险事件，以及它所表现的决心，所有这些都是需要的，也是有价值的。他们运用了勇敢的扩充和勇敢的假象的理念，展开了保留勇敢的论述，克服对于勇敢的普通理解所造成的困难。他们对勇敢的各种表现作了区分，展示了勇敢的其他方面，确定了什么样的［勇敢］形式是完整的。例如，他们把真正的勇敢同一些勇敢的假象区分开来：这些假象只是表现愤怒或抵御种种不同的恐惧。他们通过一种途径来扩充勇敢的概念：这种途径使勇敢成为所有正确的宗教态度的一个组成部分和这样一种美德：它包含所有需要艰苦奋斗的承诺。我将在后面考察勇敢的转化，但是在这里我需要分析作为这些转化的基础的两个一般的步骤。扩充美德和辨认它们的假象是两个显示许多有关美德特性的东西的过程。

思想家们在扩充一个美德中使用的步骤相对而言是比较简单的，即使实际地做任何一个扩充这样的事是复杂的。他们确定一个美德所表现的一般特征，然后将显示这些特征的所有活动汇集于它之下。例如，扩充大多数人过分狭隘地理解的仁爱的美德这种做法需要提出，它所表现的同情的反应应当超越由血缘联系、共同承担的职责或共同的社群连接在一起的那

① 转引自詹姆斯 1985，第 265—266 页。

② 中译者注：加里波第（1807—1882）是意大利的民族解放运动的领袖，参加了反奥地利的独立战争，曾领导罗马共和国的保卫战，解放西西里岛和那不勒斯。

③ 见尼采 1967 中之《意见与格言杂编》（1879）第 405 条格言。

些方面。当思想家们试图让人们相信这样的扩充是有道理的时候，很可能会遇到一些巨大的困难。譬如他们必须回答以下这样一些问题：对家庭的仁爱与对同事的仁爱的区别是怎样的，如果有这样的区别的话。然而作为扩充过程的基础的这种一般步骤是不复杂的。

认为美德有假象的理念就更为复杂，但是它也能说明许多问题，因此我将比较详细地讨论它。真正的美德既有伪装，又有假象。这三个概念以及它们所指明的现象可以排成这样的区域图：伪装的美德和真正的美德位于两边，美德的假象位于中间。这样，真正合乎美德的活动，同那些意在欺骗他人、看似相像的活动以及同那些好像真正的美德但其中缺少重要成分的活动，成为对照。例如，一个人的和蔼可亲是伪装的，其目的是为了他或她自己的利益而利用他人。[在另外一种情况下,] 一个人和蔼可亲是基于这样的信念：和蔼可亲帮助社会顺畅地运转，这种人就是具有美德的假象。一个人具有真正的和蔼可亲的品质，他对人们是真心地热爱，而这种热爱之情产生于他们可爱的品质和感受到的社会交往的愉快。

伪装的美德的概念是容易理解的，这一概念与美德的理论联系不多。(当然，如果我们要顺利地度过我们的一生，能够辨别它们常常是非常重要的。) 因此，我将集中注意美德及其假象之间的关系。理解了这种关系我们就能够具体地确定美德的确切性质，明白思想家们是如何运用这些概念既引导人们获得真正的美德，又批判关于美德的流行的、然而却是错误的认识。

能够以这种方式进行引导和批判，对于宗教思想家来说特别重要。他们中有许多人不是丧失了对于他们的传统关于美德更崇高的认识的敏感，就是不能始终如一地把这种认识同它的假象区分开来。例如，孟子担忧他称之为“乡原”的人的存在。在许多人看来，这种类型的人表现为美德的典范。然而，孟子给他贴上了“德之贼”标签。他认为，这种人把真正的自我误当成充当社会角色的自我，对于激发符合美德的行动的思想动机有误解，从而阻碍了他们自己和别人的发展。阿奎那有相似的关切。对于美德的虚假的认识引起了殉教行为（这种行为被一般地规定为舍弃自身，事奉上帝），这引导人们走入歧路。他们违背了基督教这样一些理念：需要爱惜自身，需要尊重上帝创造出来的美好东西，需要仔细地弄清那些发自上帝、显然是针对个人的指示。

这样，思索美德的思想家发现了宗教传统始终包含以下两方面之间的对立：即许多人，甚至是大多数人，认为那些是合理的行动或信念的东西，同一些高明的信奉者的意见所表达想法之间的对立。正如切斯洛·米洛斯（Czeslaw Milosz）①对此所作的生动表述："（宗教的）教义是很难懂的，因为它包含了可以说好像是地质学地层的好几个层面，一个人不会立即猜想到……（普通信奉者）的幼稚的问题和答案同它们后面的根据之间的联系，是否与植物的生命同地球的沸腾的核心之间的联系差不多一样多。"②在极端的事例中，真正符合美德的活动能够在相当大的程度上不同于流俗以为有德的人所做的事。例如，世俗之人相信，符合美德的行动是基于对于普遍接受的准则的忠诚，因而也就提供了可以预知的、可靠的结果。他们不懂得，真正的美德依赖于品质，依赖于对局势的敏锐感受以及宗教的悟性。这种区别可能导致世俗之人宣称，真正有德行的人凭据更高的见识抨击日常的社会的或宗教的实践的活动，是不道德的。

在比较普通的事例中，在采取的行动上的区别不太明显，但是，动机上的区别可能是很大的。世俗之人由于不明白有德行的人是为道德行动本身，而不是为这种行动的后果而选择道德行动，因而常常把美德的假象误当成真正的美德。假如一个行动者为了后果，如物质利益或更高的声誉这类没有德行的人想获得的东西，而选择道德行动，那么，美德的假象就出现了。例如，如果我不顾可能丢弃工作的后果，反对我的老板的性别歧视的行为，是为了赢得同事们的敬重，那么，这就是勇敢的假象。在这样的事例中，我的目的同没有德行的人相似；我只是相信，是美德而不是恶行，才能够使我最好地达到目的。

此外，世俗之人不明白，真正有道德的人选择美德，是为了他们自己的理由，而不是由于诸如风俗习惯和权威这样一些间接的支持。这就是说，他们选择美德，把它当作合理的、正当的人生计划的一部分。有道德的人的选择，正像我们已经讨论过的，不是必定表示在他的考虑中想到了这个美德的价值。但是，行动是产生于一个接一个的注意行为，理智造成的意向，以及以往所培育的欲望心态。这样，德行产生于选择，而不是简

---

① 中译者注：米洛斯是美国的文学家，诗人。他在1911年出生于立陶宛，20世纪30年代开始在波兰从事文学活动，第二次世界大战期间在华沙参加反纳粹的地下斗争。1951年移居法国，1960后一直在美国任教。

② 米洛斯1968，第70页。他在这里指的只是天主教教义。

单地产生于联想。它来自理智激发的意向，而不是简单地来自常规反应；它需要为它本身、并考虑到整个人生打算而选择美德。

因此，奉行美德的人与奉行美德的假象的人他们之间的分歧不是关于达到他们双方都追求的一个目的的手段，而是关于人类的美好（the human good）事物①的组成内容。与这种分歧相关的可能只是比较不重要的部分，如精美的食物是否为美好的生活所必须。但是，它也可能关系到最根本的部分，如遭受可能死亡的危险以保护他人，这是否总是有道理。在许多情况下，特别是在那些需要勇敢的情况下，这方面的冲突是十分激烈的。

这种冲突的概况和含义在特伦斯·伊尔文（Terence Irwin）对柏拉图的一个论述的分析中得到了很好的展示，柏拉图论述了真正有道德的人的狂热的爱与一个“精明的”人的卑下的爱之间的区别。普通的、精明的人认为真正有德行的人是无所顾忌的，甚至是疯狂的，因为他们对人的终极目的的看法同有德性的人相比，是如此的明显不同。这种：

> 关于终极目的的分歧部分地解释了何以别人认为真正有德性的人是疯狂的；他们既不赞同、也不支持他的终极目的，而更倾向于没有爱的激情的人的德行……。（此外，他们认为，）有道德的人的疯狂使他不计较其行动的后果……（因此）以为他是无所顾忌的。②

自爱（self－love）发生于这两种人身上；两者都关心他们的将来状况。但是，世俗的、精明的人（在柏拉图看来是卑下的人）以谨慎小心的态度、乏味的节俭表现了他们的关注，而这又引导他们以为真正有道德的人必定对他们将来的状况漠不关心。他们不懂得真正有道德的人认为一个人应当为道德本身选择一个合乎道德的生活状态，选择它是因为它是一

---

① 中译者注：英语名词 good 是本书常用的一个词，它兼有“善”、“好东西”、“美好”、“好处”、“好人”等义，我们将根据上下文意思和汉语行文的需要，选择适当的词语。

② 伊尔文 1977，第 173—174 页；注意强调选择能够表明重视个人的自主性，因而也重视个人权利，反过来它们对于许多传统美德理论中所存在的思维模式来说，又产生了困难。例如，这可能导致一个人提出，精明的人和有道德的人的目标是非常不同的。见伊尔文关于这个问题的讨论，第 284—285 页。

当然，值得赞扬的行动的“产生”中的依赖性是有道德的活动受到称赞的一个重要的原因；但是意图，实行方式和品质也是关键性的因素。亚里士多德很简要地说明了这一点，他说，偏爱或决定，“被认为是同美德结合得最紧的，而且比行动更好地区别品质。”（N. E. IIIIb4—6）

种美好生活的一部分。

这两种人都意识到他们的选择可能造成真正美好的东西的丧失。但是有道德的人还想到，几乎所有的人都追求的东西——诸如财富，荣誉，或权力—— 只是在某人合乎道德地生活的情况下才是真正美好的东西。这些美好的东西只有在以下情况下才可能是真实的：人们把它们视为帮助形成一种生活方式，这种生活方式协调地成就人的各种能力，而不是把它们只看做满足人的平常欲望的东西。

甚至更为重要的是，不像卑下的人，有道德的人不仅看到行动的获得性（acquisitive）动机，而且看到行动的表达性（expressive）动机。他们选择一个合乎道德的行动，不仅是因为它提供了他们所追求的美好的事物，而且是因为它表达了他们对于美好事物的想法。当出现了是否需要采取某种勇敢行动的问题时，态度上的区别就清楚地出现了。例如，这种区别意味着：

> 为了那种优异的东西而行动的、有道德的人，宁愿即使他自己会有灾难的行动后果，也要作出一种超群绝伦的卓异的行动，而不愿不这样做而生活。这样，自我牺牲就是有道德的人对待合乎道德的行动的平常态度的极端事例；他认为它是值得的，这是因为它表达了他对于那种好的和优异的东西的想法，也因为最好的生活要求那种行动，对于它对他的幸福有什么贡献，不再作进一步的考虑。……（真正有道德的人）将要规划这样一种生活：它不会为了现在的满足而牺牲更重要的将来利益，但是，他也不会以不同于表达他自己的观念的行动的标准来选择他的未来。他的决定有时将需要勇气，不考虑顾及将来的欲望，做他以为是最好的事；这种类型的勇敢使他与众不同。①

不论是获得性动机，还是表达性动机，都引导真正有道德的人按照流俗称之为不精明的方式去行动。他们选择合乎道德的生活状态，即使后果

① 伊尔文 1977，第 240—241 页；又见第 160—163 页，173—174 页，以及第 282 页；还可注意亚里士多德的 N. E. 1169a22—25。无论是关于美德的伪装，还是关于美德的假象，当代论述的著作很少，但是可以看谢曼（Scheman）1979 对冒充同情心的论述；亨特 1980 对勇敢的分析；还有麦金太尔对虚假的美德的评论（例如 1984a 第 171、182—183、224、239—243 页）。兰甘（Langan）1979，以及麦克兰登 1986，第 124—126 页考察了这一观念的神学方面的意义。

是灾难性的，因为这种生存状态本身是他们希望获得和表现的美好生活的一部分。

然而，这样一种引人注目的选择并非是不顾及后果作出的。它来自认真的思虑，来自对那些支持好的判断的意向的培育。（它也来自对现存于世界的美好事物的确认；实际上，只有那些有道德的人才能充分鉴赏那些美好事物。）这种选择是这些人对待合乎道德的活动的平常的态度的协调地扩充。它可能产生灾祸的结局，这只会使真正有道德的人与那些只表现了美德的假象的人之间的根本区别变得更加清楚、突出。

不论是孟子还是阿奎那，他们两人都运用了美德及其假象之间的区别。当他们把这种区别同扩大美德范围并举的时候，他们两人都质疑和改造了占统治地位的美德理念。此外，就像我将要在后面更加充分地考察的，我们能够使用这两个概念去追求这种宗教比较哲学的两个基本点：即对生活的某些领域作出准确的说明，以及获得一些智识上的优异品质，它们是对宗教精神昌盛的典范作比较研究工作所需要的。

现在让我们更加系统地考察孟子和阿奎那关于美德的观念。在下一章我将简要地介绍两位思想家，然后考察三个课题，它们为我们更加详细的研究确立了一个语境。这些课题是：他们的美德系列，他们关于规诫与生活方式之间的关系的思想，以及他们关于人们何以不能成为有道德的人的问题的认识。以下几章还将包括对于他们的美德理论和他们关于勇敢的美德的思想的详尽的研究。

第二章　孟子与阿奎那美德观念的语境

1　解释孟子与阿奎那中的问题

托玛斯·阿奎那（公元1224/25—1274）是西方最有影响和代表性的思想家之一。在思想的多产与广泛方面，他少有匹配，他将哲学上的机敏与精神上的敏锐结合于一身，在这方面同样罕见其俦。相似的说法也适用于评价孟子（公元前四世纪，前390—前310/305）的思想、精神以及在中国的影响，虽然同阿奎那相比，他在思想的广泛与多产方面是有限的。这两位思想家每一方的高耸与影响之大，同他们在文化与时间上与我们相距之遥远，足以需要对接近他们的最好方法做一些评论。

孟子的思想保存于称为《孟子》的书中，它是孟子的言论与涉及他及其追随者的讨论的记录的汇编。论题相当多样。其中大多数涉及政治论题，它们产生于孟子力图劝说国王的努力。但是此书也包括像诗一样的格言，玄妙的叙述，以及对人性倾向的理论分析等这样一些内容。试图理解这个文本所遇到的困扰远不止于常见的解释上的困难，其中只有部分问题与读阿奎那的著作遇到的相同。古代中国文化与我们自己的相比，明显地不同，在我们掌握相关的语境方面存在着巨大的鸿沟。例如，孟子同我们所知甚少的那些人论战；他有时，也许经常，运用专门的语汇，它的确切意义不很明白。不仅如此，孟子的风格从开门见山的直接阐述，到更接近诗歌而不像散文的表达形式都有。文本中的中文字尽管常常明显具有很强的表达力，或者说很美，可是有时其意义也十分隐秘；对某些章节的解释和翻译可能产生明显的分歧。

此外，这个文本是“分层的”：它反映了认识的不同的层面与种类。某些差别反映了孟子如何斟词酌句，以便使他的陈述适合于他谈话的对象。在为数不多的事例中我们知道所涉及的人，能够把握这种斟酌的效果。然而，对于许多重要章节的语境，我们几乎毫无所知。其他的区别很可能来自孟子对于一个论题的想法的变化。我们只能思考一个陈述是早期的还是晚期的，尽管我们确实有一些标准，它们使我们能够将不太成熟的思想与比较成熟的思想区分开来。使用这些标准常常是有争议的（可以说在这种情况下也是不可避免的），但是，我们需要特别小心，因为有一种说法，孟子对于论辩的看法或对于精神完善的描述与当代西方的描述有本质的不同。

因此，《孟子》文本的内容是极其丰富的，但是，其含义可能是不明确的，或者说甚至是十分费解的。我将使用一种宽容的解释原则来研究它；这就是说，我的目的在于作出一种说明，尽可能弄清理论意义，如果确实有的话。然而，我的目的还在于将这文本置于它写成的语境之中加以解释。将这两方面结合在一起可能是困难的，这并不只是由于我们认识语境方面的不足。把一个人置于语境中加以说明能够导致集中注意那些在我们看来是奇特的观念和表述。（它也能够引导我们使用取自西方思想的术语，其原因我将在后面加以讨论。）需要协调的步骤，做起来相当困难，某些倾向不可避免。如果我有倾向，我将强调那些观念本身的意义及其连贯性。当然，比较宗教哲学的研究工作要求我们尽力去协调，但是，我认为倾向于这一方向也是这种研究工作的基本特征。

我很少关注孟子与其儒家先驱（著名的有孔子）的关系，以及与其继承者（著名的有注释他的著作的理学家）的关系。认识这些关系是重要的，也是复杂的事情，而且是西方和中国学术研究的中心课题。然而，对于我们的目的来说，孟子最好理解为凭借一系列问题、术语、观点——一种话语（discourse）——来工作，它们为公元前四世纪中国思想家所共用。因此，我赞同这样一些学者的做法：他们更加强调的是古典时代的中国思想家所处的思想的与宗教的语境，而不是他们所属的思想与宗教的传统。①

---

① 这类学者中资深的和杰出的榜样有葛瑞汉（A. Graham），孟旦（D. Munro），尼维森（D. Nivison），史华兹（B. Schwartz）。就像将要表明的那样，我曾经从他们每个人那里都学到很多东西（虽然学得不好），不论我与他们每个人的论述的特殊观点有什么分歧。我以为，尽管他们之间有不同，他们（以及他们所影响的人）展示了研究这一时期的进路，它们表现了许多重要的相似之处。

进一步提出二个简短的评论是适宜的。第一，在对过去思想家所有的研究中，那种认为一种解释不合史实的说法可能在诸如以下问题上显示出根本的分歧：怎样最好地理解抽象的论断的连贯性和说服力，或怎样最好地判断一个思想家是盲目地、还是经过深思而遵循一个传统。

第二，我认为，在考察这三种理论中的任何一种时，宽容的解释原则发挥作用的方式是不一样的，见第五章第3节。解释中不可避免地要采用宽容的规定至少有时同划分心智的思想背道而驰，如果我们要给出一个充满合理性的解说，这样的思想就是必要的，见戴维森（Davidson）1982，尤其是第302页。这可能产生严重的问题，我在本书第三章第7节和李耶理1985中讨论了其中的一些问题。

当然，对于公元前四世纪的思想家来说，一个人如何同自己的先驱相联系，以及如何追溯反对者的前辈，这是一个问题。例如，孟子把他自己视为儒家道统的保卫者，认为自己的任务尤其是要批判杨朱、墨子的信徒所鼓吹的主张。可是，我认为，通过考察孟子当时与之打交道的对手和朋友，而不是通过他的传统过去的人物来解释他，孟子才能在大部分问题上得到最好的理解。

孟子同继承他的人和著作的关系是一个很有吸引力的重要课题，但却有别于我所关注的问题。然而，孟子与时代相近的后继者的关系有时也特别清楚地说明了孟子的特点，这些人我们将会稍加考虑。（荀子对孟子的批判，以及《庄子》中似乎针对孟子提出的主张就是实例。）而时代相距较远的后继者，尤其是解说他的理学家，他们对孟子的评论，以及对他的思想的运用可能也是富有启示的，因为他们具有卓越的才智、学问和洞察力。可是，他们的解释通常被置于寻求悟性的语境之中，这种悟性使潜在的本心放射光彩。他们引申出来的理论同孟子的理论相距甚远，以至于他们对他的立场的理解可能成为问题，不论他们自己的立场可能有什么价值。我将在下一章中简要地讨论这一问题，我将考虑“发现与发展”型的人性，因为它们同孟子相关，但是，现在我们要转向阿奎那。①

对于阿奎那，我们面对一些同研究孟子所面对的同样的解释上的问题。但是，关于他的教养，他的反对者，我们掌握了太多的著作、细致的分析和历史资料，这些使我们的任务变得容易得多。例如，阿奎那的著作，像孟子的一样，也是分层的；它们反映了认识的不同层面和种类，对层面加以分类的工作简单得多，尽管它常常也要建基于区分较为成熟的与不太成熟的思想之上。我们能准确地确定阿奎那几乎所有的著作的写作时代。此外，弄清他的比较复杂与不太复杂的表述的来龙去脉比较容易；例

---

① 我希望始终集中注意这一探索，我认识到自己的能力有限，这是很少论及后代解释者的重要原因。但是，这一决定也是基于我这样的信念：一个关键性的差别是由从属的理论中的不同造成的。（朱熹把“端”字解释为线的末端、而不是幼芽，这表明这种区别是何等关键；见葛瑞汉 1958，第 54 页，以及伊凡胡 Ivanhoe1990。）对这一方面的进一步讨论，见第三章第 2 节，尤其是注 10（见第 71 页注①），以及李耶理 1985c。还可注意伊凡胡 1990 中关于这一论题的某些方面展开的讨论，如第 3—4、47—48、89—90、113—114 页。

欲了解孟子同他的时代相近的后继者之间的关系，见李耶理 1980，以及我即将发表的论述荀子和庄子的两篇文章。后面那篇文章聚焦于《庄子》中这样一些内容：与我在李耶理 1983b 所突出的那些内容相比，它们与孟子的关系密切得多。

如，他对一个论题提出了一个显然是一般性的看法，然后在另一处更加详细地探究它。

我对于阿奎那，就像对孟子那样，既运用宽容的解释原则，又把他的著作放到它写成的语境中加以解释。前面指出的同样的问题和“解决办法”也将会出现。

另外，就像在我对孟子的解释中所做的那样，对于阿奎那同评论他、运用他的思想的那些杰出的后继者的关系，我将只是稍加考察。（然而，在下面一章中我将讨论我称之为斯多葛派对阿奎那的解读与他自己的立场之间的区别。）这些后继者的立场不论有什么固有的优点，总是显示了总观点上的区别，这种区别也表现于孟子的后继者思想中。与我对孟子的论述不同，我将考察阿奎那与他的先驱的关系的某些方面，虽然我一般不评估他对他们的理解的准确性。阿奎那试图将长达两千年中他的先驱者们的思想结合在一起，这一努力对于他的整个事业来说是关键性的。我将考察的不仅有这一努力是怎样影响到他的分析，还有这种努力的新做法，它们在我们思索怎样最好地做关于宗教昌盛的哲学比较研究中对我们可能会有用处。①

在解释阿奎那中的最后一个根本不同于在孟子中所看到的问题，需要加以讨论。阿奎那的思想可能显得太抽象、不必要的形式化和教条式的不可更改。（这种感觉由于以下这一事实而加强了：即他的思想是用专门的、对我们来说是古怪的、令人望而生畏的语汇包装起来的。）他的心灵好像是高度精密的计算机器，它转动出由预设的公式而来的、预先规定的答案。

我认为，这种印象大体上是错误的。阿奎那（用一个学者的话来说）是一个“匆忙的人”，他选择一种不动感情的、简朴的风格，让读者去充实背景和事例。但是，他的分析通常也表现出一种生气勃勃的、灵活的风格。即使《神学大全》中的文章（连同对它们的批驳以及对批驳的回答）的奇怪的、显然不可更动的形式，也可以视为一种方法，用以重温一个讨论，在这种讨论中阿奎那通过回答一些特别的问题来磨砺自己的主张。此

① 尤其见第三章第5节，从中可以看到阿奎那与其后继者的关系。那些质疑阿奎那对传统的理解的现代学者的代表著作有布勒尔（Burrell）1973与1979，德阿西（D'Arcy）1953，芬尼斯（Finnis）1980，古斯塔夫森，罗奈尔甘（Lonergan）1967b，1971，以及麦金太尔1988。

外，我们经常看到他修改以前的论述，把它们变成新思想或对于他具有重要意义的问题。

阿奎那确实使用了一个专门的工具，它们有时会阻碍、而不是帮助他的探究，但是他的实际步骤是普通的、富有成效的，在论题是伦理学时尤其如此。他从多种多样的、经常冲突的、普通的或传统的意见出发。然后通过弄清表面相似的词或句子的意义之间的区别，企图把它们加以协调，化解它们之间表面的不一致。

尽管这些与当代西方的分析步骤有相似之处，但是这些做法的种种特别之处将他、还有孟子，同大多数现代的探索区别开来，对这些特点的辨认贯穿了我们的论述。阿奎那的思想受到权威的文本和普遍接受的分析方法这两方面的限制，从某种意义上说，这种方法与孟子的相似，却不同于几乎所有的现代西方思想家。此外，虽然他对人类的认识的脆弱性有深切的感受，可是，他对结论的自信就像孟子的自信那样，有别于实际上所有成熟的现代思想家的自信。他从不怀疑，一个实体离开人们的认识仍然存在，即使他可能会怀疑人们是否有能力恰当把握它。最重要的是，同孟子一样，他不相信真实可靠的替代的概念系统是可能的；这就是说，怀疑以根本不同的、然而可以论证的描述世界的方法能够存在。①

当代思想家与孟子和阿奎那两人之间的区别，以及在解释这两人中的困难，应当引起我们的谨慎。但是在考察他们中的主要成果，以及某种刺

① 见切努（Chenu）1964，第128—136页，论阿奎那思想中权威的作用，以及肯尼（Kenny）论术语可能损害、而不是帮助他的分析（1980，第33—34页）。对他的没有感情的、枯燥的风格以及他的“处于仓促之中”的特点这些问题的论述，见《神学大全》第27卷卷前第15页，第35卷卷前第14—17页。罗奈尔甘1985第35—54页对阿奎那与现代思想家之间的不同与相似处作出了一个特别协调的论述。

在以下部分，《神学大全》的引语用加圆点的阿拉伯数字注明出处。例如，1.92.1.2是指第一部分第92个问题第1篇，对第二个反驳或疑问的回答；如果引用的只是回答的全文，就写为1.91.1；而2—1则是指第二部分的第一节，2—2就是指其第二节。我使用了埃尔和斯波提斯伍德—麦克格罗—希尔拉丁文文本与译文，有时要提到这一版本的导言，附录或注释，用卷数指明出处。我所引用的阿奎那的其他著作，在本书的“书目选编”的开头处注明，但是，我引用的材料主要来自《神学大全》。

关于孟子，引文的出处注篇的序数、篇的上下部分、特别是章的序数：例如，1a7是指第一篇上第七章。除非另外注明，译文都是用刘殿爵的译本。本书“书目选编”的开头处列出了《孟子》的各种译本，我还使用了燕京学社汉学索引系列增补七中文文本。关于《孟子》翻译中的问题，见尼维森1980c，以及理查兹1932。

激性，就在于克服这些差别和困难。因此，让我们开始我们的探究。我将分别分析阿奎那和孟子的美德系列以及他们所显示的分析步骤。然后我将比较他们两人的美德系列的特征，并且考察他们的美德概念在其中发挥作用的语境所特有的一个最基本方面：在他们的伦理学思想中，规诫与生活方式这两个领域之间的关系。

2 阿奎那的美德系列

简述孟子与阿奎那著作中出现的美德系列是一项单调乏味的事情，这必定主要是作空泛的描述。不过，这一过程使我们能够展现各种各样的重要材料，引导人们认识两人的一些重要的方面，甚至使我们能够提出一些有趣的、比较研究的问题。我们将从阿奎那的系列开始，包括作为他建立此系列的基础的两个观念，然后转向孟子的系列，而在结尾处比较这两个系列。

阿奎那对特定美德的论述显得惊人的复杂和详细，仅在《神学大全》中就多达一百万字，包括170个独立的问题。然而，他的系列的主要特征相对而言却是简单的。如勇敢这样的**获得的天然美德**（acquired natural virtues）指导人们的日常生活。然而，高度发展的宗教生活其特征是由像信仰这样的**灌输的美德**（infused virtues）造成的，它们产生于上帝，并且以上帝为目的。反过来说，**圣灵的恩赐**（Gifts of the Holy Spirit）使一个人对神的激励更加积极地响应，因而加强了由这两种美德产生的活动。

最重要的获得的天然美德被称为元德（cardinal virtues）：它们是实践智慧，正直，勇敢和中庸。灌输的美德中最重要的被称为**神学美德**（theological virtues）；它们是信仰，希望，博爱（charity）。阿奎那还把别的美德归于这七个美德中的一个，称它们为**美德的部分**（parts of virtues），例如，谨慎是作为实践智慧的组成部分的独立的美德。所有这些天然的和灌输的美德以各种各样的方式相互作用，相互影响。确实，它们的相互作用体现了阿奎那的一个核心原则，即恩典（grace）。不是摧毁，而是预设、完善了本性。

这样，阿奎那通过其美德系列在获得的与灌输的美德之间划分卓越的人性，他将它们中的七个确定为特别重要。然而，通过运用美德有部分的思想，他能够将其他许多美德种类汇集到各个元德和神学美德之下，并且有条理地把它们互相联系在一起，又把它们同主要美德（principal virtue）相连接。美德的部分可以分为三类。一个组成部分，或曰构成部分（*pars integralis*）是基本美德（primary virtue）充分发挥作用所需要的成分，它是一种品质，同其他品质相结合，以形成美德的行为。例如，记忆，谨慎，好学是实践智慧的组成部分。一项基本美德的某一种类或类型（*pars subjectiva*）是一种独立的美德，它符合此项基本美德的一般范畴，但是在一些重要的方面不同于合乎此基本美德范畴的其他美德。譬如，实践智慧包含家庭生活、军事和政治方面等几种。最后是相关的或从属的美德（*pars potentialis*），它们与基本美德共有一般属性，甚至在某些方面会超过它，但是不能充分表现基本美德的典型特征。*gnome*，即判断一项规则何时需要例外做法的才智，是同实践智慧相关的美德（virtue）。我们将要回过来讨论认为美德有部分的思想的含义，但是在这里我们只需要指出，阿奎那运用这一思想来排列、联结、考察多种可以分开的人性的卓越。

正如已经指出的，四种天然元德，或曰核心（*cardo*）美德是实践智慧（*prudentia*），正直（*justitia*），勇敢（*fortitudo*）和中庸（*temperantia*）。实践智慧是智识上的美德（virtue），关系到理智对行为的指导；正直关系到人们对待他人的行为；勇敢与中庸关系到对于实现各种卓越所需要的情感加以控制。因此，实践智慧涵盖了所有这样一些复杂的运作：它们支配了对于世界和其中种种活动的恰当的感受；例如，决定何时愤怒，何时宽恕。正直关系到同其他存在者的关系；使事物成为应当成为的样子，这是正直的目标，而且行动本身，而非其背后的动机，才是关键性因素。勇敢与中庸这两个保护性美德关系到人们同他们的情感的关系，尤其是它们的形成使人们能够克服妨碍正确地思想、感受和行动的障碍。

灌输的美德在两个关键的方面不同于获得的美德。上帝产生了它们，而他又是它们追求、从某种意义上说是要达到的目标。因此，人通过它们而"神化"；他们所获得的意向产生了新的行动类型，显示了人的新水平。信仰（*fides*），希望（*spes*），博爱（*caritas*），这些神学美德是最重要的灌输的美德，因为它们同上帝的关系以及促进活动的作用特别明显而重要。信仰同大多数其他智识作用有显著的不同。爱促进了对信仰的认同，这样，同上帝的一种真诚的、虽然是不完全的关系就产生了，在博爱充溢其中尤其如此。同样，希望的区别标志是信心，它来自情感的、而不是认知的功能；希望作为信仰所呈现的善是迈向上帝的，但是那不容易达到。希望处于想入非非与绝望之间，表现了对上帝的力量、而不是对人的任何能力的确信。

最后，博爱所表现的对上帝的关系，如果用比喻的方法，可以按照亚里士多德的友谊的理念加以最好的描绘。这就是说，博爱的特点是同上帝共有“欲望”，也就是始终与他做伴，意识到这种关系，以及所有其他诸如喜悦、宁静这样的品性。博爱激励人们去追求一种特殊的生活类型。这种生活使他们配得上这样一些人的友谊：他们的友谊是一种基本的善德，它将人的福利的各个方面加以实现。由于博爱人们不仅服从上帝，而且实际上分享了他的生命力（*participatio*），虽然他们仍然是人。

其他的灌输的美德显然是把一个人的行动引向被创造的事物，这些行动相对而言不受神学美德的影响。几乎所有的天然美德都有一个相对应的灌输的形式，有几个极其重要的美德，如，耐心，悔罪，只是以灌输的形式存在。然而，阿奎那很少明确地说到特定的灌输的美德的特点，除了神学美德以外。可是，这些灌输美德的出现构成了高度昌盛的宗教生活的基础。这就是说，最齐备的灌输的美德显示了这样一些新的意向以及因之产生的新的行动：它们表明分享了上帝的生命力，恩典使之成为可能。由于这个原因，阿奎那能够说：

> 只有灌输的美德是完美的（*perfectae*），完全（*simplicitier*）配称为美德，因为它们很好地引导一个人迈向绝对终极的目标。而另外一些美德，即那些获得的，是有限意义上的美德（secundum quid），并非没有不足之处（simplicitier）。它们是在某个特殊领域中决定性的方面、而不是在全部生活中很好地指引一个人。①

① 2—1.65.2；又见2—1.63.2；神性化见2—1.51.4。索科罗夫斯基1982对灌输的美德的意义及其与天然美德的关系这两方面，作出了精彩的、虽然有些简短的分析；见第69—86页，特别是第77—81页。关于上帝作用的性质以及对于它的需要这两方面，罗奈尔甘（1971）的论述仍然是经典性的；见第41—55、77—84、109—112页，以及112页以下，还可见罗奈尔甘1967a，第54—67页。就我们的目的而言，关于这一问题的特别重要的文本见2—1.109.3，110.2.11.2和3，以及113.1。关于恩典和旧律法，见2—1.106与107.1以及1.2。然而还可注意以下两方面：阿奎那对体验恩典的神迹的困难的论述，以及他对恩典如何、为何不能贯穿到一个人的所有的行动中的分析，2—1.65.3.2和3。

上帝直接指引人，要产生的不仅是灌输的美德，还有圣灵的天赐。这些天赐并不属于严格界定的美德范畴，它们肯定同中世纪神学的某些更为古怪的奥义相关联。不过，这种天赐是重要的，因为它们扩大和加强了由天然的、获得的美德和超自然的、灌输的美德这两方面所产生的行动。它们有这种作用是由于它们使人们更加愿意服从或响应圣灵的激励（*instinctus*），更加温顺地、驯服地对待圣灵的激励。因此，天赐使一个人能够乐意顺从圣灵的激励，就像获得的美德增进了欲望对于理智的服从。它们有助于促使一个人去行动，因而是同行动不能分离的，由于它们，某些行动产生了，或引发了。①

阿奎那的美德系列的体系，以及他对特定美德的分析，建立在两个理念的基础之上。一个是类比的理念及其产生的步骤；即研究那些相似点，它们包括差别中的相似和相似中的差别。另一个理念是认为美德有部分。这两个理念都需要进一步的考察，因为每一个都是复杂的，都构成了阿奎那宏大理论工作的基础，它们从根本上加以重新阐述以后，可以用于我们对比孟子和阿奎那。在这两者中，类比的理念更加普遍有效和坚不可破，我们将从它开始。

3　阿奎那建立与分析其美德系列的两个支柱理念

阿奎那的美德系列建基于两个相互连接的概念之上的：即等级体系的概念和相似与差别的概念。因而他对美德的考察反映了他的形而上学框架。在那个框架中（除了那些关于上帝的方面——如他的自我存在②——以外），所有的事物按照等级系统同所有其他事物联系在一起。因此，每一个个体事物同每一个其他的个体事物既相似，又不同。这样，相像（*similitudo*）与不相像的概念对于他来说是很关键的。确实，这些概念所产生的分析步骤表现了阿奎那大部分著作的特点；这就是说，他经常考察

---

①　欲了解天赐的性质，主要见 2—1.68.4。关于它们如何实现神学美德的行动，见 2—1.68.4.3；这种实现是需要的，因为人的理智“只是按照一种样式、带有缺陷地”由神学美德形成的（2—1.68.20）。对于“激励”（prompting）的不同理解，见米尔哈文（Milhaven）1968，第 383 页。瓦代尔（Wadell）详尽地论述了天赐（1985，第 169—193 页），还可注意奥孔诺对《神学大全》第 24 卷 1964 以下的分析。

②　译者注：自我存在（aseity）指存在的像上帝那样的特征，如绝对独立于别的事物。

类似的东西，那些差别中的相似的东西和相似中不同的东西。（就像我们将要看到的，分析相似谓项[①]不仅构成了他的工作的基础，而且重新加以阐述以后，也能成为关于宗教精神昌盛的比较哲学的基础。）[②]

阿奎那以为，考察相似与不同之处总是会产生一个等级体系。但是，等级体系的形态决定于使用何种标准，以及提出什么样的问题。这意味着我们在讨论一个美德，并将它同其他美德相联系的时候，我们总是必定在具体地说明一个等级系统，因而也就说明了我们所使用的那种标准。获得的智识上的美德与伦理上的美德之间的关系表现了这一步骤。如果标准是所要达到的目标的价值，那么智识上的美德就超过了伦理上的美德：这方面的美德完善了理智，这一目标高于道德所改善的欲望。但是，如果标准是美德对于人们的正常的活动的作用，那么相反情况就是势所必然；在那种情况下，欲望的改善就是最重要的了。这样，当标准是我们为了人的正常生活所需要的东西，伦理上的美德就超过了智识上的美德。但是，当智识上的美德达到了一个更高的目标，并且更加完全地预示了人类的终极目标，即真福直观（beatific vision）[③]，它们就超过了伦理的方面。这一实例所显示的标准的转换说明了阿奎那是怎样分析特殊的美德以及与它们相关的问题的。（例如，在这一实例中这一步骤加强了他对这样一个问题的分析：一种积极的寺院生涯意味着什么。）这就是说，他的步骤是明确地表述，整理分类，然后回答他在使用等级系统概念与相似和差别的概念时出现的各种不同的问题。[④]

当阿奎那确定美德的假象与扩充某些美德时，这种步骤又出现了。然而，它引导他宣称，每一种美德既是另一个美德的假象，又是一个标准，用以确定别的某个美德是假象。例如，如果我们用灌输的美德作为衡量的标准，那么获得的美德就是美德的假象。但是，任何一个特定的获得的美德都会同那个美德的固有的形式或多或少地相像。获得的勇敢总是灌输的勇敢的一种假象，然而，获得的勇敢的一个特殊事例只不过是真正的获得的勇敢的一个假象。他甚至会把“同样的”现象（例如，为了自己的国

① 译者注：谓项（predication）指对主谓属性的断定。

② 见第五章第4节，可是也要注意第5、6节。

③ 译者按：真福直观是基督教神学概念，指圣徒灵魂在天堂对上帝的直接认知。

④ 要了解这些变换的标准如何发生作用的实例，见2—1.66.1.4；1.4.1；6；以及6.1。

家而献出自己的生命。）同时规定为假象和标准。这种规定决定于他使用何种价值标准和解释的类型，因而也就决定于他应用何种等级系统。这样，单个现象将按照提出什么样的问题，来给以不同描绘、解释和评价。

我认为，阿奎那分析美德和构建美德系列的一般步骤富有逻辑力量和成效。他的论述的另一个特征，即他运用美德有部分的理念，成效似乎要少得多。然而，我们需要更加仔细地考察这一理念，不仅为了弄清其中的问题，而且要了解其中的潜在价值。不仅如此，这种考察把我们引向这样一些观念：当我们将对照孟子与比较研究的一般问题一起加以讨论时，这些观念将是非常重要的。

阿奎那倾向于将现象组织成一个有条理地连接在一起、甚至是铁板一块的、呈等级形态的整体，这种倾向在他运用美德有部分的理念时表现得最清楚，同时又最令人怀疑。按照这种理念，他极其大胆地力图把古希腊、古罗马、斯多葛派、《圣经》和早期基督教以下这些方面的思想调和在一起：它们规定特殊的美德，确定什么美德是最重要的，指明以怎样的方式最好地组织不同的美德。[①] 以勇敢为例很好地说明了他面临的问题。关于勇敢，他试图将三个相当不同的理念结合在一起。一个理念认为，勇敢指在肉搏战斗中取胜所需要的那种品质。另一个理念认为，勇敢是在牵涉到恐惧和信心的情势中一种使人们能够去实行、总体性的美德。第三个理念认为，勇敢在艰难严峻的时刻加强了对于度过难关极端重要、超越于利害之外的态度。

为了解决这个问题，阿奎那论述了作为勇敢的部分的四个主要美德。有两个对于基督徒生活十分重要，那就是坚韧和耐心。还有两个对于古希腊追求人性卓越的方式极其重要，那就是崇高（“灵魂高尚”）与宏伟（“大手笔”，如资助大的公共工程。）。如果行动关系到生死，那么其中每一个都称为构成勇敢的部分，但是，如果行动关系到的是不像死亡那样急迫的困境，那么就称为与勇敢相关的美德。

---

① 尽管阿奎那有很强的责任心，要论述许多传统与探索大部分传统问题，但是他认为其中有一些比另外一些更加重要；例如，“新柏拉图派的”梯形的美德体系得到了论述，但是从未在他的分析中占有重要地位；见 2—1. 65. 5。

此外，实际上，对于组织这些美德的方式的复杂之处，他不太感兴趣。麦金太尔对阿奎那建构美德中出现的问题作了一些论述，虽然我并非总是赞同它们，但是我从中收益良多，见 1984a，第 178—179 页。要了解进一步的讨论，可读本书第五章第 4 节。

如果一个分析是为调和这样一些显然不同的美德的抱负所驱使，那么，在任何一个这种分析中一些失误和曲解都是不可避免的。而且，阿奎那爱好对称，漠视史实的倾向，以及追求无所不包的思想综合，这加大了固有的困难。我以为，阿奎那的分析中有三个问题特别明显。首先，他掩盖了某些美德的重要性，因而妨碍而不是推进了对于它们的理解。崇高和忍耐是具有重要意义的美德，但是如果我们把它们当作勇敢的部分来对待，那么它们的核心地位和独特的性质都不明显。其次，为了使某些美德符合于勇敢的部分，关于它们产生了一些不必要的复杂问题。例如，像宏伟这样的美德几乎总是附属于勇敢的美德，而不是它的一个部分；耗费巨资的工程很少面临死亡的问题。

最重要的是，运用美德有部分的理念有这样的危险：即把歪曲事情的实际状况、而又合乎理性的条理导入我们的认识之中。理性的构造不能很好地反映由生活方式、由美德的社会定位所造成的真实的差别。例如，耐心同宏伟的联系一点也不明显；这两个美德反映了极其不同的文化的环境和典范。资助大的公共工程是古希腊对于人性完美的想法的一部分，就像耐心地经受不可避免的贫困是基督教徒想法的一部分。如果我们要对美德作出恰当的说明，就必须把握这些差别。

更加概括地说，实际上，当我们客观地比较人们已创立的不同的美德系列的时候，经常会出现发人深省的无序状态。他们的不相隶属的美德系列表现了偶然性，可能有的生活方式的多样性和社会定位的重要性。美德所代表的典范，它们所用的观念，产生于不同的时代与不同的地方，服务于不同的目的，并且反映了不同的眼光。因此，要把这些美德组织到一个协调的整体之中，任何这样一个企图必定会造成一种极其容易把人们引入歧途的图景。

不仅如此，构造这种协调的整体的企图，在相当大的程度上是由于采取了一个很有问题的立场：即以为人道的昌盛只有一种单一的形态存在，或者至少是，人道昌盛的种种不同的形态中有一个统一体。采取这样的立场会引导人们完全避开前面指出过的重大的问题，即某些人类美德是否表现了互相矛盾的可能性，从而决不可能实现于任何单个人的生活中。宏伟与耐心，公正的明断与对家庭的忠诚，献身革命与普通人的宽容，好像（至少有时）是既不一致，然而又都是基本的善。这些考虑导致许多现代人相信人道昌盛的典范之间必定或甚至应当存在冲突。此外，这些现代人以为这一观点不仅十分符合他们所看到的事实，而且也完全符合他们所珍视的宗教理想。例如，他们对人们能够准确地确定最高的善、从而始终不断地在同它相依相伴中生活表示怀疑。①

阿奎那并非不知道这些问题，他关于美德有部分的理念可能对我们有用。有时虽然框架有问题，但仍然能出现有用的理念；在这些情况下我们必须透过结构，去把握关于价值所说的内容。然而，在另外一些情况下，结构的形式产生了一些很有意义的问题。例如，阿奎那声称，勇敢不存在特别的类型，不存在同日常生活与军事方面的实践智慧形式相类似的东西。就像我们在后面将要考察的，这一论断致使我们要问，勇敢的假象是否常常像别的美德中所见的类型那样发生作用。

最重要的是，分析美德的不同部分能够帮助我们看到美德所涵盖的活动与心态的范围。这样，我们由于看到那些否则我们会忽略的关系，就能扩展我们关于美德是什么的认识，并且有条不紊地这样做。（正如前面所说，即使在以下这种情况下也是如此：阿奎那力图以专门的术语讲述这些关系，这经常产生不必要的复杂性。）例如，在将勇敢同宏伟相联系以扩充勇敢的时候，我们阐明了这两种美德的性质。宏伟——承担伟大的事业——是勇敢的一个组成部分的观点是说，它包含了艰苦奋斗。然而，勇敢超过了它，并且使它成为与之相连的美德，因为勇敢的人面对生命受到威胁的危险。与之成为对照，宏伟的人面对的危险只不过是耗尽资财和精神上的资源的威胁。

这两者的联系表明，承担任何一个宏大的事业是勇敢的一个实例，是同它相关联的美德。它使我们清楚地明白，创造一件非凡的艺术作品，或把握好自己的命运以承担一项事业，为何需要克服严重的恐惧心理和使人气馁的失望情绪。而且，这种联系帮助我们看到慷慨豪爽的精神必定是勇敢的基础，必定是它的一个组成部分。植根于性格中的某种伟大的精神和强烈的愿望必定助长真正的勇敢，就像相反的东西将削弱它。因此，只有某种特定的性格才能够持续不断地产生真正勇敢的行动。

美德有部分的思想所产生的这种分析也给我们提供了一种模式，它在

---

① 我们也能提出这样的问题：传统的主张是否甚至能恰当地对待它们自己传统中的各个部分。我们应当采取这样的观点：人性昌盛的典范之间有冲突。要了解对这一观点的辩护，见李耶理即将出版的论“冲突”。

加以修改后可以用于对不同的美德系列的比较研究。例如，它将帮助我们探索孟子对勇敢的认识。我们要注意他对同勇敢相关的美德的论述的重要性。一般地说，这种思想帮助我们将孟子与阿奎那的美德系列相联系。在承担这个任务时，我们面临的问题类似于阿奎那企图将亚里士多德与圣保罗的系列联系起来所面临的问题。阿奎那运用美德有部分的理念来论述这一问题，就像我们在下一章所考察的，我们能够运用改进了的这一理念。现在让我们转向孟子的美德系列。

4　孟子的美德系列

孟子与阿奎那的美德系列有很大的差异。他论述的美德少得多，很少提供详尽的理论分析，没有作出多少努力把不同的美德有条理地联系起来。虽然他考察了包括勇在内的许多美德，但是四德是核心美德。人类是用“四端”（four potentials）来规定的，而“端”的字面意义是“幼芽”或“胚芽”，“四端”获得实现以后就成为四项核心美德。这四端是天赋予、命定和授予所有的人的；因而它们是天呈现于世界的最重要的方式之一。如孟子所说：“恻隐之心，仁之端也；羞恶之心，义之端也；辞让之心，礼之端也；是非之心，智之端也。人之有是四端也，犹其有四体也。”①

四端之一以及它的实现是对于他人苦难的恻隐之心，它是在帮助他人，即行仁中实现的。另外一个是意识到不符合某种准则，表现为因自己的行为而害臊的厌恶心理，以及对他人的行为的反感，这个端在行义中获得实现。第三个端是对别人的谦让，或是对他们的敬重，在礼中获得实现。最后一个是区分人们的行为的倾向，赞同一些，不赞成另外一些，它在智中获得实现。

这些美德没有一个同阿奎那的美德完全相符。不仅如此，我猜想，大部分读者对它们都不熟悉，我知道，要在西方找到任何与之相当的东西可

① 《孟子·公孙丑上》第六章，又见《孟子·告子上》第六章。对于“义”的翻译，我将刘殿爵所用的“dutifulness”改为“righteousness”，对于“智”的翻译，我把他用的“wisdom”改为“intelligent awareness”。信广来（Shun）1986对孟子的美德的思想作了精彩的哲学论述，我从这部著作受益很多。对解为“幼芽”的“端”的论述，见本章注2（即第31页注①）。

能是困难的。因此，我将对这四个美德作出的论述，比对阿奎那的美德的论述要详细得多，并且集中注意于它们是如何相互联系的。

孟子的美德中礼很可能是同西方任何单一的美德最少明显相同的一个。（找出一个与礼基本相当的美德，几乎是不可能的任务，我将把“propriety”① 作为各种不适当的选择中最好的一个用来翻译“礼”。）礼包含两种活动，大部分西方人认为它们实质上很不相同。一种是肃穆的、具有宗教意味的活动，如丧礼。另一种属于我们所说的礼节、礼仪，或更恰当地说是通过学习而获得的行为准则，使人的行为合乎情理，文雅；例如，在正规的聚会中应答人们的适当方式，这样，礼就涵盖了从庄严的仪式上肃穆的表现到打喷嚏后说“对不起”的各种行为。孟子将这两方面连在一起，是因为他相信两者都是神圣的礼节，表达与促进了由敬重之心油然而生的和洽。而且，二者都体现了有教养的、合乎传统的行为，这种行为表现了为人所独有的活动，而不仅仅是本能的反应。

礼使辞让、或敬、恭成为可能。孟子相信，这些带有情感的回应需要约定俗成的规则来表达它们；它们只有通过一个社会所拥有的礼仪形式才能获得表达。事实上，规则或形式是这样一种东西：它使人们能够达到在表现和完善这些回应中所发现的善。例如，除非存在一些社会礼节，使我能够表达尊敬的态度，否则我不容易、甚至不能恰当地表现我对一个厨师、东道主或长者的敬意。而且，无论是我，还是其他人都必须知道这些礼节是怎样的，它们表达了什么。例如，我需要知道，稍微俯身的鞠躬和有点谦卑的微笑表达的是敬意，而不是讥讽或憎恶。孟子认为，尊敬他人的态度必须通过遵循约定俗成的礼仪规则表现出来。一个人遵循这些规则是为了表现对人们、他们的身份、甚至这些规则所体现和帮助维护的社会机体的尊重。

这样，礼关涉人的这样一些行为准则：它们使人们能够表达某种情感，使得人类所特有的卓越和互动成为可能。这致使孟子主张，要出现人道的充分昌盛，特殊的社会礼节是必须的，而这样的主张必定会引起争议。例如，墨子和早期道家会质疑孟子提出的这种等级式的社会礼节是否恰当地表达它们应当表达的东西。孟子认为他能够回答这种问题；就像我

① 译者注：英文 propriety 意为得体，合宜，礼节，礼貌，行为的规矩。

们将要讨论的，他有能力这样做，这对他的事业的成功是极端重要的。①

他的回答的某些特色表现在他认为礼是如何同其他三个美德相互作用的。例如，智使人们能够作出条理分明的判断，确定怎样才是最好的做法。智是指称一种特别复杂而重要的现象，稍后我们将对它作详尽的考察。然而，简略地说，它产生于区分是非的倾向。人们根据它能够逐一衡情度势，因而表现了受到赞扬的品质："权"，这个字原来是指称物用的秤锤。这样，智并不是产生一套规则来支配行为，虽然一个有德行的人总是会遵循几项一般的规诫。不如说，它产生了对于情境的明显特征的这样一种认识：这种认识导致一个人在适当的时刻产生意向。②

孟子的第三个美德是义（原文如此——译者），它同智的某些方面相像，虽然它产生了更有力的行动动机；而且它支配礼，尽管两者以复杂的形式连

① 《孟子》中使用礼的概念的重要实例见"滕文公上"第二章，"离娄上"第十七、十八、二十六章，"万章上"第四至第六章，"告子下"第一章，"尽心上"第三十九章，还可注意"离娄下"第二十八章。礼同生活方式的关系，包括生活方式的规范性力量的问题，将在后面讨论；见本书第二章第 6 节和第三章第 2 节。要想了解对孟子有关这一论题的思想中的紧张的考察，见李耶理 1985a。

史华兹对早期中国人的礼的观念有一个相当协调的论述，但是还可以注意葛瑞汉 1989 第 10—15、22—25 页，以及芬格莱特（Fingarette）的分析；尤其见史华兹 1986，第 72—82 页。柯雄文（Cua）详细地讨论了荀子思想中礼的作用，在这样做的时候，他探讨了同理解与评价孟子思想也相关的各种问题；例如，见柯雄文 1985，第 10—14、78—87、98—101、160—163 页。也可注意费尔（Fehl）1971，以及我在李耶理 1980 和我即将问世的"荀子"中对荀子的论述。

不像其他的美德，礼的开端在不同的地方以不同的方式加以描绘；它在"公孙丑上"第六章中表现为"让"和"辞"；而在"告子上"第六章中表现为"敬"和"恭"。这些字的词源很多；例如，关于孔子思想中的"让"，见史华兹 1986，第 73 页。关于后来对"敬"的使用，见葛瑞汉 1958，第 67—73 页。它的原来的用法可能是指祭祀祖先时应有的态度。

② 我借用伊尔文（1977）对亚里士多德的"识见"（phronesis）一词的翻译"intelligent awareness"[来翻译中文字"智"]；他在第 411—412 页中说明了他的理由。关于"权"，见《孟子·尽心上》第二十六章，还可注意《孟子·滕文公下》第九章。柯雄文非常有趣地展开了他称之为"经权"的学说，并且将它运用到解释《孟子·梁惠王下》第八章和《孟子·离娄上》第十七章；见柯雄文 1978，第 72—76 页。"智"几乎是专门指伦理学认识，尽管它偶尔也指智力，或学习能力，如《孟子·告子上》第九章。虽然在孟子思想中没有强调一种同阿奎那所确定的理论上的推理相当的智力功能，但是复杂的思想探索确实出现了。例如，我们发现了一些程序，它们同苏格拉底的反驳论证、定义问题、和语言误用的可能性相像，这些程序经常显得很突出。要了解对孔子思想中存在这类探讨富有说服力的陈述，见史华兹 1986，第 88—96 页，但是也可注意汉森（Hansen）1983 的不同的进路和葛瑞汉 1989 中的细致的研究，例如，第 389—423 页，以及刘殿爵 1963b。

接在一起。我将用"righteousness"（译者按：意为"正当"，"正直"，"公正"。）这个词及其相关的语法形式来翻译"义"，但是，在孟子那里，就像在现代西方的讨论中经常发生的那样，"正确"（the right）与"善"不是截然不同的。（就像我们将要看到的，它不只是规诫领域的一部分。）义既是一种美德，人的一种特殊品质，也指表现这种品质的行动。然而，孟子的首要关切是行动，例如，他说到为了义而不能做的事，因为仁而不能忍受的事。

义产生于羞与厌恶。对于他来说，羞涵盖了多种反应，其中一些是以约定俗成的标准为基础。它的范围从人们对于他们的身体的外表举止的感觉，到一个妻子知道她的丈夫在别人家祭祀以后乞讨食品的感受，到一个善于驾驭马车的人在使用不合规矩的方法来抵消他的主人的拙劣的射猎技术的后果时的感觉。[①] 厌恶也包括许多现象；它可以产生于人们对景象、声音、深思熟虑的行动、甚至性格特征的感受。

义和智这两者都关系到对于行动的判断。然而，智可能只是辨别行为，而义总是需要一种采取行动的冲动。这种区别就好像在报纸上读到杀人的事，知道那是邪恶的（这是智），同一个人眼看着面前就会有杀人的事，情不自禁地要行动［加以制止］（这是义）这两方面的不同。由于智，不赞成的态度很明显，但是，不需要有采取行动的冲动，像羞愧和厌恶这样的情感反应也不会接着出现。[②]

---

① 译者按：这里作者所列举的例子分别见《孟子·尽心上》第三十八章，《孟子·离娄下》第三十三章，和《孟子·滕文公下》第一章。

② 使用"羞"字的特别重要的篇章有《孟子·滕文公下》第一章，《孟子·离娄下》第十二章，但是见《孟子·公孙丑上》第九章，《孟子·万章上》第二章，《孟子·万章下》第一章，《孟子·告子上》第十六章。论"恶"的篇章有《孟子·梁惠王上》第四章，《孟子·公孙丑上》第九章，《孟子·滕文公下》第三章，《孟子·离娄上》第三章，《孟子·告子上》第十章。论"义"与"仁"的区别，见《孟子·尽心下》第三十一章，并注意《孟子·告子上》第十一章；我将在下一节中讨论礼与义的区别。（将"义"翻译为"dutifulness"或"justice"——译者按：英文 dutifulness 意为尽职，恭敬。Justice 意为正义，正直，公正，正当。——所包含的意思常常只是稍稍触及孟子的思想；而使用"propriety"往往是不当的，或导致行文怪异，在现今它通常只是指约定俗成的标准。）

我认为，"义"与"智"的评价含义与动机含义之间的区别，就像行动者与旁观者的眼光之间的区别。然而，注意孟旦（Munro）1969，第75—76页；在关于"义"与"智"中的评价与动机的含义看法上，我有别于他。

孟子的立场可能受到《墨子》关于"义"的讨论的影响。关注的焦点是在做，而不是什么为善；表现了"义"的行动是对于怎样有利于大部分人进行分析思维的结果（见史华兹1986，第146—147、157页；葛瑞汉1978，第45、270、450—451页）。

义始终高于礼；礼是可以废止的，而义却不能废除。然而，它们的关系可能是复杂的。对于行动的特殊指导表现于礼之中，而行动所采取的态度又充实了一般的指导原则和态度，义就是基于这些一般的指导原则和态度而发挥作用的。根据孟子，我对另一个人应当做什么决定于此人所扮演的社会角色。与此相似，我对于社会角色的尊重可能会缓和我的义所产生的行动；我对于某人令人反感的行为的厌恶，会由于对此人的社会角色的尊重而减轻。

最后是仁德，它是这样一种意向：即作出富有同情心的反应，并行动起来以减轻苦难。（正如差不多一百年前的理雅各所主张的，孟子关于仁的思想很像巴特勒[1]对仁爱的理解，而 benevolence——译者按：这个英文单词意为仁爱，善心，善行——无疑是［孟子所使用的仁］这个字的最好翻译。[2]）仁爱的基础是对处于痛苦中的人的恻隐之心。它产生了帮助他人的愿望，至少是不伤害他们。这样，由于仁爱，内心状态就十分重要，这与义有所不同。由于仁爱，需要的不仅是相称的感情，还有恰当的行动。实行一个正确的行动（或用西方普通用语来说，一个合适的行动）的人可能会缺乏对于义的坚定的信守。然而，只有行动者的内心状态得当，完全合乎仁的行动才会发生。

从这个意义上说，合乎仁的行动同合乎礼的行动相像；这两者的充分表现需要出现合适的内心状态。不过，在这两方面发生直接的冲突时，仁要处于优先地位。此外，合乎仁的行动并不是由指导礼仪举止的烦琐规则指导的，因此智特别重要。确实，孟子主张“有等差的爱”（同阿奎那的博爱之序的某些方面相似），在一个人转向家庭之外时，这种爱的程度会有所减少。（在一个地方他甚至划分了三个等差：对家庭的特别的关爱：亲亲；对所有人的仁爱：仁民；爱护所有的事物，至少是生物：爱物。）这样，智指导实行仁的行为必须通过把父母同他人的共同之处与他们不同

---

① 译者注：巴特勒（Joseph Butler，1692—1752），英国圣公会会督、神学家，反对用推理方法认识上帝，推崇提倡信仰上帝的启示和教义。

② 理雅各写道：“几乎不用怀疑，在英国清晰而精确的思维的美誉当归于巴特勒，但是即刻就能看出，他的观点与孟子再相同不过了。用语和各个部分的组合上存在差别，在这方面这位基督教会督有其长处。描述的措辞得当，风格的优美，这属于这位中国哲学家。而两人的学说却是一样的。”（1895，理雅各的《孟子》译本的导言，第 56—57 页；还可见第 58—69 页。）理雅各将“风格的优美”给予孟子，对于这种言不由衷的称赞，我们很容易感到不快，但是，他指明某些明显的相像之处，这种做法是对的。然而也需要指出区别；例如，良心在巴特勒思想中的作用，以及在孟子思想中仁与自我的其他部分的关系。

于他人之处这两方面区分开来。①

智、礼、义和仁，孟子这四项核心美德以各种各样的复杂的方式相互作用。不过他关于构成人道昌盛的四项根本品质的思想从道理上说是清楚的。人性的两种基本的卓越是富有同情心的反应和行动，以及通过特定的、约定俗成的社会礼仪加以表达的对他人的敬重和谦让。它们（以及其他美德）是由智的洞察力与判断来指导的，其特征是具有表现为义的强有力的行为动机。

孟子确实确立了其他的美德，并且把它们同这四个核心美德联系起来。其中有一些我们将在后面加以考察，但是这里有三个特别值得注意。第一是勇，它关涉克服是当是、为当为的恐惧。第二是孝，它是指对双亲的敬爱。它既提供了德性所需要的本源，又限定了一个人应当具有的对待他人的态度和行为。第三是信，它是产生自信的诚实。尽管它在孟子那里只是起比较小的作用，但是它被后来的儒家赋予不同的意义，加入从孟子那里取来的四个核心美德系列之中。②

现在让我们转向对比孟子与阿奎那的美德系列的若干重要特征。这种对比将突出这样一些情况：进一步的考察表明，表面的相似之处包含了根本的差别，而根本的差别却包含了某些相似之处。

5　对比孟子与阿奎那的美德系列

对在任何一些思想家中发现的美德系列加以比较，都会出现很多问

① 《孟子·尽心上》第四十五章说到了这三个等差；注意道博森（Dobson）1963 对这一章的翻译比刘殿爵（1970）更清楚。在孔子那里，仁，至少是有时候，是支配一切的，包罗万象的——因而韦利能够把它翻译为“善”（the Good）——而对于孟子来说，仁是一个具体的美德。一般地论仁的章节有《孟子·公孙丑上》第六章，《孟子·告子上》第六章，《孟子·尽心下》第三十一章；主要从亲近关系方面加以具体规定的仁，见《孟子·梁惠王上》第一章，《孟子·滕文公上》第五章，《孟子·离娄上》第二十七章，《孟子·万章上》第三章，《孟子·告子下》第三章，《孟子·尽心上》第十五章。

对有等差的爱的确切的作用的理解出现了困难。一个主要问题是孟子是否把思维能力，同他人的和睦相处，对别人痛苦的感同身受这些品质看成是人们普遍共有的，见前面提到的《孟子·尽心上》第四十五章，又见《孟子·梁惠王上》第七章对看到［将宰杀以供祭祀］的牛和没有看到的［将宰杀以供祭祀的］羊的态度。

② 信在《论语》中也发挥了突出的作用，它也可能同孟子在《孟子·公孙丑上》第二章所说的他的两种能力之一“知言”相联系。要了解理学对这一观念的改造，见葛瑞汉 1958，第 54—56 页。

题，但是当思想家来自截然不同的文化和时代，就需要特别小心。我们不仅必须仔细地思考文本与语境，而且还必须弄清这些思想家的不同种类的理论之间的关系，例如要把他们的基本的、实践的和次要的理论区分开来。这些问题，以及对特殊的美德的更细致的对比，将在以下几章中加以考察，但是在这里我将只比较孟子和阿奎那的美德系列的重要的一般特征。这样的对比虽然在视阈上受到限制，却能够帮助我们更清楚地认识他们每一个人关于特殊的美德的思想。它使我们能够处理几个在比较这两个思想家的时候产生的一般问题。

孟子的四个美德是我们的出发点，而礼则是我们的焦点，因为考察礼能很好地说明这两个系列的各自特点。我认为，在比较这两个系列时我们只注意区别中的相似之处和相似之处中的区别。确实，看到单纯的一致表明我们没有足够深入地进行探索。这就是说，这种一致只是在这种情况下出现：我们在分析所停留的水平上还没有充分地注意到这两个思想家每一方对于一个美德的特殊的表述，或在他的总体系中他把它放什么地位。

孟子的仁显示了这一情况。它可以说同阿奎那的仁爱（英文：benevolence，拉丁文：*benevolentia*）是一致的。然而，阿奎那对行善（英文：beneficence，拉丁文：*beneficentia*）与仁爱（*benevolentia*）加以区分。前者涵盖出于仁爱的行动，而后者涵盖一般的善意；行善依赖于、但是却不同于被规定为仁爱的内心的意愿状况。更重要的是，对于孟子而言，仁德是核心，而对于阿奎那来说，却是次要的。确实，博爱（*charitas*）对于阿奎那，经常发挥相当于仁对于孟子所发挥的作用，而博爱同仁有根本的不同。由于他们各有其分析某一美德和将它置于他们各自的美德系列之中的做法，因而孟子与阿奎那的仁爱的确切意义是有歧异的。①

孟子的智与阿奎那的实践智慧的关系是我们从中可以发现相似而不是一致的另一个地方。（它们的关系复杂而重要，我们将在下一章中非常详细地讨论它。）这两种美德使人们能够看到特定情境的显著特征。两者指导行动也都是使人们能够按照由正确的感知产生的、对情境的感受来行

① 关于仁爱与行善，见2—2. 31，特别是2—2. 31. 4。阿奎那对这术语的使用是效法亚里士多德，因而大概可以翻译为“仁慈”（kindness）。要注意的是，人们可能会提出，亚里士多德从来没有充分发展他对行动的描绘中所隐含的意义，这种描绘使这术语更接近于孟子的仁和阿奎那的博爱；见 N. E. 第9卷第7章。在近代早期的思想中仁爱所起的作用有一些可以解释为对付霍布斯所提出的挑战，但是没有太多的传统宗教思想。

动。这样，两者在道德行为中是作为决定性的理性成分发生作用的，因而对于美德正确地发挥作用产生深刻的影响。

然而，它们也是不同的。两者中的每一个都同孟子或阿奎那所认识的心的其他成分相关联，而这些成分在一个思想家的认识中存在，而在另一个思想家那里却是不存在的。例如，智同“思”、即全神贯注于“端”的进展的能力是紧密地联系在一起的。然而，思在阿奎那那里没有明显的对应词。与此相似，实践智慧同诸如直接地掌握关于某些观念（*intellectus*）的真理的能力这样一些理论上、智识上的美德相联系。但是，孟子所注意的能力中没有一种同阿奎那的理论上、智识上的美德相像。

义也具有一些同阿奎那的正义（justice）最凝练的形式表面相似之处。行动本身，而不是它背后的目的才是最重要的，某种不可背弃的义务或责任是一个人要响应的。这样，两者都可置于规诫的领域。但是，规诫与生活方式的领域之间的关系在这两个思想家那里是根本不同的，如何不同我们将在下一节考察。同阿奎那的正义不一样，孟子的义所涵盖的行动的内容清楚地反映了约定俗成的标准。例如，他认为，维护礼的准则，如一个等级的成员召唤另一个等级的成员所用的程序，需要规诫。

尽管孟子的核心美德中没有一个同在阿奎那那里所发现的美德完全相关，但是礼好像同其他三个美德极其不同。确实，孟子对礼的重视显示了他的总的眼光的两个特征，而这种特征同阿奎那本来似乎没有相似之处。因此，礼给我们提供了特别丰富的材料，用来考察在我们比较这两个思想家的美德系列时所出现的种种问题和可能性。

第一个、也是更为具体的特征，产生于孟子集中注意一种态度：重视辞让，它是在礼中获得实现的，而在西方对美德的论述中往往是不提这种态度的。孟子以为，辞让纠正人性遭受的一种主要扭曲。它纠正人们对权势的喜爱、对名利的追求和钻营，因而也就纠正他们怨恨他人和力图获得超过他们需要和应得的东西的倾向。孟子从未考察过是什么样的态度产生了一系列的阻碍，影响对于行动和品格的纠正。（用阿奎那的语言来说，他从未发展出这样的一种思想：七大罪①以及它们的后果能够加以具体说明。）但是，缺少辞让意识在他那里似乎是被当作其他的恶或扭曲的主要

① 译者按：七大罪（capital sins），基督教教义，指骄傲，贪婪，邪淫，愤怒，贪食，嫉妒和懒惰，它们会导致灵魂的死亡。

根源而发生作用的。例如，无论是智，还是勇，它们都由于没有辞让而受到损害。辞让是智的基础，这是因为只有通过辞让人们才能够对外部情境有敏锐的感受。只有做到辞让才能使他们克服他们要突出自己的欲望和他们对世界的看法的倾向。而且，孟子运用辞让的观念改变那种把勇敢视为飞扬跋扈、强横霸道的想法。他既扩充了勇敢的观念，又通过突出辞让的作用来分辨勇敢的假象。

同阿奎那的不同是明显的，但是我们必须当心不要过分地夸大它。例如，孟子认为辞让要纠正的扭曲同阿奎那认为是最主要的罪行骄傲的某些方面很相像。更重要的是，正义如阿奎那所展示的，它所包含的两个方面同孟子的辞让的观念密切相关。其中一个方面是“社交美德”，如风趣，或风度。另一个方面所包含的美德关涉这样一些关系：人们在这些关系中遇到难以实行的义务，比如在他们同父母或整个社会的关系之中所遇到的。在这两方面中各种美德缓和了正义的要求。这些美德发挥作用的目的不是重新实行所承受的义务，而是表达尊重，要么就是增进和谐的共济关系。

尽管有这些相似之处，孟子对礼的强调好像导致了第二个、更明显的区别。这种强调把他的儒学规定为“定位型”（locative）、而不是“开放型”（open）的宗教。在像阿奎那的基督教这样的开放型的宗教中，当人们超越特殊的文化、并且在今生今世或在身后达到了更高的境界之时，精神完善出现了。然而在定位型的宗教中，当人们把他们自己定位于一种复杂的、被认为是神圣的社会秩序中之时，精神完善出现了。无论是有等级区分的宗教团体，还是与众不同的那类宗教修行者，都不属于定位型宗教。确切地说，宗教—文化体系整合了各种各样的意义、态度、行动和特殊的社会礼仪，人们如果要达到精神完善，就需要它们。①

在定位型的宗教中发现的许多美德同在开放型的宗教中发现的那些美德大相径庭。例如，灌输的美德或它们的替代者在定位型宗教中似乎没有位置。由一个超越的本原和目标而产生的、行动和存在的方式规定了这些美德的特征，这种本原和目标并不构成定位型宗教的一部分。确实，孟子

① 要了解关于定位型和开放型的宗教的一般概念，见史密斯 1970；他没有提到中国。当然，类似于辞让的观念，也出现于阿奎那对正义的分析以外的地方，例如，在他对博爱和谨慎的论述中。

的美德系列好像既没有相当于阿奎那的神学美德的成分，也不可能具有与它们相似之处。不仅如此，孟子的表述似乎从不包含同阿奎那以下做法相像的内容：即描绘上帝致力于把人“神化”；例如，阿奎那把勇敢描绘为表现了坚忍这种灌输的美德，或把殉道描绘为表现了圣灵的恩赐。

这些判断肯定包含了不少真实性。它们产生于对这两个思想家的特定论述的具体内容的综合性的考察，有意寻求一般的、理论的框架，这种框架存在于他们的著作之中。可是，这些判断也必须审慎地加以考虑。确实，对思想家作比较这种工作本身使我们能够在一个思想家那里看到那些否则我们可能会忽略的特征。这种工作帮助我们在一个思想家那里找出一些受到珍视的品质，这些品质同另一位思想家那里清楚地显示出来的一个美德是相关联的。我想，在以下几章详细的分析将会说明这一点，但是让我在这里先简略地指明，即使在孟子的定位型图式中我们何以也能发现可与灌输的美德并论的品质。

阿奎那的灌输的美德（特别是信仰、希望和博爱这些神学美德）使人们能够触及这样一种境界，它超越了他们通常能够、或应当信仰、希望和爱的一切。孟子肯定从来没有标明和突出与它们相像的美德。然而，在他的著作中有与它们相似的品质。例如，孟子知道人似乎并非自然而然地善，而且天也似乎并不在世界上发挥作用。可是，他强调了对于四端的天的本原的信念和期望的重要意义，而四端规定了人性善。他也表达了一个信念，即天有时直接干预人事：例如，它要派遣圣人来帮助世人。这两个信念，以及它们所产生的期望，是孟子所怀有的，不论有多少与之相反的论据。

进而言之，我们可以同意，在孟子那里，好像几乎没有什么同阿奎那的上帝的观念相似的说法，更不用说有什么思想类似于阿奎那关于神的原因与人的原因相互作用的论述。（然而，我们要谨防对阿奎那以下看法持有一种过于简单化的认识：即他认为，无论是关于神性，还是关于人们的行为背后的神的原因，人们都能知道。）孟子关于天、命以及心理和生理的能量（“气”）的观念都指明了行动的原因，这些原因不同于人为，但是与之相互作用。可是，孟子没有一种思想工具、没有兴趣、也没有明显的需要，来发展像阿奎那所展示的那种超越的世界。因而，他的次要的理论与阿奎那迥然不同。

然而，孟子的实践理论不是必定会如此的不同。不错，他确实讲到那种赋予人以力量和能力的境界，它们是通过真正的自然倾向以及神圣的人和事物在历史中的显现而被认识。这种境界同阿奎那所说的同上帝——即是博爱——为伴的境界相似，可能有时不明显。这就是说，这种境界使对于义务、目的、原则和行动的特殊理解不仅成为可能，而且加强了这种理解。四个美德和没有提到的那些人性的卓越使人们能够进入到这一境界。不仅如此，这一境界产生的状态与活动，同阿奎那在讨论诸如坚忍这样的灌输的美德时所考察的状态与活动相似。①

孟子对礼的强调所体现的定位的眼光，极大地影响了他所列出的美德。然而，当我们考察是否有一些美德类型是他所不提的，或甚至是他不可能提到的，这时我们必须既要小心，又要有想象力。一致之处很少，但是在差别之间很可能存在着一系列的相像、相似之处，而差别同相似之处共存，就像在阿奎那的灌输的美德的那些替代品质的例子中那样。

当我们考虑定位的和开放的眼光如何影响规诫领域的思想时，就出现了要有想象力、但又要探索复杂的、具体的实例的需要。一般地说，与开放的眼光相比，定位的眼光更容易模糊规诫与生活方式的领域之间的区分。但是我们需要仔细地考察这种一般状况，因而我们将通过讨论孟子与阿奎那关于规诫与生活方式的性质与关系的思想来结束本章。

6 孟子与阿奎那思想中规诫与生活方式的领域的关系

孟子对于礼的重视，他对约定俗成的社会礼仪所起的作用的把握，显示了他对生活方式的意义的理解是多么好。确实，他像孔子，他对社会的精神特质在产生和维护人性的卓越中所起的作用的把握，超过了在大部分西方传统中所看到的［这方面的理论］。规诫的领域也存在于孟子的思想中。然而，就像我们在考察礼与仁和义的联系时所看到的，要对这一领域加以具体说明，弄清它是如何同社会的精神特质相联系的，这是有困难的。因此，让我们探索这一问题，尤其是因为探索这一问题（就像阿奎那的例子那样）使我们能够阐明他的伦理思想的重要特征，能够具体说明其中的紧张或困难。

---

① 要了解对于这一论题的深入讨论，见第四章第 8、9 节。关于三种理论的关系，见第五章第 3 节。

孟子非常清楚地知道，我们应当决不做某些事，而总是要做另外一些事。例如，他攻击想减税却拖延时间的做法，他论证说，当一个人意识到一个行动是不道德的，他就应当立即毫不拖延地停止这个行动。（在这件事情上，他用了一个比喻说明这类做法的荒谬：一个贼［承认偷窃不对，表示要改正，却］逐步减少偷窃邻居家的鸡的数量。）不仅如此，他宣称：圣人不会“行一不义，杀一不辜，而得天下。”一个相似的观点是以更加抽象的方式说的，所说的是这样一些人，他们在精神崇高程度上逊于圣人，他宣称，士所要做的事是“仁义而已矣。杀一无罪，非仁也；非其有而取之，非义也。”① 因而对于孟子来说，规诫是存在的；其中有一些表现为仁，它们中有许多表现为义。

然而，孟子也把那些似乎最适宜归入社会精神特质领域的行动纳入责任的范畴。例如，他曾讨论这样的问题：侍奉君主时怎样才能既尽对于社会的责任，又承担对于更高的理想的责任，在他论述这种问题时他讲了以下这件事：齐景公用装饰了羽毛的旗帜召唤虞人（译者按：管理猎场的小吏），而这种旗帜按照礼制是用来召唤级别高的官吏的，对于虞人，合适的做法是用皮帽子去召唤。虞人拒绝前往，虽然他知道齐景公可能会因为他拒绝而处死他。“以大夫之招招虞人，虞人死不敢往。”孟子宣称，无论是他还是孔子，都感到虞人是值得称赞的，他甚至加上了以下这一庄严的声明：“志士不忘在沟壑，勇士不忘丧其元。”② 这样，维护礼的准则的需要，为孟子提供了献出一个人的生命的理由。

我假定，我们发现孟子的立场是反直观的，或简直是错误的。我们能够想象一个论点来论证他的判断：其根据是维护适合的准则和关系是社会稳定的基础，而社会稳定反过来又是各种形式的人性完善的基础。这样的论点甚至能显示孟子的著述的特征。然而，如果是这样，很可能出现一些

---

① 《孟子·尽心上》第三十三章；刘殿爵（1970）把“仁义”翻译为“有道德的”。关于圣人的引文，见《孟子·公孙丑上》第二章。关于需要立即行动的引文，见《孟子·滕文公下》第八章；还可注意尼维森 1979，第 428 页。有一种观点认为，否定性的规诫要优先于肯定性的规诫，在主张这一观点上孟子与现代西方许多论述遥相呼应；见《孟子·尽心下》第三十一章。

② 《孟子·万章下》第七章；此事的另外一种说法出现于《孟子·滕文公下》第一章。虞人对侮辱作出了反应，因而他的行动同《孟子·告子上》第十章所描绘的那种相似，而在这一章中礼的重要性不明显。不过，对此我的观点是，违反礼的一项准则可能会产生这种强烈的反应。注意孟子看出了以下这种人的问题：他们对待死亡所采取的态度不是十分的严肃；见《孟子·离娄下》第二十三、三十章。

尖锐的反对意见，这些意见怀疑这样一些步骤：它们由貌似有理的第一原则推导到似乎不合情理的结论。

我认为，这一实例说明了孟子为何对那些按我们的标准要置于社会的精神特质与规诫的领域中的行动，既不一贯地、又不清楚地加以区分。其他的例子也指明了这一点。例如，他经常被询问到一些事例，其中礼同仁或义似乎是冲突的。有时他的回答很有道理；例如，一个人救起了沉入水中的嫂子，虽然礼禁止触及她的躯体。但是，在另外一些事例中就像在关于虞人的事例中那样，他的回答是有问题的。其中有一些甚至似乎反映了这样的思想：人的特性只是来自他们所充当的角色。然而，这种思想有悖于他这一理念：人的［仁、义、礼、智］四个良能为他们提供了与角色相分离的特性。

孟子其他那些回答突出地表明，他未能把握以下观点的全部含义：礼的规则必然是约定俗成的。当然，他确实看出了规则是可以被取消的，他强调地指出礼的精神与礼的准则会发生冲突。但是，他确实没有真正考虑这样一种可能性：礼的准则可能会改变得更好，以实现其目标。同样，他也没有看出不同的准则在某些文化环境中可能会更加有效地发挥作用。确实，同孔子一样，孟子总是假定一个完美的社会曾经在古代存在过，任何一个社会应当效法它的准则和组织。①

刚才指出的问题反映了孟子思想中两个互相关联的紧张。其一是把美德看成同角色相关与把美德看成同人性相关的思想之间的紧张。美德是帮助一个人实现其社会角色的品质，还是帮助一个人实现人的良能的品质？其二是以下两种认识之间的紧张：即把人看成拥有像天然权利的某种东西，还是把人看成由于他们完成了什么而有价值。人是自主的、权利的承担者，还是只是在他们实现了他们的社会角色或他们的本性中所包含的种种可能性之时才是有价值的？

这些紧张经常极其清楚地出现于孟子对那些在我们看来是有懈可击的

① 救嫂子的例子见《孟子·离娄上》第十七章。更有问题的实例（除了前面提到的《孟子·万章下》第七章和《孟子·滕文公下》第一章中的例子以外）是《孟子·尽心上》第三十五章中孟子说，如果舜的父亲杀了人，那么舜就应当放弃他的仁政，［背起父亲逃到海滨］，以保护父亲。还可以注意《孟子·离娄上》第十九章，《孟子·告子下》第一章，《孟子·尽心下》第三十一、三十三章中的论述。我将在第三章第4节论述孟子关于美德的假象的主张时讨论这一论题的其他方面。

立场的辩护中。例如，他断言，由天灌注于人的总的道德倾向，只能在由古代圣人所制订的礼的特殊准则中获得正确的表现。在维护这个立场时他所面对的主要问题是，由天赋予倾向的理念，与由圣人给出准则的理念，指引到极其不同的方向。天只是将一般特性给予人性，而这些特性似乎是以不同的方式表现出来的。这种表现所采取的恰到好处的形式决定于给定的社会环境的特定条件。然而圣人给出复杂的、特殊的准则，遵循它们好像是人道昌盛的唯一途径。这两种思想被生拉硬拽地凑合在一起。这种紧张说明了孟子对于规诫与生活方式的领域之间的关系的认识是有问题的。[①]

当我们把注意力集中到更小的范围，只看孟子对产生于规诫和社会精神特质的规定的态度，此时另外一种困难就出现了。西方对待伦理学通常采取的态度是对不涉及伦理的、可以允许的、有义务作出的（obligatory）以及分外的（supererogatory）行动或典范加以区分。孟子由于强调礼，很少对前三个范畴作出严格的区分，而有力的论据都被用来为他的立场辩护。然而，这里最需要考虑、也更成问题的是没有对有义务作出的行动与分外的行动加以任何区分。孟子没有根据行动或生活典范是否毫无例外地强制性的，来对它们加以区分。对于以下这两种行动或存在的状态也没有作出区分：其一是我必须作出的行动，或追求的状态（有义务做的），其二是我从未想过或也许甚至从未打算必须追求的状态（分外的）。例如，孟子似乎认为，在十分多样的情势下所有的人被要求献出他们的生命。

由于在孟子那里不存在可以减轻这种状况的严重性的三个因素，这一立场变得特别突出。首先，在他的宗教体系之中没有确立弥补过错的仪式化程序。其次，他从来没有把人的行动置于某种更大的框架之中——如死后遭遇，来世，或转世轮回——这减少了在日常生活中所发生的事的重要意义。最后，他从来没有充分地考虑改善的环境可能会影响对行动的判

① 李耶理1985a详细地讨论了孟子思想中这一紧张。我认为，看出孟子思想中存在这一紧张是极其重要的，因为它使我们能够看到他是如何接受和不是简单地接受古代完美的社会秩序的补救［现实弊端］的意义。然而，孟子似乎从未适当地聚焦于这些问题，并解决它们。例如，与孔子相比，他对关于礼的论题的兴趣较少，他对《尚书》有一些怀疑；见《孟子·尽心下》第三章。关于这些紧张所表明的更一般的问题，见麦金太尔论理解美德的三种可能的方法；麦金太尔1984a，第183—185页。

断，或减轻某些行动通常会产生的内疚或后悔。他确实区分了劳力者与劳心者的所为，也强调了匮乏的物质条件会使许多人作出邪恶的行动。不过没有出现对产生责任意识的环境的细致的讨论。而且，他所作出的区分同他强调所有的人都有成为圣人的可能性很不协调地合在一起。

孟子关于智如何运作的某些思想，同分外的概念以相似的方式发挥作用。例如，进退要“合乎时宜”，这种思想引导人们避开需要壮烈行动的某些局面。有鉴于此，人们并不总是要强使自己去追求一些会导致戏剧性选择的行动过程。此外，孟子确实强调人们需要使他们的行动与他们发展的步骤相一致。这就是说，他们不应当采取可能会严重地损害他们的自我修养的那些行动。这种思想也给人们提供了避开某些强制性要求的理由。

不过，一个人究竟如何决定什么样的要求必须满足，什么样的要求必须避开，对此孟子从来没有给出详细的分析。诚然，西方对责任的种类的划分加以改头换面可以帮助他做那样的分析，同时也不会强使他提出一些在他看来会妨碍智发生作用的那类准则。这样的思想工具能够使孟子说，人们必须永远要满足规诫的要求，即使自我修养受到损害，但不是必定要满足其他分外的要求，如果这样的损害很可能会发生的话。①

这样，孟子提出了一个非常崇高的道德目标，却为人们提供了很少的手段来宽恕、原谅或者减轻他们的失误。这种态度符合、甚至建基于这样的事实之上：孟子拒绝任何一个创立权宜伦理学（provisional ethics）或确立权宜典范的企图。当他被要求提供一个更容易达到的道德目标时，他断然拒绝了：

> 公孙丑曰：“道则高矣，美矣，宜若登天然，似不可及也。何不使彼为可几及而日孳孳也？”
>
> 孟子曰：“大匠不为拙工改废绳墨，羿不为拙射变其彀率。君子

---

① 关于“合乎时宜”，见《孟子·万章下》第一章，《孟子·滕文公下》第三章；论自我修养的步骤，见《孟子·公孙丑上》第二章；这两个思想将在第三章中加以详细的讨论。

在《孟子·梁惠王上》第七章中，孟子说“无恒产而有恒心者，惟士为能”；还可注意《孟子·滕文公上》第三、四章。孟子对管仲也作出了一个严厉的评价：“讲究实际的政治家”；见《孟子·公孙丑上》第一章，《孟子·公孙丑下》第二章，《孟子·告子下》第十五章。鉴于孔子对管仲的赞赏，孟子的态度就显得很突出；见《论语·宪问》第十六、十七章，还可注意史华兹 1986，第 109—112 页。

引而不发，跃如也。中道而立，能者从之。”①

这段引文反映了孟子拒绝采取正常的迁就和顺应态度的生活。它也可能表现了一个特殊修辞策略和对于任何一种与墨子相像的立场的忧虑，这种立场建基于以个人利益激励人的思想之上。但是，我认为，他的立场也显示了以美德理论、因而也以人性完善的理论为基础的许多传统伦理学的逻辑的一个重要特征。一个很高的标准是在这样的情况下确立起来的：是品格而不是行动才是判断的对象，而动机的纯正为这样的判断提供了最重要的尺度，以及表达性的动机同获得性的动机一样被认为是可靠的。关于美德的假象的思想在某种程度上降低了这一标准。但是，就像我们对孟子和阿奎那的进一步的考察就要表明的，所追求的目标的崇高仍然是许多传统美德的理论特有的方面。

总而言之，孟子对于生活方式的重要性表现出特别的赞赏；他相信，规诫的领域是存在的。但是，他对这两个领域的关系的表述前后不一，也不清楚。这个问题既反映了他思想中的紧张，也反映了在有责任去做的事与分外的事之间缺少区分。

与孟子相对比，阿奎那明确地表述了规诫的特点，但低估了社会的精神特质中的差别的意义。阿奎那敏锐地意识到判断何以必须适合于环境。但是，社会的精神特质中的差别为何产生了关于规诫或甚至美德的内容的不同判断，对此他显得认识很少。同大多数中世纪的思想家一样，他推出的大量的反例证和完全不同的生活方式其意义是有限的。（诸如伊斯兰教和基督教异端运动这样的丰富的实例材料通常只是被当作神学上的选择加以论述。）关键性的事例主要来自希伯来人的《圣经》对于不同的社会实践的记述，如一夫多妻制；或来自像恺撒那样的记述，比如它们描绘了很不相同的财产所有权。阿奎那对这些实例的分析表明他是确认了种种生活方式可能造成的区别。但是，这种确认只是不周全地整合到他的思想中；他没有始终不断地、连贯地考察这些区别的后果。

例如，他极少讲到自然法的第一原理是怎样转化为实在法或规则。他

① 《孟子·尽心上》第四十一章。我无意排除这样一种可能性：在大部分美德理论中明显存在的至善论（perfectionism）至少能够同譬如某种形式的契约论共处；公共利益准则与个人的卓越观念不是必定相同的。

常常以下述过程作比喻：一个建筑师通过一系列的选择，形成了一个意象，比如一扇门，把它确定下来，并建造了一扇特殊的门。这个比喻是富有启发性的，但是它未能恰当地把握这样的复杂程序：即包含了将判断、特别是关于规诫的判断同生活方式相联系的程序。而且，当我们看到，他提出种种生活方式之间没有截然不同的差别，阿奎那论自然法的内容和应用的著作的重要的特征就变得更加清楚了。①

阿奎那所给出的大量实例有局限性，这有助于我们说明他的立场。但是，更加突出的是，没有更加仔细地探讨他曾经拥有的或容易获得的实例。这可能是因为他的思想中强调理性与强调自然之间存在着持续不断的紧张。这种紧张总的看来很像孟子思想中以不同方式表现出来的那种紧张，即人的一般特征（general human characteristics）与圣人的特殊准则之间的紧张。然而，就阿奎那而言，这种紧张存在于产生特殊指令的天然的特点（natural characteristics）与依人们所遭遇到的环境［的差异］而不同的理性判断之间。我们将在下一章（在我们思考阿奎那关于美德的理论中自然与理性的关系时）讨论这个问题，但是，现在让我们分析他对于规诫领域的相当充分的考察。

阿奎那提出，当人们在深思中把他们自己看成理性的存在者，他们就确认了他们有责任要做某些事情。而且，他们认为责任构成了将所有的理性的生物结合在一起的法律或原理的体系。这些原理是不证自明的和不可论证的；这就是说，它们不是推论出来的，而是通过悟性（英文：understanding；拉丁文：*intellectus*）直接地和由直觉认识到的："由其本身而被认识的东西就像一项原则，是在心灵中被直接认识到的（*per se notum*）。"对于阿奎那来说，伦理学的抽象的首要原理是不证自明的。它们使人们能够不假思索地判断某些行动是有责任作出的。然而，另外一些行动虽然也被认为有责任作出，但是只有通过对各种环境的仔细考察和只有明智的人才能做好的推论过程，它们才会变得显而易见。正像他所说：

① 对于阿奎那来说，当上帝的直接干预意味着需要的不只是另外一种生活方式，在这种情况下就常常出现许可背离习以为常的社会准则。希伯来人偷埃及人的东西，或上帝命令将以撒献祭就是两个这样的例子。芬尼斯提出，对于实行自然法的过程，阿奎那从来没有加以适当的描述（见芬尼斯 1980，第 281—286 页），但是注意多纳甘（Donagan1977）企图描绘和维护这一程序以及斯道特（Stout1983b，第 179—185 页）对它的考察。

> 因为人类某些行动的道德性质是如此地明显，以至于可以按照共同的首要原理以最低限度的思索直接地评价这些行动是好的还是坏的。然而，另外的行动则需要对各种各样的环境加以充分的思考，不是每个人、而只是那些被赋予智慧的人才能够作这样的思考。①

阿奎那对于规诫的态度表现了阿兰·多纳甘所说的理性主义道德理论。这种理论有五个形式上的特点——在这些理论中道德推理被当作同法律上的推理相像：

> (1) 它们建基于几个、有时是一个根本原理之上，这种原理是被当作真理提出来的，毫无例外可言；(2) 每一个这样的原理依据实践智慧的要求，对人们的所有行动规定了某些条件；(3) 这些原理并不构成一组公理，这种理论所有其余的道德戒律都能从这些原理推导而出；然而，(4) 其余的道德戒律从根本原理推导而出，作为附加的前提，以进一步具体说明这些原理所规定的那些条件，它们是人所有的活动所需要的；以及 (5) 无论是原理，还是附加的前提，它们都是在非形式的辩证推理的基础上被采用的。②

这些不证自明的道德原理的准确数目和性质，对于阿奎那或其他中世纪思想家来说，不是一个重要的问题（在我们看来这是很奇怪的）。阿奎那只是考察别的问题时才讨论它们。诚然，他的准确的阐述总是反映了语境；在自然法的语境中作出的一项阐述可能会同启示的旧律法的语境中作出的那种阐述迥然不同。

尽管有这种模糊性，或曰缺陷，阿奎那对于规诫的立场还是比较清楚的。一个行动的根本条件是为善和求善，以及避免为恶。更具体地说，人们的行动应当尽可能地促进、而决不能违背人的善德，不论这种善德是存在于他们自身之中，还是存在于别人身上。对于阿奎那来说，这种原理以哲学的形式获得了《圣经》中这样一种观念的意义：即一个人应当像爱

---

① 2—1. 100. 1；上下文是阿奎那论述十诫。第一段引文取自 2—1. 57. 2。米尔哈文 1968 包含了对于许多相关章节和论述的精心分析，例如，原理的性质，应用这些原理的问题。

② 多纳甘 1984，第 293 页。

他自己那样爱他的邻居。(阿奎那的首要原理大概可以用康德关于把人当作目的而不是手段来对待的思想加以更好的阐述：因而关键性的思想大概是：人们应当把每一个人，不论是他们自己，还是别的人，都要当作理性的生物加以尊重。)这样，这项原理以及其他阿奎那认为具有相似普遍性的原理可以应用于非形式的、辩证的道德推理中，以便产生特殊的指令。当然，在评价所产生的指令中会出现一些令人苦恼的问题，但是阿奎那相信，明智的人总是能够解决它们。因此，这些指令是绝对必须遵循的，不包含相互矛盾的指示，不可能产生真正的烦恼。①

对于阿奎那来说，规诫的范围是清楚的，必不可少的。但是，其范围也是狭小的。诚然，对于我们特别重要的是，阿奎那假定，人类的大部分活动与无条件的责任无关，因而处于规诫范围以外。他从未认真地考虑过这种思想：无比丰富的全部人类活动应当纳入普遍的规诫的领域之中。他认为，这样做显然会忽略各种各样人类活动之间的明显的区别；用我们的话来说，这导致伦理学的三个领域的混淆。阿奎那认为，我们必须要了解规诫的完整性，但是，我们也要弄清规诫适用的有限领域。决定要做什么通常需要多种多样的考虑；由规诫产生的考虑所提供的只是在少数情境中需要的各种指示。

这样，对于阿奎那来说，人生活工作的世界中最具重要性的不仅是道德的完善，而且还有在思想、社会、宗教、美学、个人爱好和人格等方面的完善。人们通常所面对的关键问题是，规诫（或甚至是生活方式）获得的成就并不完满，人们要决定是哪一些成就、或哪一些成就的结合，会导致和展现人类的昌盛。此外，这种情况由于以下的原因而变得更为真实，而不是相反：因为人道昌盛的最终标准是上帝存在的圆满。当然，人只是不完全地反映上帝。但是，他们必须明白，上帝的完美并不局限于道

---

① 尤其要看 2—1. 100. 3. 1 与 2—1. 100. 3. 11。论指示的无矛盾的性质，见 2—1. 19. 2. 2，但是，要注意空想的愿望（velleity）的概念所起的作用是允许真正的冲突存在（例如 2—1. 13. 5. 1），并阅读对悔罪的分析。

多纳甘 1977（在一项我受益颇多的分析中）提出，强调目的是人而不是人的善，这就避免了一些难以把握的困难，并很好地掌握阿奎那的哲学论述和他对《圣经》中的规诫的理解这两方面的用意。然而，也要注意斯道特（1983b）对多纳甘的批评性的分析，芬尼斯 1980、1983，以及格里塞兹（Grisez）（1969）稍有不同的态度。我们将在第三章第 5、6 节中进一步考察这一问题的某些方面。

德的完美，他作为创世者的行动确定了人们的活动必定会有的局限性和可能性这两方面。这样，人的完善的无比丰富多样的可能性，就像必须追求的这种丰富多样的可能性所处的独特的环境那样，最终都是以上帝的存在为基础的。对于阿奎那来说，大部分人类活动都汇合于生活方式、特别是美德所提供的大框架之中。少数活动来自规诫的领域，而众多活动则是来自社会的精神特质。然而，几乎所有的活动都属于美德领域。①

阿奎那与孟子同样相信，规诫会经常为美德提供指示。而且他与孟子同样认为，美德的系列与定位在很大程度上决定于美德所处的生活方式。孟子对规诫领域的叙述没有阿奎那清楚，与此同时，阿奎那却不像孟子那样清楚地理解生活方式的重要性。但是，两人从未停止强调美德的意义。对于他们来说，美德同规诫与生活方式这两个领域中所发现的指示相呼应，从而使人们能够表现各种各样的卓越。

对于这一论题的讨论完成了我们对于孟子和阿奎那的美德理论与勇敢概念的语境的论述。我们是从考察对两个人的解释中的问题开始的。然后我们转向孟子和阿奎那的道德系列，以及他们所展示的分析步骤，也弄清如何比较他们的美德系列。结束时我们讨论了他们对规诫与生活方式的领域的关系的理解。现在让我们在下一章转到详细地考察他们的美德理论。

---

① 多纳甘（1984，第308—309页）在肯定理性主义的道德的完整性和局限性时讲述了相似的观点，他反对一些现代人企图作出阿奎那所拒绝的总结："在许多情况下，我在回答'我将做什么?'的问题时我必须要斟酌的种种考虑是不可简化的，是多种多样的：这些考虑的方面有欲望，方便，喜欢，愤怒，善意——都与道德上的考虑同时并存。理性主义的立场是，在许多情况下，道德上的考虑对于回答'我将做什么?'这个问题是不够的。它们怎样才能加以充分的回答，这是很不相同问题，实践智慧对于回答'我会做什么'施加什么条件?"然而，这里更多地是在康德、而非托玛斯的意义上使用实践智慧这个词，而"道德的"这个词意指我所说的规诫。

有一个解释补充了这个一般观念的一些重要的方面，见亚当（1987，第164—173页）对沃尔夫1982的回答。问题仍然是关于人的完善的种种不同的可能性之间的冲突，但是阿奎那从来没有探讨这一课题。

第三章　孟子与阿奎那的美德理论

1　孟子与阿奎那：美德的一般概念

我们对孟子与阿奎那的美德理论的分析，从简要地讨论这两个思想家的美德概念开始，然后转到他们各自的美德理论，我们将聚焦于这样的问题：他们认为理性同自然倾向是怎样相互作用形成情感与意向的，对于这种相互作用的认识使他们能够将美德与美德的假象区分开来。我们在结束处考察的一个论题是：他们对于没有德性［的原因］的认识，在这方面值得注意的区别出现了；考察的另外一个论题是他们的自我概念的一些特征，这些特征从根本上影响了他们关于美德的思想，在这方面却出现了值得注意的相似之处。

我在前面对于美德的一般概念的深入的考察中曾经讨论了美德的各种特点。例如，我提出，美德是行动、欲望和感觉的意向，它需要作出判断，美德导致明显可见的人性的卓越，要求为了美德自身而选择美德，并按照某种无可非议的人生打算而选择美德。此外，我认为美德经常显示出表达性的动机，具有纠正的特性，能够被分为倾向性和保护性类型。在那里的讨论中，按照我对于当代英语用法的理解，我给出了美德的核心意义、美德观念独有的、最有特色的意义。这一选择的理由和含义不少，它们将在最后一章中加以讨论。[①] 然而，现在我们只需要注意，我提出的美德原来的核心意义必定在某些方面有别于这两个思想家的用法。不仅如此，此核心意义，至少是原来的核心意义，几乎总是更接近于阿奎那的用法，而不是更接近于孟子的用法，因为我使用西方的话语。（当然，比较分析将修订包括美德在内的所有术语的最初选定的核心意义。）现在我们必须弄清，孟子与阿奎那怎样实际使用美德概念，

---

① 要了解对这一问题的讨论，见本书第五章第 5 节。

我们就转到这项任务。

这两个思想家都相信，美德的概念在相当大的程度上超出了人的行动的范围，他们的次要的理论反映了这一事实。因此，他们的用法包含了多于当代用法的意义，它也可能指人这样一些品质：我们可能不把它们规定为合乎道德。诚然，有时偶尔，尤其是在孟子那里，美德就像他们对它的使用那样，可能并不总是同我所规定的美德完全相当。可是，他们的主要关切，尤其是在他们的实践理论中的主要关切，是在使人及其行动为善的那些品质，而这就是我们注意的焦点。这意味着如果认真地做，我们可以满怀信心地从前面讨论过的美德概念开始工作。但是我们确实需要仔细地考察孟子和阿奎那两人怎样使用美德这个术语。

孟子的时代所使用的“德”是一个复杂的概念，它带有使用它的长期历史的印记。尽管我们既不需要重演这一历史，也不需要加入围绕它的学术论争，我们仍然可以注意这一历史的几个方面，它们说明了孟子对这一观念的用法。美德的理念本来很可能只是来自圣王。然而，最迟到公元前六世纪，它指称在值得颂扬的人生中产生的一种品性，或作为一种奖赏肯定某人有一种德性。进而言之，它是使具有这种品性的人能够完成那些否则就不可能做成的事情。这样，美德的观念被认为是同值得赞扬的生活相连的一种品性。而且，具有美德就产生了一些特殊的才能；确实，“power”（译者按：这个英文词有力量，能力，支配力等意义。）常常是“德”的确切的翻译。具有美德就是具有一种改变他自己、别人、甚至自然界的能力。

说得抽象一点，美德被认为是一种品质：更确切地说也许是一种潜在的超凡力量：它既产生某种事物的本质特征，又使之坚守这些特征。然而，美德也使一个事物影响另一个事物成为可能；它显示了“力场”(field of force)，由于这种力量某些事物引起或影响了另外一些事物的活动。用彼德·布德堡（Peter Boodberg）所发明的词语来说，美德兼有“自纠的”（enrective）和“促纠的”（arrective）成分。自纠的方面是内在的力量或品质，它给予一个存在者以力量和方向。例如，水之“德”是向下流。与之成为对照，促纠的方面是在另外一个有待激发生气的事物中唤醒和引起自纠的成分的能力。而美德则是将潜在意义上的固有本质同积极意义上的影响他人的力量结合在一起。①

在孟子以前、而又与之相距不远的时代，这种感化他人的力量似乎以三种不同的方式概念化了。第一种方式是指道德典范以他们的“魅力”吸引和影响人们的能力。美德的典范引发了忠诚、慈爱、心甘情愿地顺从和持续不断地努力效法典范的品质。对这种力量的另外一种认识反映了在任何一种文化都很明显的一个社会过程，就像在早期中国的文化中那样，其中互惠的关系是重要的。给予善意的关心或礼品在受惠的人那里产生了表示感激的回报；他或她感觉到“感恩戴德”之情，以及由此而产生的、非要为恩主做什么事不可的心情。这种情况容易导致受惠的一方看到恩主身上存在的道德力量，受惠的一方必定会对恩主作出回应。

美德概念化的这两种方式只运用于人们的活动中。但是还有一种包含了这样的思想：美德表现了整个世界通行的原则。在次要的理论中以这种方式概念化以后，美德就是本质的存有（hypostatic entity），是一种“形而上的”存在或原则，人，甚至物体能具有它的某些方面。美德是这样一种品格：它使一种物体能够具有一种特殊的性质，使之能与别的物体互动，能影响别的物体。

在孟子时代以前，美德观念的许多比较重要的、带有更多形而上意义的方面受到某些人的攻击，另外一些人则对它们加以重新思考。尽管孟子自己将德说成是单一的东西，他仍然把它当作使人为善的一系列相关联的品质来讨论它。例如，他声称友谊必须建基于美德，必须以一个人的一些美好的品质为基础；对于那些完美的人，他通常用一些美好的品质或他们所具有的美德来加以描绘。

可是，认为美德能够在别的事物中引发适当的活动这种思想的变种仍然在孟子那里起作用，尽管他有时对它究竟能有多大作用表示了怀疑。他对于典范的力量或“感恩戴德”的欣赏说明了对这种思想的一些运用，但是并非仅仅提及而已。下述思想在相当大的程度上保留了下来：美德的谐振共鸣的作用能够改变人的行动、甚至自然界的活动。例如，他按照暴力和德对人们的支配能力［的不同性质］将暴力的观念同德的观念相对

① 关于“德”的理念见布德堡 1952—53；尼维森 1980a；以及葛瑞汉 1989，第 13、190—191、282 页；孟旦第 63、101—107、125—126、185—197 页。要了解稍后时代很少带有伦理含义的“德”字的使用的实例，见《庄子》（葛瑞汉 1981）第五章，并注意葛瑞汉对它的评论。

立：人们可能会一时屈从于暴力，但是他们心悦诚服地顺从美德。在孟子看来，为了造成人民会欢迎的那种政府，有美德的国王的力量远远胜过仅仅依靠他们的开明的社会政策而产生的吸引力。他坚持不懈地叙述一种带有戏剧性的传说：人民如何急切地奔向一个有道德的统治者的王国，要成为他的百姓。

不仅如此，孟子不把美德的创造力局限于一个国王。他相信，改变他人的能力也是一个圣人的突出的标志之一，他赞同孔子的话"君子之德风，小人之德草，草上之风，必偃。"[①]。这样的思想反映了孟子接受了一种改头换面的传统理念：德性使一个人同一些功效巨大的本质或力相联系。然而，鉴于他对传统的美德观念的这些遗留的论述前后不一致，评价这些遗留在孟子思想中的精确的意义和作用自然是困难的。（就像将要论述的那样，这种不一致常常来自他的实践理论与次要理论之间的紧张。）但是，孟子确实相信，德性把人们同能够激发他们活力的那种力联系在一起。最值得注意的是，它显示了天的在场，帮助释放心理和身体上的能量，甚至显然使一个人同神力（"神"）相联系。不仅如此，这些信念有时影响他对一些重要问题的回答。例如，就像我们将要看到的，它们影响他对以下问题的回答：为什么人们不能成为有德的人，美德是否总是［对个人］有利，美德是不是一种引起行为的实体化的本质。这样，孟子的美德概念主要是指使人为善的品质，但是它也在相当大的程度上超越了纯然人的行动的领域。

阿奎那也认为美德概念所指超出纯然人的行动的范围。但是，对于他来说，美德不像在《孟子》一些章节中那样，是一种单独的力量，具有这种力量能产生种种能力。确切地说，它是一个普遍的概念，普遍到足以用来分析几乎所有的活动或存在者。从其最广泛的意义上说，阿奎那所讲

---

① 见《孟子·滕文公上》第二章；《论语·颜渊》第十九章关于君子的感化力，还可见《孟子·尽心上》第十三章。论人们对于德的心悦诚服见《孟子·公孙丑上》第三章；论圣人感化人，见《孟子·尽心下》第二十五章；论美德使人在艰难的时候振作精神、努力奋斗，见《孟子·尽心下》第十章；论美德与品格的联系，及其在友谊中的作用，见《孟子·万章下》第三章和《孟子·公孙丑上》第六章。孟子还相信美德要在身体上表现出来，见《孟子·离娄上》第十五章，《孟子·尽心上》第二十一、二十四、三十八章。美德同诸如"气"这样的力和天的联系，将在后面更加充分地加以讨论。要了解孟子是一个去除美德的神秘性的人，见伊凡胡1990，第35、58—59、151—152、157页。

的美德（virtus）通常可以翻译为“power”（译者按：意为力量，能力，支配力等。以下释义仿此。），或“excellence”（意为卓越），“strength”（力量活力），或“perfection”（意为完美，完善，完成）。它是指一个存在者的活动中所显现的任何一种卓越或活力（strength）。（在阿奎那经常引用的亚里士多德的话中，“美德是使具有它的人成为出色的人、并使他的所作所为成为出色的行为的那种因素”。）这样，从最广泛的意义上说，美德是指任何一种能力的完善或潜能（*potentia*）的实现，也指各种事物在自然地发生作用中所表现的卓越性。正如阿奎那所说：“一匹马之德（virtue）使它成为一匹出色的马，跑得令人满意，令人满意驮着骑它的人——这就是一匹马所做的事。”因此，“一匹马之德是使它以及它所做之事出色的因素。一块岩石、一个人或任何一种其他事物的德的情形与此相类似”。①

尽管这个美德概念帮助我们说明了几乎所有的含义，阿奎那还是认为它的最恰当的运用是同潜能［的意义］分不开的，这种潜能兼有主动的和被动的意义。这些种类不一的潜能既能引发行动，又被促使采取行动，它们不是只产生一种特殊种类的行动。因此，如果我们要解释一贯做法、乐意行动以及在许多情况下伴有的快乐，我们需要加上意向的概念。然而，当我们所要添加的不只是意向的概念，而且还有理性指导的理念，美德的最恰当的运用才会出现。这就是说，美德的理念就其独有的、核心的意义说只是指这样一些特殊的活动：这些活动被称为好的活动并不只是因为它们表现了一种天然的作用，而且是因为它们表现了能动作用，一个迈向好的目标的人被认为是好人。这样，美德的核心意义同人的意向结合在一起出现，此时实行意志以及理性就是关键的、规定性的标志。

阿奎那用美德的概念描述了许多义项，大部分现代人都不把它们归于美德的观念，这些义项有：人类的卓越，如活力，或美，甚至还有非人类的完美，它们可能出现于岩石或马匹之中。但是，美德的核心意义是指理

① 第一段引语见阿奎那 1965（《总论美德》）第 88 页；第二段引自第 76 页；亚里士多德的话出现于第 88 页，原文出处是 N. E.，1106a15—16。注意 virtue（意为美德）这个词可以用以翻译以下两个希腊文的词中任何一个：arete（“excellence”，意为卓越），dunamis（“power”，意为力量，能力，支配力）。

性指导的人类活动，而它的次要的意义则涵盖了其他的人类或非人类的卓越。阿奎那仔细地区分了美德的核心意义与次要意义。确实，正如已经讨论过的，对类比、语言的多义现象的考察，是他的分析中的偏爱。他经常对术语和句子的核心的和次要的意义加以区分。①

不仅如此，这一程序构成了阿奎那这样一种一贯见解的基础：美德概念不应当实体化。正像他所说："美德被认为是好的，这是因为由于有了它，某个事物就成为好的。"美德不是某些有实体的东西，不应当加以实体化；它们是由对它们的实行来加以规定的，它们并不解释这种实行。这样，美德是好的实行中的意向，这些意向加强了一种力量，从而使存在者倾向于或易于实现它的无比丰富多彩的活动。人类需要美德，因而也就需要意向，"因为（人的）灵魂不局限于单一的活动，而是有能力从事许多活动，这……正是意向之所以必要的那种局面"。②

由于［无生命的］事物朝向单一的目标发展，因此只能从类比的意义上使用意向的概念。但是，对于人类来说，这一概念就是极其重要的中间术语，它将以下两个分离的方面连接起来：就是将具有多种能力的存在、与它出现的任何一个特殊结果这两方面连接起来。如果排除外部的问题，正常的橡树果实将会长成橡树。但是，如果实现意志的能力要有成果的话，人的正常意志需要有实现仁爱的意向，然而，在阿奎那看来，如果人的真正的美德要出现的话，就不只是需要简单的意向。最重要的是能够指导意向、给意向提供意见的那种理性的出现。

实际上无论是孟子还是阿奎那都认为，人的美德的规定性标志是一种指导性的、提供意见的智能的出现。这种智能的出现是产生真正的美德的必要的条件，如果说不是充分的条件的话。需要的智能同天然倾向和获得

① 论阿奎那和阿奎那传统中的比喻以及它产生的过程的著作极其丰富。要了解对它的简明扼要评述，见特拉西 1981，第 438—439 页。论阿奎那的一般的程序，主要见布莱尔 1973、1979；芬尼斯 1980，第 277 页以下，第 364—366 页；罗斯·麦克因纳尼（Ross. McInerny）1968 第 24—29 页它在美德观念上的运用。对于这一观念的背景和用法的更一般的论述，见法拉（Farrer）1972，第 64—90 页，哈迪（Hardie）1968，第 59—67 页；华莱士 1978，第 27 页以下；以及特拉西 1981，第 405—456 页。

② 第一段引语见 2—1. 55. 4；第二段 2—1. 50. 2；关于意向的一般问题，主要见 2—1. 50. 3. 3. 2；和 3. 3. 3；以及 2—1. 49. 4. 3，还可注意我后面对一般观念的讨论。尽管阿奎那吸收了亚里士多德关于意向的思想，他扩展了这一观念，特别是关于习得的美德，可以从同力量或能力的相像开始；见索科洛夫斯基 1982，第 79—81 页。

的习性这两者之间的关系展现了一组棘手的问题，这些问题处于这两个思想家每一个人的美德理论的中心。这样，就让我们转向这些理论，从孟子的论述开始，并聚焦于两个相关的论题。第一个是他们每一个人对于理性与天然倾向相互作用、从而形成情感与意向这一点是怎样认识的。第二个是他们每一个人对于以下问题的认识：这种相互作用使他们能够把美德与它们的假象区分开来。

在考察这两个论题时，我将主要用他们自己的术语来展示他们的思想，偶尔作一点比较。然而，然后我将比较他们对于两个问题的立场。第一个是人的习性使他不能成为有道德的人的问题，另一个是对于自我、尤其是对于理性、情感和意向的性质与关系的一般认识，这种认识是这两个思想家的美德理论的基础。在考察他们各人对于人不能成为有德的人这一现象的认识时，我们看到某些令人惊讶的相似之处，但是，最重要的是几个重大的差别。在考察他们各人对于自我的认识时，我们所看到的主要是相似之处，这种情况也引导我们以建设性的态度肯定他们思想的说服力。因此，让我们转向下一个任务，阐述这两个思想家的美德理论。

2 孟子：人性的根本倾向是美德的基础

孟子的美德理论的基础是他关于人性的基本特性的思想，以及理性有能力发展这种特性的思想。他主张，美德的认知成分同恰当地发展的意向相结合，决定了一个人的品格、行动和情感反应。他同阿奎那共有这种抽象的美德模式，但是他按照他自己的思想，根据他所面对的冲突发展了这一模式。

在孟子时代存在着各种各样的思想选择，但是他发现有两个运动是特别重要的对手。一个是在杨朱的信奉者中所看到的一种哲学形式的享乐主义。这种主张的拥护者对于伦理判断大概采取一种比较精致的怀疑论；他们想必教人保护他们自己，追求个人快乐，这种快乐来自满足天生倾向。另外一种主张是在墨子的信徒中看到的，它是一种原始的功利主义。它的信奉者想用对于怎样在物质上造福于大多数人的理性判断来取代大部分传统的准则。这样，一种主张是强调理性，而另一种则是强调自然的行动。孟子力图表明儒家胜过这两种进路，办法是阐述一种关于人的美德或卓越的理论。我们对这种理论的考察将从简要地分析他关于人性的基本特性的思想开始。然后我们转向他的伦理推论的思想和它所包含的三个相互连接的理念：扩充（“推”或“达”），专注（“思”）和明智（“智”）。这种思想构成了他描述真正的美德及其假象的基础。①

那种可以称为生物学框架的模式显示了孟子关于人性及其特有的成功（展现）和（展现的）失败的思想。（就像我们将要看到的，在阿奎那那里也存在有些相似的框架。）在这样的框架中谈论某种事物的本性，就是讲某种天性，它以生长的模式表现出来，并且在能够具体规定的形式中达到顶点。这些形式展现了独特的、合乎规律地重复的那些活动种类，这些活动显示了正常的、自然的作用，这种作用体现了特殊种类的事物的卓越。获得这种卓越依赖于机体生长于其中的环境。如孟子所说：

> 今夫麰麦（译者按：即大麦），播种而耰之，其地同，树之时又同，浡然而生，至于日至之时，皆熟矣。虽有不同，则地有肥硗，雨露之养、人事之不齐也。②

因此，孟子认为，只有当一个机体既没有受伤、又受到得当的培育，它才会茁壮成长。例如，生长的植物最终状况上的区别是由于对它们的伤害——如动物啃它们——以及培育得不好——如不按时浇水。

孟子的思想建立在比较简单的概念模型之上。存在着一组基本的能力，它们不受阻碍地发展、加以培育就能产生这样一些品性：这些品性造成可加以具体说明的功能和有特色的形态。例如，大麦的种子能够以可确定的速度生长，并长成可具体规定的形状，如果环境适宜的话，它们是能这样做的。与此相似，青蛙有能力活六年，能跳得高，如果青蛙未受伤害，并受到适当的养育，这些能力就会产生那些导致跳跃和六年后才死亡

---

① 论这两种立场以及儒家同它们的关系，见《孟子·滕文公下》第九章、见《孟子·尽心上》第二十六章、见《孟子·尽心下》第二十六章。我们对杨朱的思想所知不足以准确地、具体地说明它们：他可能实际上主张精心维护一个人的自我；见葛瑞汉 1989，第 53—64、170—172 页。后来道家的运动，著名的庄子学派，强调“自然”，大概展现了这种立场的发展。葛瑞汉 1981 提出，庄子可能是作为杨朱主义者出现的；见第 117—118、221—223 页。

② 见《孟子·告子上》第七章。要了解孟子在分析人性中使用的方法，见刘殿爵 1953 和 1963；葛瑞汉 1967；以及信广来 1986，第 77—121、182—192 页。葛瑞汉提出，孟子在阐述他关于自然的观点时依靠外在的标准。我同意这种说法，但是，就像我将要讨论的，我还认为对内在的自我的观察才是关键；见信广来 1986 在这一点上对葛瑞汉的批评。

的品性。这些功能给观察者提供了一个标准，使他们能够据以决定一个存在者的本性。这样，他们能够判断一个生物的任何一项功能是否显示了它的本性，是以正常的、标准的、还是以有缺陷的方式显示它的本性。

在将这个模型运用于描绘和评价人类行为时，众所周知的问题出现了。这一模型通常是形而上学的目的论或生物学的产物，即使像麦金太尔这样的人试图复活这种模型的一个版本，也对它作了根本的改变。[①] 然而，无论是孟子，还是阿奎那，由于他们的深思熟虑，都没有采用这种模型的简单的版本。就像我们将要看到的，这使他们的论述中出现了值得注意的紧张和终将产生丰硕成果的潜在可能性。然而，这里最重要的是另外一个问题：人性和和美德的发展模式（development model）与发现模式（discovery model）之间的区别。

孟子和阿奎那所阐发的那种美德理论不能建立在发现的模式之上，就只能建立在发展的模式之上。孟子和阿奎那两人都使用了发展模式，尽管阿奎那从根本上改造了它。（然而，他们的后继者常常使用一种发现模式，并用它来解释孟子和阿奎那；就像前面指出的，这是许多理学家和某些基督教注释家产生了很有说服力、但却是误导的解释的一个关键原因。）孟子的是发展的模式，这是因为种种能力只要受到养育、不受伤害，它们就能产生正确的意向和行动。如果没有获得恰当的发展，那么这些能力只造成残缺不全的形态，或变得如此虚弱，以至于要激活它们实际上成为不可能。

然而，在发现模式中，人性是作为一组永久的意向而存在，这些意向被遮掩了，但是能够被触及或发现。人们并不培育处于萌芽状态的能力。恰当地说，他们发现隐藏的本体论的实在，它规定了这些能力。这样，发现模式反映了本体论上的、而非生物学上的理念。本体论上的实在，即真实的自我，始终会呈现的，不论特定的人、即这种实在的特殊表现是什么或做什么。生物学的生长［模式］并不提供一些合适的意象，用以理解人的情境。毋宁说，合适的意象是人们掩盖根本的、恒常不变的和“非

① 麦金太尔 1984 第 196 页、威廉斯 1985 第 44 页，以及施尼文德 1984 以不同的眼光讨论了这个模型同形而上学目的论或生物学的关系。要了解更一般的的讨论，见威廉斯 1985 第 35—36、174—196 页，以及本书第一章注 13 中所提到的麦金太尔和其他人的著作；又见李耶理 1990a 中对这一问题的讨论。

人格的"实在的一些意象，他们以诸如迷失方向的激情和被误导的知觉这样一些污染物把它覆盖了。不仅如此，所追求的目标不像是一株植物在经过一个缓慢生长过程以后的繁茂，而是像达到这样一个状态：此时人们触及，而且是经常立即直接地触及支配他们全部行动的根本本性。①

孟子使用发展模式意味着，当他宣布人性善的时候，他不是指一种隐藏的本体论的实在，而是指人所拥有的那些能力。这样，善就等于具有能够成长为基本美德的四端，而这些美德则界定人所独有的方面。正如他所说："乃若其情，则可以为善矣，乃所谓善也。若夫为不善，非才之罪也。"②

围绕这一主张产生了各种各样的问题，无论是传统的注释家，还是现代的学者对它都作了大量的讨论。然而，对于我们来说，最重要的是孟子对以下问题的认识：人们如何将他们的基本能力发展为美德；这就是说，人们怎样引导或培育正确的意向。

人的习性为何不能变为德性，我们在讨论孟子关于这一问题的思想时将考察他所持立场的某些特征。最值得注意的是他关于以下问题的思想：伦理法则的引导和恰当的社会措施在发展合适的美德中的作用。然而，在这里我想聚焦于他关于个人直接诉诸本心培育美德这一重要而富有特色的思想。孟子强调需要渐进的自我修养。例如，在论述发展美德、特别是义的问题的时候，他提出：

> 必有事焉，而勿正，心勿忘，勿助长也。无若宋人焉：宋人有闵其苗之不长而揠之者，芒芒然归，谓其人曰："今日病矣！予助苗长矣！"其子趋而往视之，苗则槁矣。天下之不助苗长者寡矣。以为无

---

① 理学家对孟子的解释通常是被置于追求"觉悟"的语境之中，这种觉悟使潜在的本心发出光辉。（顺便说一下，这种发现模式好像是在禅宗的许多部分看到的模式。）可能有人会争辩说，这些注释者"发展"了蕴含于孟子的论述中理念，但是许多预设是不同的；见葛瑞汉 1958，卷前 ix—x，第 53—55、64—66、96—107 页，以及本书第二章注 2。伊凡胡 1990 令人信服地详细地考察了孟子与王阳明之间的区别。

② 《孟子·告子上》第六章。传统社会的和现代的学者对孟子关于人性善的思想的意义作了许多讨论。对于这一问题的精辟的一般论述，见刘殿爵 1953，葛瑞汉 1958 第 44—46 页，以及 1967，1989 第 117—132 页，信广文 1986 第 182—193 页。阿奎那 2—1. 49. 4. 3 以与孟子相似的观点讨论了为善为恶的能力与意向。我认为，孟子可以说是提出了这样的观点：人所独有的品质是善的，因而也就确定了这些品质构成了人性。

益而舍之者，不耘苗者也；助之长者，揠苗者也，非徒无益，而又害之。①

宋人拔苗助长，这一富有启示的形象很好地表达了渐进的自我修养的观点，发展模式的拥护者必定主张这一观点。（前面在讨论做分外事中指出过这样的问题：如果某些必须要采取的行动有妨碍人们修身养性的危险，他们是否应当放弃，这一形象也提出了这一棘手的问题，但没有加以解决。）

在这个寓言的前言中有对孟子所建议的过程的理论说明，这几句话得到了充分讨论。它们的另外一种翻译②是 There has to be practice, but one must not aim at it; the mind should not forget it, but one must not (forcibly) help it to grow（必有事焉，而勿正，心勿忘，勿助长也）。［译者按：译文的意思是：必定有事要做，但是一个人不能把它当作一个目标；心不应当忘记它，但是一个人不能（强行）帮助它成长。］③ 我认为，这里孟子的意思像前面讨论过的观点，在那里指明了有道德的人的第一人称的思索与第三人称的归因的作用。人们必须不断地培育美德，但是（至少就大部分美德来说）他们的行动不应当为拥有或表现美德的动机所激发。例如，如果一个行动是由要显示为仁、或得到仁的欲望所激发，那么它就不完全是仁。可是，人们在进行自我修养的时候必须在心中保持仁。为了要成为一种特殊类型的人，他们必须拥有第二意志④。始终必须有一种支配实行的力量，即使人们的目标并不只是要成为仁人、或表现他们想要达到的那种特性，仁。

在孟子关于何为美德的实践理论中有三个密切相关的理念，它们是关键性的三个方法论术语，我们在考察这三个理念时对孟子关于修养和道德行为的思想才会有比较全面的认识。这三个理念是“推”或“达”，

① 《孟子·公孙丑上》第二章。译文依据利盖尔 1979，但是我用“grain”（意为谷物）取代了其中的“rice”（意为稻子）。

② 译者按：上面那段孟子的文字在李耶理的书中是取自利盖尔的译文（见本章注 12 和本书的“书目”中利盖尔著作）：One must be concerned about it, but not correct it. Let the heart not ignore it, but not help it grow. 意思是：一个人必须关心它，但是不要纠正它。让心不要忘了它，但是不要帮助它成长。

③ 这个译文取自信广文 1986，他详细地论述了这段话以及后来对它的解释（见 145—151 页）。

④ 译者按：第二意志（second—order volition）：伦理学术语，指对首先出现的欲望和意志加以审视和确认的意志。

“思”以及“智”。孟子认为，人们是在以下情况下实现美德：即他们学会把在行动的正确很明显、动机十分强烈的情境中得到的认识与感情推广到类似的、但行动的正确不明显、缺乏强烈的动机的情境中去。他假定，在某些情境中我们既知道我们应当做什么，又拥有动机去做这事。之所以会这样，是因为在那些情境中我们触及［美德的］胚芽（“端”），即规定我们本性的潜在可能性。

他所描绘的这样一种情境的最著名的事例，是“孺子将入于井”。

> 所以谓人皆有不忍人之心者，今人乍见孺子将入于井，皆有怵惕之心——非所以内交于孺子之父母也，非所以要誉于乡党朋友也，非恶其声而然也。①

在这种情况下促使人们这样做，既不是想要得到其父母的友善这种好处，也不是要别人的赞誉，也不是因为听了小孩哭声心中不舒服而引起的。不如说他们是为同情心所感动，而这种同情心被认为既规定了他们自己，又规定了其他所有的人。他们既知道在这样的范例情境中要做什么，又有做这事的动机。

因此，有待人们去做的就是要始终能够作出这样的反应，要始终能够以适当的方式将它们推广到别的情境中去。这一过程依靠人们使用智而具有的思与推的能力，它构成了道德行动和道德品格的基础。因此它也使人们能够克服他们那种使之无德的习性。这样，考察这一过程使我们能够看到，孟子是把美德视为极其自觉的、极其崇高的行为。在这里他坚定地陈述了他这样的思想：人性为何不是必定不能昌盛的。实际上，这种关于人的潜在可能性的思想非常崇高，极具吸引力，足以同人类最高尚的宗教理想相媲美。

3 孟子：真正的美德是道德推论的结果，使用推、思，认识假象

推或达的理念涵盖了孟子以各种方式称呼或描绘的一种做法，但是，基本的过程是比较清楚的。推广认识就是要看到一种情境像另外一种情

---

① 《孟子·公孙丑上》第六章。

境。推广感情就是将在一种情境下出现的感情推行到另一种情境之中。

孟子在同齐宣王谈话时生动地论述了这些理念。这个国王以挽救一个就要被宰杀以供祭祀的动物的生命表现他的同情心，但是，他说他缺乏关心他的人民的能力。孟子宣称，齐王必须做的只是推广他已经表现出来的同情心。

> 故推恩足以保四海，不推恩无以保妻子。古之人所以大过人者，无他焉，善推其所为而已。今恩足以及禽兽，而功不至于百姓者，独何与？……故王之不王，不为也，非不能也。①②

孟子声称，人们像具有聚焦于特定的外部物体的自由一样，也具有专注于特定的认识和情感的同样的自由。如果我看到一个人陷入心理和肉体上的痛苦，我可能对于做什么没有把握，或是不感到有真正的愿望去帮助他。但是我可以专注于以下情况下可能具有的认识和感情：如果此人是一个亲密的朋友，因而就会获得行动的认识和力量。因此，人们注定能够以适当的方式行动，但是，他们必须触及这些先定的倾向。当他们专注于这些先定倾向十分明显时发生的行动，这种触及就发生了。这样，他们就能够进一步把它们应用到相关的情境中去。

---

① 中译者按：这里英语译文有错乱，在《孟子》原文中“故王之不王，不为也，非不能也。”一句在“故推恩足以保四海”之前。

② 《孟子·梁惠王上》第七章。译文选自尼维森 1979，第 420 页。这是极端的自愿论的表述，孟子在别处对它作了修饰。欲了解孟子的自愿论，见本书第三章第 7 节，以及第三章结尾，第 9 节。

正如信广文所指出的，孟子以各种各样的方式描绘了推的“独特”过程；见信广文 1986，第 157—158 页。在《孟子·梁惠王上》第七章中，孟子谈到了推广富有同情心的反应。但是，在《孟子·尽心上》第十五章、《孟子·尽心下》第三章中，孟子也说到作出“达”的基本反应，并在《孟子·公孙丑上》第六章、《孟子·尽心下》第三十一章中讲到“扩充”或“充”。在《孟子·滕文公下上》第十章、《孟子·万章下》第四章出现了更加专门的概念或词汇“充类”，在别处出现了相似的概念；见《孟子·尽心上》第十七章、《孟子·尽心下》第一章。推的起点只是在《孟子·公孙丑上》第六章中被指明为“端”，但是，各个种类的反应是在以下篇章中指明的：《孟子·梁惠王上》第七章、《孟子·滕文公下》第三章、《孟子·离娄上》第二十七章、《孟子·告子上》第十章、《孟子·告子下》第一章、《孟子·尽心上》第十五章、《孟子·尽心下》第三十一章。最后，推具有专门术语含义；它是墨家逻辑的术语，它的定义是“以其所不取之同于其所取者予之。”墨家定义的英语译文见葛瑞汉 1978，第 438 页；并注意尼维森 1980b，第 746、753 页。

心的特殊功能增强了这一过程的一个关键部分，这种功能就是“思”。孟子认为听觉和视觉器官不能思；它们是被动的，并自然而然地为它们的对象所吸引。但是心能够选择思自我中可能产生或已经产生的各种各样想法中这个或那个念头。思这种功能大概最好描绘为有所选择地、而又具体地集中注意的内在能力。（然而，这种描绘就其简化了外部事件与内心反应之间的关系、又简化了确定那些显示意向的念头这一过程而言，它会误导人。）

孟子相信，人们能够通过内心觉知事物的规定性特征、而不是通过“直线型的”推理，来把握他们需要知道的东西。这样做的能力既加强了正确的行动，又使人们明白真正构成他们本性的是什么。而且，认为四项美德是非天生的，是从外部灌注的，这种想法是“弗思”。同样，不思助长了自我修养上的错误导向和对于自我中真正崇高的东西的误解。这意味着对于那些千方百计要达到人道的充分昌盛的人来说，既不必运用规则作直线型的推理，也不需要真正超越的力量的干预。如果人们思，就能获得所必需的一切。如他所说：“思则得之，不思则不得也。”①

然而，人们也必须能够扩充其所思。孟子考察了人们知道他们不会做什么时产生的那种认识，此时，推的观念的最清楚的理论发展出现了。他认为，推广在这样的情境下明白了的道理，解决了知道做什么的问题，同

---

① 论思与得之间的关系见《孟子·告子上》第十五章，刘殿爵的翻译作了一些润色；对认为四德是非天然的看法的讨论，见《孟子·告子上》第六章；对自我中可贵的部分的误解，见《孟子·告子上》第十七章；论误导人的力量，见《孟子·告子上》第十三章。

要准确地了解思之所指是困难的。要了解孟子话语中教人思什么，见《孟子·公孙丑上》第二章，《孟子·公孙丑上》第九章，《孟子·离娄下》第二十九章，《孟子·万章上》第七章，《孟子·万章下》第一章。但是要注意，它也能同做一个人思虑的事的欲望相联系（例如，见《孟子·滕文公上》第五章，《孟子·告子上》第九章），因而能够指才开始的行动，或想望的未来的状态。（又见《孟子·滕文公上》第六章，《孟子·离娄下》第二十四章，《孟子·万章上》第二章，和《孟子·尽心下》第三十七章。）孟子认为，人们缺少美德是由于他们能够做到却不去思（《孟子·告子上》第六章，《孟子·告子上》第十三、十七章。）人们如果思了，他们就会成为有德的人。（《孟子·尽心告子上》第十五章，参看《孟子·告子上》第六章，《孟子·尽心上》第三章。）《孟子·告子上》第七章也描绘了我们的感官如何追求某种物体，就像《孟子·告子上》第十五章中所说；也见《孟子·尽心下》第二十四章。我们对思的理解从弗兰克·格拉姆里奇（Frank Gramlich）1980 第 145—170 页得到很大的帮助。也见尼维森 1973，第 13 页。要了解思与《论语》中的具体观察的关系，见瓦莱（Waley）1955，第 44—45 页以及史华兹 1986，第 88 页以下。

时也解决了具有做这事的正确动机的问题。这样，推就加强了他这样一种信念：知善即行善，就像它加强了造成非常高尚的行动的那种认识和动机一样。

> 孟子曰："人皆有所不忍，达之于其所忍，仁也；人皆有所不为，达之于其所为，义也。人能充无欲害人之心，而仁不可胜用也；人能充无穿踰之心，而义不可胜用也；人能充无受尔汝之实，无所往而不为义也。士，未可以言而言，是以言餂之也；可以言而不言，是以不言餂之也，是皆穿踰之类也。"①

孟子认为，我们所有的人都会遇到或能够想象这样一些情境：在其中我们可能既不采取一个行动，也不让其他人采取行动。例如，我不能想象我自己会无动于衷地让小孩子掉入井中，抓住像嫂子这样的人的手，或接受有损人格的话。因此，在关系到仁、义、礼的情况下，遇到那些事情就会产生憎恶之心。我憎恶的行为通常属于不道德的范围，看出这一点又导致我认出我本来没有对之作出强烈反应的那些别的行为与我所憎恶的行为共有一些特征。这样，我将以同样的方式对那些别的行为作出反应。不仅如此，认识到我的否定性的反应包含了某种肯定性的反应，这引导我按照规定我的那些美德来行动。

孟子所描绘的是一个复杂的过程，我们可能会对其中的某些步骤提出疑问。听到难听的话，看到一个小孩将会死去，以及不顾其家人的反对去抓住一个人的妻子的手，这些事在我们看来似乎有很大的不同，孟子似乎并不为此而费神。正像我们已经讨论过的，与我们的看法相比，在他那里规诫的指导同生活方式的导向结合得更紧。而且，在我们试图将一些特定的行为置于一般的类型之中以决定做什么的时候产生了一些困难，对于这些困难（至少在这个以及大部分别的语境中）他是不加以考察的。最后，从否定的判断变为肯定性的行动似乎可能包含了动机和认知上的问题，对这方面的问题他也没有加以充分的论述。

① 《孟子·尽心下》第三十一章；也可注意《孟子·滕文公下》第三章，《孟子·告子下》第一章。译文引自尼维森 1979，第 424 页。还可注意《孟子·尽心下》第一章，在那里孟子描绘了一种特别可怕的推广冷酷无情的行为；我要感谢 P. J. 伊凡胡，他指明了这一段。

可是，孟子对道德思维的描绘表明了强调要感知那些显著特征，这也构成了阿奎那的立场和这种一般的美德理论的基础。然而，孟子是以一种特殊的方式来发展这一思想的。他把伦理推论理解为一个依赖于清楚地感知、因而也就确认相符或相像的过程。他尤其反对在墨家中看到的（当然，在当代世界中也很明显的）一种思想：道德推论所需要的主要是应用规则和原理。对于人们如何认识和应用规则的问题，他所反对的观点不是必定采取一种简单的或机械的观点。例如，或是只是在仔细的思索以后、或是只是在强制迫使人们作出最终的评价的情境中，规则［的作用］对于人们才会变得明显。但是，按照规则操作的思维方式不同于从具体事例出发的思维方式，在这些具体事例中对于显著特征的这种感知，对于另外一些事例、即其中这种感知还不清楚的事例来说，是清楚的。

这两种观点之间的最重大的区别大概在于赋予以下方面以多大的重要性：即对情境的真实的描述，以及用以描述的智。要将一种情境置于一个规则之下，一个人必须描述情境。如果我要决定某些规则是否适用，我必须知道在我面前的这个人是兄长，而不是一个朋友，或一个关系疏远的熟人。但是，这样的描述几乎不像在我力图弄清是否符合或相像时的描述那样细致。在这些情境中我必须仔细地估量明显的符合的相关方面，包括我同两个事例的关系。实际上，在似乎没有符合之处的事例中，我可能需要试用种种不同的描述，以弄清对描述做某种改变是否会显示原来隐藏的符合之处。①

例如，兄长因遭遇重大损失而感到心灵痛苦，我将由此而产生的同情心推广到一个朋友所感觉到的相似痛苦。我将必定尽可能准确地描述他们每个人所感受的损失的性质，这需要弄清所丧失的东西［或人］的性质、每一个人同这种损失的关系这两方面。这两人可能失去了其配

① 要了解描绘第二位规则（second - order rules）中的困难这一“美德—责任”论争中的重要问题，见赫尔曼 1981。当然，运用规则的考虑，与运用相像的考虑，两者共有许多特征。但是，我认为，在许多情境中我们所需要的规则的数目和复杂性，对于那些拥有我们有限能力的存在者来说，帮助十分有限；见本章第 8 节的讨论。在其后的部分讨论了这两个程序激励人们的能力上的区别。

孟子对这一论点的执著——其特征我们将在第四章第七节中回过头来讨论，与阿奎那所执著的大部分论点相比，使他更接近于在当代西方讨论中可以看到的许多论点（其中美德理论的拥护者反对新康德主义和功利主义者的思想）。然而，要注意对于阿奎那来说，规则以及从它们开始的推论在规诫领域发挥了重要的作用。

偶，或一个工作岗位，但是，准确地认识配偶的品格或工作岗位的特点以及她或它在他们各自生活中起什么作用，这需要细致的描述。让我惊讶的是，我可能发现，相对而言，我兄长的配偶对于他算不了什么，而他的工作却非常重要，尽管以前我认为真实的情况正好相反。进一步说，我也必须细致地描绘我对我的兄长作为以下身份的人的感情：即对他作为一个人，作为一个家庭成员，作为一个与之长期相处的人，作为一个我对他有某种说不清道不明的深厚感情的人的感情。同样，我将需要仔细地描绘对我朋友的全部看法。只有这样做了，我才能感知真正的相像和获得所需要的动机。

因此，这种描述必须内容充实，有条有理，因为只有内容充实才能给我所需要的知识和必要的感情动力。“兄长”作为一个抽象的范畴对我感情上的触动很少。但是，兄长这一词语用以表现以下这种人就有相当的影响了：他第一个教我有关性方面的事，帮我免遭邻人的殴打，他少年时候对我的轻视激怒了我，在我第一次失恋时安慰我。依靠相像或类似的道德推论需要约翰·亨利·纽曼（John Henry Newman）所说的真实的理解（real apprehension）、与复杂的特殊事物的接触，而不只是概念上的理解、对于某种事物的一般性质的抽象理解。它要求注意区别细微、复杂的细节，艾丽丝·穆尔道奇（Iris Murdoch）对这种要求作了非常充分的描绘。①

在孟子那里这种推论是怎样有别于原理的运用？这种区别的也许是最清楚的实例出现于下述部分：在那里他被问到，一个人是否应当去拉住正在沉入水中的嫂子的手，尽管礼制禁止此人触及她。他回答说：“嫂溺不

---

① 见穆尔道奇 1971；纽曼在他的《赞同的基本法则》中作了这种区分。尼维森讨论了孟子所说的动因如何发挥作用，见尼维森 1980b，第 756 页，他的论述与我的说法有所不同，他强调自觉自愿的行动。在孟子那里，在其他中国传统思想家那里，甚至在像阿奎那这样的西方传统的思想家那里，是否有任何同现代的个人概念相像的思想，关于这样的问题存在着严重的分歧（见孟旦 1977，第 1—18、15—25 页；以及孟旦 1985）。

孟子不像我们那样强调个人的差别，但是他确实把他的诉求指向个人，并且出现了对一些个人的引人注目的描绘。因此，宣称他缺乏个体意识、只是强调描绘角色或一般范畴，我认为说得太过分了。

阿奎那确实也没有现代的个体意识。但是，他在 2—1. 63. 1 中对以下两方面作出了清楚的划分：即在我们个人的秉性及其特有的倾向，与我们所有的人共有的、作为理性的生物的特殊本性这两方面之间的区分。也可注意 2—1. 46. 5，在那里他区分了同愤怒相关的一般、特殊与个体。

援，是豺狼也。男女授受不亲，礼也。嫂溺，援之以手者，权也。”[①] 人们也许可能会争辩说，在这一实例中孟子运用了关于关爱生命的更高的伦理原则来取消一项较低的、关于关心社会准则的伦理原则。但是我认为，孟子说的是如何对待对这一妇女的两种描述：嫂子与一个生命处在危险之中的人，后者必须优先。不仅如此，确定哪一种描述适当就能使人们的判断变得容易，使他们的行动成为自觉自愿。

因而，对于孟子来说，一旦一个真正有道德的人专注于其本性，决定了一个事情属于哪一类，如实地描述了它，随之而来的自然地就是恰当地推广。道德判断实际上成为如实地描述，恰当的行动是自然而然地出现的。美德中的认识因素，专注的能力，作出如实的描绘，以及看到真正的符合（这样如我们将要讨论的，也就形成了情感），这样就解决了动力的所有问题。一个有道德的人知道何为善，并且自然而然地去做。

4　孟子：美德，它们的假象，以及智的作用

伦理推论的这种进路也使孟子能够区分一些表面上相似的行为的等次；这就是说，分辨美德与它的假象。恰当的伦理推论产生了正确的动机。而这种动机的存在反过来又把表面上或部分地好的行为同真正有道德的行为区分开来。这样，出于用智激发的意向的行为［常常］是十分合乎道德的行为，但是人们常常作出正确的行为，却缺乏正确的动机来实行它。

将美德的真正的表现与它们的假象区分开来，对于孟子来说是一项特别重要的任务。儒家重视礼很可能造成这样的状况：无所用心地遵循社会行为准则被当作是有德行。而且，这种错误认定是非常危险的；它引导人们或是在不该满意的时候感觉满意，或是采取一种有害的自我修养方式。

当孟子将有道德的人同“乡愿”（village honest man）加以对比的时候，他就突出了这个问题。有一个译者将乡愿称为“Bourgeois

① 《孟子·离娄上》第十七章。我在李耶理 1985a 第 319—322 页中我讨论了这一问题某些方面。

Righteous [who] are simulators of Excellence”（中译者按：这个英文词组可以直译为“乡村中正直的、效法美德的人”）。乡愿是这样的人：他以为：

> “生斯世也，为斯世也，善斯可矣。”阉然媚于世也者，是乡原也。……非之无举也，刺之无刺也，同乎流俗，合乎污世，居之似忠信，行之似廉洁，众皆悦之，自以为是，而不可入于尧舜之道，故曰“德之贼也。”孔子曰，“恶似而非者……恶乡原，恐其乱德也。”①

我认为，乡愿的范畴包括两种人，尽管在这一段中没有对他们加以区分。第一种是较少引起注意的一类，他们容易合乎污世，经常只是希望赢得人们的夸奖，行动是为了个人的私利。这种人的缺点是比较容易看出的，尽管要制止他们对他们自己和别人的危害可能是困难的。

属于这个范畴的第二种人更为复杂，对于我们来说，这种乡愿更为重要。大多数人在这些人身上看不出有什么可以指责的，他们似乎很谨慎小心，表现出正直诚实。相反，孟子认为这些“乡愿”作为一种榜样将别人（还有他们自己）引导到错误的方向。然而，他认识到确定他们的问题是困难的，要运用美德及其假象的思想来显示问题之所在。

认为美德可以同它们的假象加以区分的思想，就像我们已经讨论过的，是建基于这样的思想之上的：行动的方式是可以加以区分的。我认为，我们可以概括地说，人的行动以及品性由于动机的不同而呈现种种差别，孟子将他们分为四类。根据孟子，只有一种表现出合乎美德的行为和品性，而另外三种不是美德的伪装，就是美德的假象。这四类是出于求利欲望的行为，出于习惯性反应的行为，出于遵循准则的行为，和由推而来的行为。处于最低的等次的人的动机是个人利益。（如果激励人的动机是为整个群体谋利益，就像墨家那样，那么他们的追求就属于

① 《孟子·尽心下》第三十七章；见《论语·先进》第二十六章，并注意《论语·先进》第二十三章，《论语·阳货》第十一章，《论语·阳货》第十六章，以及《论语·公冶长》第二十三章，《论语·子路》第二十一章。J. 瓦尔（J. Ware）1960为“乡愿”提出了另外一种翻译。这个词在中国使用的历史很长；见墨子刻（Metzger）1977，第40、156、186、213和250页，注意第50页。

遵循准则的行为那一类。）目的只在于私利的行为通常是美德的伪装而不是假象。虽然孟子有时对于改变以这种方式行事的人不抱任何希望，但是他也相信大多数人能够识破他们的花招，因而不会受他们的生活态度的诱惑。①

第二等次的人按照习惯、而不是按照用智激发的意向行动。他们的反应是效法由推而来的行为，但是他们产生的只是没有创意、老一套的机械行动，因为它们既不表现出思，也不显示智。（无所用心地奉行礼的人也不注意情境的细微差别，他们也属于这一等次。）这些人的行为既不是出于准确的感知，也不需要促使人们确认那些特性。

第三等次的人为遵守准则而行动。准则可以是非常特殊的（如一个人应当按照一种特殊的方式对待特定等级的官员），也可以是十分一般的（如一个人应当按照对大部分人最有利的方式行动）。行动者对产生于准则的责任采取积极的态度，但是在遵循准则上的某种冲突也是存在的。用孟子的语言来说，准则是外在的。这就是说，准则所规定的行动从某种意义上讲不同于行动者的内在倾向，否则就不需要或不接受准则了。

处于真正的道德的行为这一等次的人，他们的行动出自一些他们自主地选择的意向，并把它们变为立场，这或者是在行动时发生的，或者是长期的修养过程的结果。位于这一层次的人像圣人舜，就像孟子以简练的语言所说："由仁义行，非行仁义也。"② 这种人"由仁义行，而不是行仁义"；他合乎道德地行动，而不是作出合乎道德的行动。从"因为"这个字的目的意义上说，他不会"因为某事是合乎道德的"而做此事。确切地说，他做这件事情是"因为我是有道德的"，这是从"因为"这个字的原因意义上说的。（用我们前面使用的术语来说，第一人称的考虑显然不同于任何一种第三人称的描绘，在表达性动机起作用的时候尤其如此。）这一等次的行为来自这样一些倾向：它们是一个人的智识意向在对特定的

① 《孟子·尽心下》第十一章包含了很有趣的评论，其中提到这样的事例：一个人作出了表面上十分慷慨大方的事情，它们也被认为是慷慨大方的；还可注意《孟子·离娄上》第十六章。也要注意孟子的显然是来自经验的主张：只要满足于获利，或只看到利，将不可避免地导致一个人过分重视浅薄的欲望；见《孟子·梁惠王上》第一章和孟子同梁惠王的其他讨论。

② 《孟子·离娄下》第十九章，尼维森的翻译见尼维森 1979，第 423 页。

情境作出反应时产生的。

虽然这些行为展示了真正的美德，它们可能表现为违背普通的礼、义标准。可是，人们完全合乎美德的行动从不违背礼、义的精神。即使他们的行动似乎同大多数人认为是礼、义所要求的那些做法不同，也是如此。正如孟子隐约其词地所说，“非礼之礼，非义之义，大人弗为。”这里孟子的观点肯定是反映了他坚持这样的做法：应用准则要切合情境。然而，我认为，所需要的不仅这一点，这突出地表现于孟子一句显然令人费解的话语中：“大人者，言不必信，行不必果，惟义所在。”[①] 就像我们已经讨论过的，孟子认为，某些指导原则或规诫束缚了每一个人。但是伟大的人显然能够正当地不遵守诺言（也许甚至是谎言），或行不必果。全部的理由就是他的目的在义；就是说由于倾向于义而行动。

尽管这种思想不能妥帖地同孟子总的观点保持一致，他的立场的内在逻辑却清楚地指向它。他的各种理念都指向这一立场：道德非常高尚的人并非由准则指导，因此可能会违反许多人认为是正确的行为标准。例如，他强调按照准则的行动与按照经过推的反应的行动之间的区别；他突出了把握变化中的情境的显著特征高于一切的重要性；他相信通过思我们能够理解天所赋予的、我们本性的决定性作用。在孟子本人那里，在《孟子》里的事件中，或在这本书的精神中，我们很少看到反律法主义的（antinomian 也译为唯信仰论的）倾向。（这种基调明显地不同于如王阳明的信徒所显示的倾向。）而且，我们看不到这样的迹象：孟子认为规诫如果被正确地理解，是可以违反的。可是，在《孟子》中确实存在一种不合习俗的、甚至具有破坏性的方面。

这种态度同与他的时代相距不远的某些道家的思想相像，如《道德经》的下篇开头一段所说：“上德不德，是以有德；下德不失德，是以无德。”[②] 像这样的说法的确切意义会随展示其含义的人的不同而出现很大的差异。在某些作者那里，如在《庄子》前七章的作者那里，它们造成

---

① 《孟子·离娄下》第十一章；译文取自尼维森 1980a，我特别受益于他的第二讲。第一段引语见《孟子·离娄下》第六章；然而要注意出现于《孟子·告子下》第十二章的表述，又见《孟子·滕文公下》第八章，《孟子·尽心上》第三十三章。与此相关的是引人注目的一段话（《孟子·梁惠王下》第八章），其中孟子说如果一个人所杀的某个人（译者按：指君主）可以归入十恶不赦“独夫”，那么弑君不是什么问题。

② 《道德经》第三十八章。译文取自刘殿爵 1963a，第 99 页。

了同几乎所有被普遍接受的行为准则的彻底决裂。而在另外一些人那里，如在《庄子》其余部分的作者那里，只是表示要摆脱习俗的行为方式和减少对常人向往的东西的迷恋。对这些思想的比较激进的表现，孟子从来也没有显示出哪怕是一点点兴趣，但是，它们的比较温和的版本出现于他关于美德的思想及其假象之中。他不拒绝习俗为准则所支配的、对行为的看法，但是他把它们置于行为的各种各样的等级体系中。

对于孟子来说，真正有道德的活动显然不同于假象，后者构成了三个较低的行为层次。前者同那些出于个人利益的行动的区别更加明显，在这些行动只是美德的伪装时尤其如此。尽管这样，有道德的行动与为了私利的行动共有一个具有重要意义的特点。两者都缺少常规，而常规却是发自习惯和遵循准则的行动的标志，因而两者都可能背离人们以为必要的行为标准。(这种相似性有助于解释世俗之人何以认为有道德的人的行为有时是不合乎道德的。)

这里最重要的是，真正有道德的行动有别于产生于习惯和准则的行动。有道德的人行动出于"推"过的倾向、而不是普遍接受的准则。不仅如此，他们的行动所表现的并非只是对于刺激的常见的回应，而是对于变化中的环境的考虑周密的回应。这样，就这些有道德的行动来说，在没有见识的人眼光里，所发生的变通似乎是奇怪的，甚至是不合乎道德的。然而，正是这些变通显示了智的存在。正是由于这些行动产生于对于显著特征的感知，需要以智激发的意向，它们才可能归入特定的行动类型。它们作为个人对于情境的具体状况不受束缚的回应，不同于由习惯性的反应或遵循准则而产生的可预见的回应。

孟子将孔子所显示的卓越同在另外三个圣人那里看到的卓越区别开来，这时他突出了智的重要意义。所有这四个人都表现了仁，还至少显示义的最主要做法。然而孔子由于他在智上的卓越，超越了所有其他三个。这三个人中每一个都有其遵循的准则。例如，柳下惠不以侍奉坏的君主为耻辱（"不羞污君"），不辞小官；伯夷非其君不事，非其民不使；伊尹治亦进，乱亦进。

孔子的卓越超越了这三个圣人是因为他不遵循准则；他是"圣之时者，"只有他［"可以速而速，可以久而久，可以处而处，可以仕而仕"］"根据环境做一切事情"。（孟子甚至说"自有生民以来未有孔子也。"）正如孟子所说："伯夷，圣之清者也；伊尹，圣之任者也；柳下惠，圣之和者也；孔子，圣之时者也。”① 充分地表现了智的那些人的所作所为，既不是来自准则，习惯，也不是来自从性情产生的意向。确切地说，他们的所作所为是来自对他们所面对的特殊环境的细致入微地体味和判断。孟子认为这种体味和判断特别重要，因为人们必须用一些有机地联系在一起的对子、如仁与礼、仁与义等，来思维。它们总是必须被运用到情境中，在那里不是这个就是那个需要占据优先地位，加以强调，或给予应有的对待。智的作用甚至使以下这一点变得十分清楚：孟子像阿奎那，使用了我们在前面所说的好人标准。除了规诫所涵盖的少数行为以外，评价的最终标准是：圣人在那种特殊的情境中作出那种特殊的行为。

智在孟子的美德理论中的地位可以用启发的方式、虽然也是思辨的方式加以规定，办法是集中注意于他是怎样论证这样的观点：儒家处于分别由杨朱和墨子所代表的两个极端的立场之间的中间位置。一边是原始道家，他们是按照不为理性所束缚的人性的自发表达［这一标准］来确定适宜的行动。而另外一边则是墨子学派，他们认为人们应当依靠理性确定目标和达到这一目标的手段。孟子主张依靠智，这种看法处于这两种立场之间。这就是说，智应当指导自发的行为，但是它对环境的自然反应的作用不能归结为准则或固定的程序。

最高尚的美德可能好像同原始道家的自然（naturalness）十分接近，因为行为无论对于行动者、还是对于观察者来说，都好像是自发的。孟子甚至说过，背离墨家的人就会转向杨朱，而背离杨朱的人就会转向孔子，因而这就意味着强调自然而不是盘算会促使一个人接近儒家。可是，智对

---

① 《孟子·万章下》第一章；论孔子的超群绝伦的语录见《孟子·公孙丑上》第二章，提到这些圣人和孔子的其他篇章有《孟子·公孙丑上》第九章，《孟子·万章下》第一章，《孟子·告子下》第六章，《孟子·公孙丑上》第二章，在这些篇章中孔子被描写为“根据环境做一切事情”（《孟子·公孙丑上》第二章描写他们不做错误的行为；《孟子·告子上》第六章讲到他们的仁）。论孔子是圣之时者，见史华兹 1986，第 112 页，以及《论语·微子》第八章；又见史华兹第 83—84 页中论儒家的对子的重要性。信广文论这一问题的著作给了我很大的帮助；见信广文 1986，第 37—40 页。

古典时代西方关于“好人标准”的论述出现于亚里士多德的 N. E.，要了解清楚的阐述见 1176a10—29，要了解间接的论述见 1176b9—1177a10；还可注意 1140b5。确立这一思想的程序见 1094b13—1095a11 与 1095b1—14。注意阿奎那在《伦理学》中对这些篇章的评论，尤其是第 831 和 898 页，还可注意他在 1.1.6.3，2—1.22.2，2—2.27.4.1 中的论述。又见伊尔文 1977，第 45—46、239—241、280—285 页对构成这一标准的基础的观念的解释。我在即将发表的“冲突”一文中详细地考察了这一标准的特征。

自然产生的行为的指导，对于孟子来说依然是极端重要的。甚至在那些表现了真正的美德、最明显的自发的行为中，品德完美的行动者也会重新调整智的活动，提出其判断的理由。不仅如此，无论是促使人们养成完美的道德的修养，还是大多数人的各种行为，都必须使用理性判断。深思熟虑的做法，有意的行为和自我修养都是必要的。它们把人们同规定他们的“向善的惯性趋势”连接在一起，同可能会受到阻挡的、自然的表达趋向连接在一起。品德完美的人，圣人，或神，从来不会不触及他们的本心。但是，那些没有达到这一层次的人至少必须常常培育、发挥表现为思、智和推的能力。①

然而，过分关注自我的有意识的过程，就会犯这样的根本错误：忽略人内在的自然而生的念头，和对情境的细致入微地描述的重要性这两方面。这种进路看错了自我和情境中真正重要的方面。而且它引导人们盯住利不放，孟子认为这又导致他们过分重视自私的和浅薄的欲望。这在以下情况下尤其如此：对自我的有意识的过程的这种过度关注将不再是修养过程的特征，而修养过程的目的却在于使大部分有意的盘算成为不必要。

以相像为基础的智、思、推和道德推论的存在，加强了、甚至规定了孟子对美德同其假象之间、乡愿同真正有道德的人之间的区别的认识。从另外一个角度来看，它们也显示了孟子对于以下两方面关系的认识，即对于理性与天性之间的关系、理性影响情感与理性影响意向之间的关系的认识。现在让我们转向阿奎那在其美德理论中对这些问题的分析。

5　阿奎那：理性与天性

这里我们主要关注的是阿奎那这样一个观点：是理性而不是天性才构

---

① 《孟子・尽心下》第二十六章讲到了墨家到儒家的转向。要了解两者之间不完美的中间道路，见《孟子・尽心上》第二十六章；要了解孟子对他们所造成的危险的详尽论述，见《孟子・滕文公下》第九章。（李耶理即将发表的“庄子”一文展示了一种关于理性控制的观点，它更接近于孟子，而不是墨家。）要了解不可思议的类型“神”，见《孟子・尽心下》第二十五章，并注意葛瑞汉 1989，第 100—105、241 页。

“向善的惯性趋势”的用语来自史华兹 1986 第 299 页。我受益于史华兹对早期儒家中思虑（deliberation）的作用的分析，但是我认为他把常人与圣人之间的不同分得过于泾渭分明；见第 190、208 页以及 276 页以下。他按照“有为”与“无为”的模式来进行他的分析。

成人的美德的基础。但是要分析这一理念，我们需要简要地考察他对于人的自我的结构的认识。这一认识似乎同孟子对自我的认识明显不同。然而，就像我们将要讨论的，对于自我的这两种观点，实际上在关于实践理性、情感和意向的特性以及它们之间的关系的问题上，共有根本相似的认识。

要把握这些相似之处以及阿奎那本人的立场，我们需要确认：尽管阿奎那在他的分析中运用了“机能心理学”（faculty psychology），他并未将自我分成各种各样的半自主的动原（agencies）。这种划分只是用来分析，或是为方便所需。说一种能力做什么，总是可以改说成：人作为一种能力的拥有者做什么或能够做什么。（例如，对于这样一种反对意见：意志不可能理解一个命令，他［指阿奎那］的回应是说：“由于一个人理解了，并产生了意志，所以他命令自己要有出于意愿的行动。”）①

在阿奎那看来，人有理性灵魂和非理性灵魂两方面，而灵魂是这样一种存在：活动由于它而产生，它是使某种事物成为其所是的那种能力。理性灵魂有理论思维和算计的（deliberative）能力，它们能够以或多或少优异的方式发挥作用，因而可以说是或多或少地有些卓越（virtuous）。非理性灵魂有两方面，它们可以根据是否能由理性塑造来加以区分。我们的主要关切是，理性灵魂的算计能力怎能影响非理性灵魂的一个方面。然而，我们需要勾画出规定每一种灵魂的特征，特别是因为某些特征在我们后面的分析中将变得十分重要。

根据阿奎那，理性灵魂分为理论的或沉思的（contemplative）智能，它产生结论；以及实用的或算计的智能，它产生决定、决心和行动。前者在孟子那里没有明显的对应者，它处理不变的事物，产生“真理”，表现出一种顺应或接受。与此成为对照，后者处理关于变化中的世界的判断，目的是产生一种结果，或是一个行动，或是一种产品，通常需要某种明显的活动。

在这两者每一方的内部又有进一步的划分。在理论智能方面区分了三种能力：直接地把握某种观念的真理性的能力，如人是会死的（*intellectus*）；

① 2—1.17.5.2，多纳干译；关于这一论点，见多纳干 1981，第 654 页。阿奎那主要在 1.75—89 和 2—1.6—17 说明了人的灵魂及其活动。在下面我将明确地区分在理论的和实用的理性中起作用的种种一般标准。这种区分最近在亚里士多德研究中遭到许多人的质疑，在阿奎那研究中可能也有有点相似的情况；要了解关于亚里士多德这方面的论争，见努斯巴姆 1986，第 240—263、290—317 页。又见李耶理 1990b。

从前提推出结论的能力，以便从已经掌握的知识获得新的知识，如我是会死的（*scientia*）；以及协调一致地运用这两种功能的能力（*sapientia*）。（当然，许多人认为，人必定会死这样的话并不是人事中的最终真理，但是，这里要说的是，他们必定认为，它是首先要说的话——它提供了思维的语境——如果任何话都要有意义的话。）阿奎那是依据亚里士多德作出这些区分的，而对于亚里士多德来说，完全赞同必定是以自明性、理性或这两者的和谐的结合为基础的。充实了亚里士多德的描绘的还有：怀疑状态，表现有保留的赞同；以及意见状态，表现为犹豫不决地赞同，其中可能包含错误。然而，阿奎那增加了信仰这个神学美德，这是一种毫不怀疑的赞同，在这种状态下出现的既不是自明，也不是普遍有效的、令人信服的理由，它是建立在爱和希望之上的。这引导他（就像我们将要在考察勇敢中所论述的）集中注意某一层次的认识为何需要信（trust）和不能加以形式化的敏感性（sensitivity），集中注意爱——或甚至希望——如何导致进入宗教的精神境界，这种境界是不可能从别的途径进入的。

在阿奎那看来，实用的或算计的功能分为做的卓越和造的卓越（英文：excellences of doing and making；拉丁文：*intellectus practicus*，*ars*）。做的卓越指导关于世界的判断和在这世界中的行动，而造的卓越指导意在创造一件产品的判断。区分这两者的界线可能是错综复杂的，就像我们将要讨论的，就此界线显示了美德与技能这两者的不同而言，考虑到它是重要的。然而，在许多情况下，这两者的区分是清楚的。例如，有一些明显的特征将以下两方面区分开来：即将我考虑怎样对待一个倔强的小孩、并决定严厉地对待这个小孩，同我考虑用我面前的木板做一把椅子，并决定这样做这两方面区分开来。理论的和实用的智能以各种各样的方式互相作用（其中有些将在后面加以考察），但是，我们这里关心的主要是实用的、而不是理论的智能，以及这种智能造成行动、而不是产生结果的能力。

造成行动的能力是靠同非理性中理性能够施加影响的那些部分的互动而发挥作用的。非理性灵魂中生物性较多的方面，如本能反应的活动或消化系统，不可能直接受到理性的影响。但是，非理性灵魂包含了实践理性能够影响的两个过程。一个是完全被好东西所吸引，而这种东西能够容易获得，或者说是极其厌恶坏东西，这种东西能够容易避开。这些是冲动，是情感的冲动或声色之欲的冲动（*concupiscentia*）。另一个过程是在这样一种情况下发生的：一个行动者遇到了某种困难，要以坚决的努力加以克服。这些是奋斗的、激动人心的、发火的冲动（*irascibilis*），（这些是构成我们所说的倾向性美德的基础的冲动，以及表现了我们所说的保护性美德特征的奋斗冲动。）我有了一个救掉到井里的小孩的冲动、情感欲望。但是，如果一个坏人站在我与小孩之间，就需要出于奋斗冲动的行动。要达到想要的善，我现在必须克服同这个坏人对抗的恐惧。

如果非理性灵魂的这些念头是由理性形成的，意志（*voluntas*）就出现了。在阿奎那看来，一旦理性判断某个事物是好东西，要去追求，意志就产生了。（他对意志的用法与这个词我们当代常见的用法相比，含义要广泛得多。）意志的力量指向一个对象，只是由于这一对象被认为是好的（*sub ratione boni*）；确实，“意志意谓理性的爱好。”这样，自由是随着意志出现的，因而人所特有的行动领域出现了。阿奎那对人的行动的细致入微的分析把行动分解成许多步骤，如打算，算计和选择，但是这里最重要的是一种更一般的观点。他提出，人们必然会为某些感性对象所吸引，就像孟子所说的那样，但是又认为当理性判断一个对象是否好、并进而决定是否去追求它时，并没有这样的必然性出现。对于阿奎那来说，就像对于亚里士多德来说，“只有一心一意地致力于追求善本身，才处于算计之外。”[①] 如果对于一个特殊的目标缺少一点不可抑制的冲动，人们就必定要决定是否以及怎样去追求任何一种特殊的好东西。

因此，人们能够自由地决定要追求的目标和达到它的手段。这种情况对于阿奎那来说就产生了人类两个主要困难。一个是错误地确定要追求的东西，这是认知上的失误；另一个是随后发生的自我按照错误的方向去追求不适当的东西，这是意志的失误。在确定真正的好东西与表面的好东西（*bonum apparens*）之间的区别上的失误，以及按照这种确定而去行动的失误，是人类的主要问题。它们引起了一些重要而又复杂的论题，我们将在后面比较孟子与阿奎那关于人们无德的问题的认识时详细地讨论这些例题。然而，现在我们可以从概述阿奎那对于灵魂的描绘转向考察他关于理性与天性的关系的观点。

---

① 威金斯（Wiggins）1978，第150页。阿奎那与亚里士多德在这一论题上看法有分歧，但是他们都赞同这样一种看法：人们不可能、至少在同一个时间内不可能算计或怀疑一切事物。要了解所引用的对意志的界定，见2—1.6.2；也可注意2—1.8.1，又见多纳干1981，第644页。翻译诸如appetitus、passions animae这样一些关键术语非常困难，要了解对这些困难的精辟的论述，见德·阿西为《神学大全》第19、20卷写的导言，卷前xxiii—xxviii，以及他的注释。

阿奎那关于灵魂的思想加强了他这样一个信念：遵从人性（human nature）（译者按：英文 nature 兼有本性、天然、天性和自然的意义。）的倾向只有次要的意义。相反，人们应当注重行动或心态，因为它们同正确地认识和追求某种好的、能达到的、但是仍未实现的人的活动相关。这就是说，阿奎那认为，对于好东西［the good，也可译为“善”］的看法从根本说，更多地同“理性”、而不是同“自然”相联系。（这样，就像我们将要看到的，阿奎那关于这一问题的观点与孟子相像，但是，两者既有相似之处，又有重要的差别。）对于他来说，同天性、或同自我中感知到的推动力的相符，在指导和评价活动中不是最具有决定性的因素。这里最重要的是，阿奎那的立场有别于我将称之为斯多葛学派的立场的那种主张，而斯多葛学派的主张容易同阿奎那的立场相混淆。确实，阿奎那的注释者中一个颇有影响的传统往往以一种反映了斯多葛学派立场的眼光来解释他的思想的一些方面。

按照斯多葛学派的立场，合乎美德就是按照理性生活，因为理性是由天性指导的。当一个人集中注意规定人性的那些倾向的时候，就看到了天性的指导。理性的作用既是听从这些倾向，又是根据它们进行推论。因此，斯多葛学派立场的拥护者假定，人性既协调、又表现存在于整个宇宙中普遍理性；确实，这种看法是他们的立场的所有理由的基础。这又引导他们断定，实践理性与理论理性之间不存在根本的区别。他们争辩说，实践理性起作用的范围不确定，根据这种不确定性来区分它们，就会对理性的特性有误解。而且他们相信，关注特殊的实用的好东西就是过一种不完美的生活。

斯多葛学派立场的大轮廓，像多纳干（Donagan）描绘的理性主义的道德理论，我们在考察阿奎那关于规诫的思想时曾讨论过这种理论。但是，斯多葛学派认为这样一种理论不仅适用于规诫的领域（阿奎那会赞成它适用于这一领域），而且适用人所有的重要的活动（阿奎那认为它不适用于所有的重要活动）。有一些深奥的争论是围绕着解释阿奎那关于这些问题的思想展开的，但是我们需要简略地考察阿奎那与斯多葛学派之间几个关键性的区别。这种考察揭示了阿奎那关于理性与天性之间关系的观点，它也将有助于我们把阿奎那同孟子加以比较。孟子思想的某些方面似乎同斯多葛学派的立场相一致。此外，这种考察使我们能够具体说明阿奎那方法中主要的长处和弱点。我们能够明白为何有些批评家未能击中他的要害，这些批评家提出，他对分离事实与价值的需要有误解。但是我们也能够明白，为何他会因为以下这一点而受到批判：他对于某些类型的道德判断表现出来的、可以接受的多样性缺乏敏感，这种不敏感是由于他对社会的精神特质在伦理学中的作用的认识有限。①

阿奎那（像斯多葛学派那样）假定，任何一种活动都有一个天然的目标，或目的，这种目的表现了一个种类特有的成熟（maturity）。但是，他不同于斯多葛学派，又认为人的理性的实现，它本身是天然的目标，可能导致同人的其他的天然目标发生正当的抵触。同天然目的这些抵触的合理性只能由理性来判断。例如，我们能够判断，引发呕吐，以便能够继续大吃大喝或保持苗条，这种做法是错误的，因为它同吃饭的天然目的相抵触。但是我们也能够宣布，说谎在某些情况下是有道理的，尽管它损害了讲话的天然目的、即如实地交流。当一个狂怒的人要求你把她借你的那支枪还给她的时候，谎言能够使你避免帮助达到那个可怕的目标：帮助某人把另外一个人、即那个被枪击的人当作一种手段而不是目的。这样，天然的目的可能会有抵触，但是任何一种抵触的正当性必须由理性来判断。这一主张导致阿奎那认为实践智慧的作用是关键性的，这是因为这种作用、而不是遵守天性，才能决定行动的价值。只有人们关于天性的思想合理、恰当，才会正确地引导他们判断，某些行动既正确，又好于别的行动。正如他所说，所有的罪恶行为都意味着背离理性，因为所有这些行为都使一个人的人性变得更少、而不是更多。②

阿奎那关于良心的观点说明了他的立场与斯多葛学派立场之间这种关键性的区别。对于阿奎那来说，良心是理解和运用由 *synderesis* 所表现的那

---

① 见芬尼斯 1980 论述我所说的对阿奎那的斯多葛派式解读的结构和历史，第 45—48、337—343、374—378 页；还可注意威尔别克（Verbeke）1983。许多最重要的解释问题出现于麦金太尔、芬尼斯和格利塞斯（Grisez）1967 之间的分歧中；例如，见麦金太尔 1982 的论述，第 40—62、128 页。

奥孔诺（1967）提到一个以斯多葛学派的眼光来解读阿奎那的学者，然后批判了他；要了解“事实—价值”争论的简要概况，见威廉斯 1985，第 123—131 页。有一特别富有启发性的具体事例，它显示了阿奎那自己的论述怎会表现出紧张或混乱，见波斯威尔（Boswell）1980，第 318—332 页。

② 关于罪恶意味着从理性后退的性质，见 2—1. 18. 5；64. 2. 3，以及 71. 2。多纳干 1969 对损害天然目的作了出色的论述，芬尼斯分析了各种等级体系之间的区别，有些比另外一些更合乎天然，阿奎那使用了这样一些等级体系，见芬尼斯 1980，第 94—95、398—403 页。

些原理的意向：所谓 *synderesis* 是确认伦理学法则第一原理的认知意向。良心是一种活动，而不是一种能力，像斯多葛学派所主张的那样。它是实践智慧将伦理学上的认识运用于行为，而不是理性运用一个具体化的、特定的道德指令。（而在另一方面，当只论及规诫的领域时，阿奎那的立场就同斯多葛学派的立场相像了。）这样，良心就不是同理性和欲望相分离的功能。它不是这样一种更高的力量或实在：人们触及它就会在所有情况下、或几乎所有的情况下知道做什么。确切地说，良心把人们同一般的原理联系起来，并指明某些达到一个目的或被认为是好的目标的必要手段。①

用规范的、几乎像是公式化的用语来说，阿奎那关于理性和天性的关系的主张表述如下。他认为，“应当像讨论人的好与坏一样讨论行动的好与坏，因为行动是根据它属于什么样的人从每一个人中产生。”但是，他又相信，“当我们说到人的行动的‘善’与‘恶’的时候，我们以合理的东西作为我们参照标准（*per comparationem ad rationem*）。”这样，好的东西就等于“那些有益于合理的生活秩序的东西，……（而坏的东西）就等于不能保持这种秩序的东西。”这种进路引导他发展了伦理学术语的等级体系，它从最广泛的范畴天然的东西开始，往下直到狭义的范畴理性的东西。因而他使用的过程同在考察美德中使用的过程（我们已经讨论过）相像。人的活动提供了［术语的］核心意义，但是术语的次要的意义扩展到在相当大的程度上超越了人的领域。就像好（*bonum*）［的意义范围］大于正确（*rectum*），恶（*malun*）［的意义范围］大于罪或不为（*peccatum*）。反过来，不为又大于应受惩处的过错（*culpa*），后者只关涉故意的活动，因而是产生于选择，从而来自理性。在自然中发现的非道德上的好或恶是最广泛的范畴。但是不为，尤其是应受惩处的过错完全是人的活动的特征，它们的发生只是由于实践智慧的存在。②

这样，实践智慧起核心作用。但是它遵循的程序和它作出的判断决定

① 良心问题提出了一些解释方面的困难论题；要了解这方面的争论的概要，见麦克伊纳尼 1982，第 105—116 页；又见芬尼斯 1980，第 77—78、133 页；皮厄普（Pieper）1965 第 11 页和 1967 第 63—78 页；泼兹（Potts）1982，第 678 页以下。《神学大全》中的重要分析有 1. 79. 13 和 2—1. 19. 5 与 6。论 synderesis 见 1. 79. 12；2—1. 94. 1. 2；以及《论真理》卷前 xvi，1；这一论题在当时引起了相当激烈的争论。

② 第一段引语见 2—1. 18. 1；第二段见 2—1. 18. 5；第三段见 2—1. 18. 8；要了解从好到不为的等级体系，见 2—1. 21. 1 和 2。

于它是在规诫还是在美德的领域中发生作用。在规诫的领域中，实践智慧把人当作理性的生物加以思索，因而视为目的本身。而在美德的领域中，实践智慧要判断一个东西是否是好的，或是否是比某个其他的好东西更有价值的好东西。本性（nature）观念在这两个领域中都起作用。我们作为理性的存在者的本性，是在第一个领域中发挥作用。我们作为倾向于那些我们以为是完善我们自己的那些活动的人，我们的本性则是在第二个领域中发挥作用。但是，就普遍的规诫而言，本性观念提供了清楚的（虽然是一般的）指示：本性提供的根据与在斯多葛学派中所看到的那一种相像。然而，就美德而言，指示就不那样清楚。人所特有的成熟——即那种会使人完善的活动——的理念，与规诫的理念相比，要模糊得多。这样，阿奎那关于完全合乎人性的善（good）的思想就显示出很大的不确定性。即使在以下情况下也是如此：有时他如此地低估生活方式的意义，以至于他写作时好像人的所有的真正的善的性质已经充分地显示无遗。

当然，确定的成分也是有的。他相信，鉴于人类由上帝创造出来，具有一种特殊的本性和一个明显的目的，即真福直观（the beatific vision）①，人的一般的善是确定的。这些确定的成分是极其重要的，但是它们只是在有限的领域和以有限的方式给人们提供强有力的指导。第二个［确定的］成分是启示，它似乎也给出清楚的指导，阿奎那肯定相信它为人们提供了极有价值的帮助。但是，对于他来说，启示不可能涵盖所有的或实际上是所有的行为。如果主张他认为它涵盖所有的行为，那么就会忽略他对实践智慧的强调。不仅如此，这种主张不能解释这样的事实：他认为启示在伦理学中最清楚地显示的大部分内容也由规诫展示了。最后，这样的主张不能认真地对待他对以下问题的复杂看法：即解释启示所给予的指导原则的目的何在。②

---

① 译者注：真福直观：基督教的神学术语，指圣徒灵魂在天堂对上帝的直接认识。

② 要阅读同讨论这一语境中的启示观念特别相关的文本，见 2—1.100.1 和 2；又见 2—1.21.1，2—1.19.4.3；还可注意《论真理》卷前 xiv，1。启示所产生的指令的确定性是一个引起争论的问题，并且同我讨论过的实践智慧的问题密切相关。我认为阿奎那对于我们能够从启示中获得的认识作出了精致的描绘；1.1.9 和 10 有图式化的表述，注意他对于信仰所做的某些更深入的论述；例如，见 2—2.1.6 和 7，2.1，2.7.3，和 4.8。然而，就像已经指出的，他对社会精神特质在这样的判断中的作用的表述是有问题的，而且他与任何一个现代的解释者显然是大相径庭的；见阿奎那 1966，第 3—27 页。

然而，阿奎那相信，以普遍的规诫显示出来的人的善是确定的。说到规诫，通常都有相当高的理性的清晰度，甚至激发积极性的能力。大多数人能够正确地感觉到他们关于规诫的内容的认识是可靠的，甚至他们掌握所需要的、非形式化的辩证推理的程序也是可靠的。而且，他们有理由相信，事实上他们是按照规诫所给予的、狭隘地限定意义的指示行动的。

然而，在说到美德所追求的善时，情况就改变了。所有确定的东西是启示，它必须加以解释；本性，它的具体特征从来不能清楚地知道；追求终极的善的一般倾向；以及需要自由地和合理地选择帮助一个人达到它的手段（或次要的善）。因而阿奎那认为，人们不可能认识人性的具体特征，这是从它们总是会清楚地指导他们的行动的意义上说的。人类是有限的，自由的，有罪的。他们对善的追求需要在这样的情况下作出选择：善的性质从来不是完全清楚的，实现它的恰当的方式从来不是十分明显，遵循理性的能力从来不是可靠的。

确实，这种情况表明人类的和非人类的美好为什么会截然不同。如果环境适宜，那么一颗橡树果实将会不可抑制地向着它的实现而生长发育，这种过程使我们能够为构成“好的”（good）橡树的那些因素确立清楚的标准。但是，当论题是人的大部分善（goods）时，显然就没有相似的过程。这样，在获得和保持人的卓越或美德的过程中，实践智慧的作用就是关键性的因素了。

现在让我们转向更加仔细地考察阿奎那关于以下这一问题的思想：理性在合乎美德的活动中怎样实际地发挥作用。我将从简要地讨论他加工过的人性发展模式开始。这种模式能够帮助我们掌握他关于一个重要论题的认识：即理性同倾向（inclinations）和情感这两者的关系，以及关于美德和从中产生的美德的假象的认识。

6　阿奎那：理性与倾向、情感的关系，及其对美德假象的认识

阿奎那对于合乎美德的活动的认识，同人性的发现模式很不一致，这种模式的许多特征同斯多葛学派的立场相符。对于他来说，美德并不是以它们的完美的形式存在于人们的灵魂之中，它们存在于人们的灵魂中只是从这种意义上说的：人们有能力经过一段时间获得它们。正如他所说，所

有的天生的美德都是“出于天性，作为倾向（aptitudes）和开端，而不是完成，存在于我们的灵魂中。”① 可是，阿奎那不可能采用一种纯粹的发展模式。即使人要实现获得的美德，上帝也必须发挥作用；如果他们要获得所需要的灌输的美德，上帝就必须改造人。而且，上帝创造了人的本性，保证其某些能力将永不丧失；最明显的是［可能发展为］美德的倾向，以及认识伦理学第一原理的能力。

因此阿奎那相信，虽然很少有人始终具有充分发展的美德，但是在每一个人心中都有处于萌芽状态的种子：“获得的美德的某种种子（*semina*）或曰开端，天生地预先存在于我们心中。”这些种子提供了一种标准，引导所有的人对他们自己和别人作出判断，并为他们自己或别人的活动而被喜爱或厌恶。就像阿奎那所说，“即使一个人自身没有美德，这个人也敬爱这样的人：他达到了其自己的理性所要求的标准。”②（十分有趣的是，阿奎那讲这话是为了对下述这种今天仍然引起许多人注意的现象作出另外一种解释：吝啬的人敬爱豪爽的人，反复无常的人敬爱坚守原则的人，目的是为了获得他们所想要的某种东西。）

阿奎那加工过的那种人性的发展模式引导他按照理性与倾向、情感和意向的关系来看美德和它们的假象。（就像我们将要看到的，对这些关系所做的与阿奎那相似的一种说明也在孟子那里出现。）对于阿奎那来说，一个人天生的倾向绝不可能完全形成美德。它们可以为真正的美德提供一种支持，或为它提供一个出发点，但是真正的人类美德只是从表现了理性的意向中产生的。美德能够同本性的那些喜好（propensities）共存：“如果某人由于他的本性特点而自然地趋向美德。这同美德的概念并不矛盾，”不过，显示理性的意向仍然是必需的。实际上，向着美德的倾向可能是危险的。如他所写：

> 对美德之善的那种自然倾向是美德的一种开端，但是，它不是完美的道德。实际上，

---

① 2—1.63.1。阿奎那描绘的立场类似我的发现和发展的模式的纯粹形式，因而在2—1.63.1以及阿奎那1965（《总论美德》）第92—94页中提出，第三种中间模式是最好的。要了解同这一问题相关的精彩论述，见沃尔特斯托夫（Wolterstorff）1986。

② 2—1.27.3.4。提到种子的话语见2—1.63.2.3；同种子相关的其他语句见2—1.63.1.和2—1.51.1。

> 倾向愈强烈，它就会显得愈加危险，除非它是由正确的理性支配的。……就像一匹奔跑的盲马，它跑得越快，跌倒就会越重，也会伤得更严重。①

阿奎那相信，如果缺少理性，从值得赞美的倾向产生的行动可能会导致错误的结果。例如，需要严厉的时候倾向于仁慈，或需要立即行动的时候倾向于反思，这会产生不适当的行动。因此，反思必须常常贯穿于哪怕只值得一般地赞扬的意向。当所有相关的外在条件都被忽略了，对于一个人的仁慈的行动可能包含了对于别人有害的、因而也就是不仁的行为，或者甚至对接受这种仁慈的人自己的长远利益也有害的行为。我对于一个处于苦恼之中、不能完成作业的学生仁慈，可能会有害于别的学生，他们努力弄清对他们的要求，这种仁慈也会妨碍那个处于苦恼中的学生要把握教育过程的要求的努力。不仅如此，只有理性的存在才会像前面论述过的那样，能够防止美德的趋向发生偏差，才能够促进、甚至创造美德能够表现出来的环境。例如，理性反思使我能够经常控制我的勇敢，以便在下述情况中能够对付我必须面对的困境：在有些事情上更恰当的回应是以嘲讽的、超脱的态度来对待事情。总而言之，人心中的道德意向总是必须包括实践智慧。

进而言之，实践智慧的呈现就把真正的美德同美德的假象区别开来了。如阿奎那所说，一种不完全的、或一种“不完美的道德……只不过是由于天性或习惯而倾向于一种事实上是善的行为类型。”从阿奎那所说的“天然的性情（natural temperament）、或由某种类型的惯例”产生的善的行为，只可能是美德的假象，因为它们没有实践智慧的充分呈现。本性的趋向，和例行公事式的反应可能会帮助一种美德发生作用。但是，如果没有实践智慧呈现的话，它们也可能会妨碍、甚至毁坏它。②

因此，准确地具体说明实践智慧的“呈现”的含义，是对美德的假象的任何一种认识的基础。在任何一个特定的情况下，这种具体说明都需要考察一个行动的周围环境，特定的人的心态，以及假象在形式上随着不

---

① 2—1.58.4.3。关于自然倾向的另一段引语见 2—2.123.1.3；还可注意 2—1.63.1。

② 这两段引语取自 2—1.65.1。阿奎那在 2—2.11.1.2 中讨论了伪装的美德，又在 2—2.123.12 中提出了另外一种等级体系。

同的美德而变化。在分析勇敢时我们将看到阿奎那是怎样展示这样一种条理分明的论述的。然而，在这里我们将只是指明他所运用的指导原则，它们在指导方式上同在孟子那里看到的相像。

在他看来，实践智慧是在三个方面发挥作用：考虑做什么，决定做这件事而不是那件事，以及自我的部署，它实际上产生了行动。当［实践智慧］在一个或全部三个方面的作用发挥得不好的时候，美德的假象就出现了。在考虑或决定中的失误关系到一个人思考目的和达到一个目的的手段中的问题。自我的部署中的失误关系到一个人在将决定付诸行动时出现的问题。这样，实践智慧的一个典型的假象，就是不能具体地确定一种合乎情理的善，或是不能把它作为一个目的、或是不能当作达到一个目的的手段的一部分。另外一个是不能将决定有效地转变为行动。第三个是不能具体地确定一个最普遍的善。

在我们比较孟子和阿奎那对于人无德［的现象］的论述的时候，将会讨论所有这些失误的更彻底的改变。然而，在这里让我们考察（尽管过于简略）阿奎那关于需要反思普遍的善的想法，因为它加强了他这一主张：追求一个有限的目的，所表现的只是美德的假象。这样，我们能够更详细地分析他对这两种失误的认识：即不能将决心转变为行动，以及不能以非常适当的方式将决心转变为行动，这样的认识是以他关于理性怎样形成情感的思想为基础的。（未能具体地确定合乎情理的特殊的善，错误地认同善——阿奎那认为这困扰了人的生活，这些都已经讨论过了）

阿奎那假定，实践智慧必定关注人类的完全的善，关注人生计划要将什么引导到非常昌盛的程度。这种总体上的思索采取了两种形式。比较少见的一种是，对于以下这些方面我有清楚的认识：我是怎样的人，我想要成为怎样的人，我的整个人生计划怎样才能切合关于一个人应当成为怎样的人的无可非议的想法。比较常见的形式表现为我按照对于人的善的一般思考来评价特殊目标。例如，当我按照我关于怎样做父亲或朋友的理念来思考我对孩子和朋友的行为时，我看到这些理念帮助我对于美好的人生意味着什么这一问题形成总体认识。因此在阿奎那看来，实践智慧的判断总是要包含那些对于造成人道的昌盛的因素的再次思索（second—order reflections）。不仅如此，这些思索也将影响到决定达到一种目的的手段是否恰当。例如，我对于一个目的的重要性的信念可以证明，我想另外采取的办法是不恰当的手段。如阿奎那所说，“狡猾”（astutia，即在使用欺诈和计策中所显示出来的机敏和聪明）通常是不道德的，但是，如果目标具有重大意义，情况是适合的话，它可以被证明是正当的①。

阿奎那确实强调了理性在合乎美德的行动中的作用，但是，这并不能使他不关注情感状态。对于他来说，这些状态是最合乎道德的行为的重要因素。许多完全错误的行为，以及大多数美德的假象，在相当大的程度上是由于理性不能完全支配情感而产生的。然而，美德中的情感成分的重要性决定于美德的性质。对于某些美德（明显的有正义的一些形式）来说，只有行动才是真正重要的。如果我勉强地执行契约，那么正确行动的德性就降低了，然而关键性的事实是我执行契约。但是，就大部分美德而言，一个人的情感状态是重要的，而对于某些美德来说，它却是关键性的。例如，情感状态对于勇敢来说是关键性的，但是对于行善来说只是重要的。我的行善行为真正值得称赞之处决定于我的情感状态。如果我出于同情意识帮助一个上了年纪的人，那么我是行善的，但是，究竟值得怎样称赞，这决定于我的同情意识是模糊的还是强烈的。与之成为对照，对于勇敢来说，对我的行动的整个评价可能建立在我的情感的性质的基础之上。我被说成是一时的冲动，还是勇敢，这主要决定于对我的情感状态的评价。②

进而言之，如果我们评判的不单是行动，而且还有行动者，那么情感状态几乎总是具有重大的意义。一个人行为公正，但是并不明显地感觉到有一种欲望要给他人以应得的对待，如果称这种人为正直的人，我们心中通常会感到不安。与此相似，我们称人们行善，只是因为他们是出于强烈的同情的反应而行动，而在勇敢是否是美德成为一个问题的时候，我们对一个人的情感状态的关注就越发明显了。如果我对一个微不足道的冒犯而感到极其愤怒，但是既不想办法报复，更不与之作对，那么我们就将判定我拒绝做什么事这是正确的，但我的性格是有缺陷的。

情感在其中起重要作用的所有那些有道德的行动中，阿奎那认为理性形成了而不是支配或审视情感。（就像我们将要在思考勇敢中加以考察

---

①　见 2—2. 55. 3。阿奎那在 2—2. 47. 13 中宣称，运用这些特点，四种类型的实践智慧、或谨慎就出现了：虚假的谨慎，真正的、但不完美的谨慎的两种形式，以及完美的谨慎。（要了解阿奎那对实践智慧的考察，见麦金太尔 1988 和奥内伊尔 1955）就像我在下一章将要讨论的，他在指出实践智慧的比较明显的宗教层面时，把这一构造弄得十分复杂；见 2—2. 55. 6。

②　见第二章第五节中对行善的讨论，以及这一章注 18（即第 48 页注①）中所提到的参考材料；要了解关于勇敢的相关论述，见第四章第三节。

的，他效法亚里士多德，也认为这种形成的恰当性可以根据适当的量、适度，以及过分与不足的两极来规定。）此外，他相信，相互斗争的欲望与冲动的欲望也有它们本身的适当的表现。而且，这些欲望通常反映了认知上的判断，它们有时完全可能同其他的理性判断形式相冲突。例如，公正要求我惩罚我的孩子，我这一判断可能会由于我对这孩子的爱怜而合乎情理地被否定。我的爱怜意识显露了一种合理性，它并非只是我的生物学上联系的表现。从爱怜产生的情感因而能够合乎道理地优先于更简单的、更容易理解的理性判断：即惩罚是应当的。

这样，理性同情感的关系，必须用某种类似于政治控制的方式来加以规定。理性“以政治控制……来统治（情感），就像在某些事情上有他们自己的意志（*voluntatem*）的自由人被统治那样。这就是为什么在这些功能中需要美德（即意向）的原因。”[①] 对于阿奎那来说，政治控制体现了在所有的适当的安排中都可以发现的协调的运作。机体的不同部分的本质特征既受到重视，又受到约束，以便使它们能够服务于机体的最高的目的。这种观点引导阿奎那反对“斯多葛派的平和”（Stoic equanimity）的或严酷的禁欲主义的拥护者；他强调理性绝对不要企图根除情感或甚至否定或彻底改变它们的本性。对于他来说，情感有其整体性，它们表现了一种判断。因而实践智慧必须尊重和整理它们，有时甚至要顺从它们。只有这样，它才能产生真正的美德所显示的完美的和谐。

因此，一个美德充分发挥作用的最后一个标准是安适而不是冲突。这方面一些思想是通过阿奎那常常反复提到的两个公式化的表述加以总结的，这两个表述取自亚里士多德。一个是：美德“按其本性关注的是善而不是困难”；另一个是：“美德的本性……要求，由于它我们不仅应当做好的事情，而且我们应当把它做好。”美德既使人们能够做适宜的事，

---

① 2—1.56.4.3。注意 2—1.56.4 中出现的不太令人满意的形象：工匠同他的工具的关系。不幸的是，阿奎那的思想常常被后面这种形象所支配，它在他的分析中引起了各种问题。（这里的问题同现代关于美德的意义的争论相联系；比如可以看一看斯托克 1976 与巴伦 1984 之间的争论，还可以看这一章第八节中的讨论。）

要了解阿奎那对情感状态与美德的关系的一般论述，见 2—1.60.2。也许最有趣的单个实例是愤怒，我将在第四章第三节中讨论它；2—1.46.4 和 6—7。要了解阿奎那关于激情的著作的细致的和有趣的分析，见哈拉克（Harak）1986，第 67—117 页；又见贝克（Baker）1941，乔丹（Jordan）1986a，和洛亭（Lottin）1949—1954。

又赋予他们能够从容自在地做好这些事的潜在能力。正如他所说，美德不仅赋予“那种总是能出色地行动的能力（power），而且保证这种能力正确地发挥作用。”他所说的“power”是做某事的能力，与卓越相比，它是美德的次要的状态，在卓越的状态中是很可能发生善的行动的。[①]

美德的这些一般特征成为阿奎那对有道德的人与只具有美德的假象的人加以区分的基础。此外，他对这些区别的描绘常常同孟子的描绘相像。那些按照习惯性的回应或遵循准则的行动的人，不能充分地运用实践智慧的能力，从智能上激发他们的意向和形成他们的情感。

现在让我们更加仔细地考察孟子和阿奎那对于这些区别的论述的相似和差别，以及他们关于美德的一般理论之间的相似和差别。我将讨论两个论题，通常使用那种使我们能够比较这两个思想家的语言（尤其是在第二个论题上），即使因此这不能完全反映这两个思想家每一方的语言。一个论题是他们对人的不能使之有德的习性的认识，另外一个论题是他们对自我的认识，特别是对理性、情感和意向的性质与关系的认识。这两个论题经常紧密地连接在一起，因而对其中一个论题的分析建立在对另一个论题的分析的基础之上，或牵涉到另一个。尽管在每一个论题中他们的论述都出现了差别和相似之处，但是在第一论题中差别更明显，而在第二个论题中相似之处更明显。这种状况引导我以一种建设性的方式肯定他们对于自我认识的说服力。这样，让我们就从他们关于以下问题的有分歧的观点开始：人的使之不能有德的习性。

7　孟子与阿奎那对于人无德的认识

人为何无德的问题需要同其他几个问题区别开来。其中一个与之只有间接的关系，这就是为什么世界上存在恶的问题。这里我既不关心对特殊事件的解释，如一个小孩因生癌而死亡，也不关心对世界为何有这些事的一般解释。（尽管这些问题对于阿奎那来说是重要的，但是，即使按照孟

---

① 论善的而不是难事的重要性的引文，见2—2.123.12.2；论不仅要为善、而且要做得出色的引文，见2—1.56.4。论需要不限于适宜的引文，见2—1.56.3。（阿奎那运用这些思想来帮助区分道德上的卓越同智识上的卓越和技艺之间的不同；见2—1.57.1，57.4，57.5，和2—1.21.2.3。）

子的机体论宇宙观来阐述它们也是困难的。）有两个问题与之关系更加密切：为什么人们不遵循规诫，为什么他们表现出来的是美德的假象，而不是真正的美德。其中每一个都可置于我们的更一般的问题之内。不遵循规诫表现为特别恶劣的错误，它在差不多所有的情况下都正是那种更加有意的不为的特别明显的事例，这是我们的主要关注所在。与此成为对照，喜欢采用美德的假象表现了一种最隐蔽巧妙的不为。我们所关心的主要问题是，这两个思想家为什么相信它们会发生，而不是像我们在前面考察的那样，说明他们每个人如何把它们同真正的美德区分开来。这样，我们的论题就是他们每一个思想家对以下现象的认识：人们显然趋向于不能达到人性的充分昌盛。换句话说，任何一种胜任的理论都必须具有关于错误的理论，即要解释为什么那种显然应当发生的事没有发生。在考察这种理论的时候，我认为我发现了在孟子和阿奎那之间几个重要的、令人惊异的相似之处，以及三个基本差别。①

如果把我们的问题聚焦的范围缩小，并且分别考察美德，我们的问题就是为什么阿奎那发展和突出了某些美德，而孟子却不这样做。特别重要的是三种美德。一种是那些控制迷失方向的力量的美德，如中庸的美德，它是阿奎那的四元德之一。另外一种是那些对抗主要缺点的美德，如所有那些改变人们的本性的能力的灌输的美德。第三种是反映人们要对付他们的不可避免的错误这种要求的美德。它们的实例有懊悔或自责的美德，它们像谦恭或悔罪，应当渗透到全部品性中。这三种美德反映了阿奎那这样的信念：审视人的平常的倾向会引导我们达到清醒的认识。人们需要始终控制他们的某些倾向，根本改变它们中的许多部分，对它们中的大部分表示遗憾。

在孟子那里存在着一些与这些美德相似的品德；例如，以羞愧感为基础的那种义，以及克服不当有的恐惧的那种勇。然而，与阿奎那相比较，孟子很少讲到这些美德，它们几乎全都不太重要。而且，他重视的美德通常属于倾向性美德，而非保护性美德的范畴。不仅如此，他不突出这样一

① 要了解对于孟子关于恶的根源的观点的论述，见伊凡胡 1990，第 49—60、71—72 页。有一篇著作非常有趣地讲述了以机体论宇宙观论述恶如何出现的问题，见葛瑞汉 1958，第 23—30、127—130 页。关于这一论题的更具有理论性的问题的某些方面，见本书第四章第九节和第五章第三节。

些优点它们表现了人们为他们的行动、或为他们的品性的某些方面加以自责的需要。尽管他的道德理想崇高，这些缺失还是发生了。

更加抽象地说，我们的问题关涉孟子与阿奎那关于在人们心中是否存在为善的重要障碍这一问题上表面的分歧。如果使用常见的标签和刻板的表达（这对于思想如此深奥的思想家来说显然是太简单了。）就是，孟子认为人性是善的，阿奎那认为人性是罪恶的。孟子的美德理论和美德系列渗透了人性善的观念，就像阿奎那的美德理论和美德系列渗透了原罪的观念。对于孟子来说，目标是激活人的天然善的本性；而对于阿奎那来说，目标是克服原罪以达到新的状态。

对于将传统的基督徒同至少是属于儒家中的孟子一派作任何一种对比来说，这样一些突出的区别经常被视为是基本的方面。此外，有些人说过，这些区别很像传统的基督徒同古希腊思想家之间的区别。然而，我们应当对这种相像和从它引申出的意义表示怀疑。把古希腊和儒家的思想相提并论是危险的。情况很可能是这样：基督教将新的目标，即与人格神上帝的合一，以及新的困难，即有原罪、使人邪恶、丑陋的习性这两者引进古希腊的世界观。我们的问题要复杂得多。例如，孟子可能缺少理论理性（theoretical reason）的概念，以及完全人格化的上帝的概念，而这些概念却是阿奎那关于人类目标的思想之基础。但是，他关于精神完善的理念同阿奎那的理念非常一致。这里要考虑的最重要的方面是，他们对妨碍人道昌盛的因素的性质的认识，只是在某些部分同那些将古希腊人与传统基督徒区分开来的方面相像。

在这一问题上这两人之间的表面区别已经由理雅各（James Legge）以明白的方式说出了（虽然有时说得别扭），他是十九世纪的《孟子》翻译家，是一个新教传教士。他说：

> 孟子不应当因不知道对于我们来说是堕落论的那种学说而受到责难。他没有了解它的途径。然而，我们不得不感到遗憾，由于人容易堕落，他对人性的研究不能引发他深沉的情感。他从未显露出意识到他自己的弱点。在这一方面他又比孔子差。
>
> 他的目光是敏锐的，他的洞察力是深刻的；但是缺少道德感悟力，这种感悟力会使他成为同我们一样有激情的人，这会把我们吸引到他那里。缺乏谦恭自然同缺少同情心相伴随。他的教诲是严厉的。

> 他是一个教师，在讲堂中发挥作用，处于一大群学生当中，他们钦佩他的学问和机敏，因而他在为他的才能沾沾自喜的时候忘了受难者的痛苦。违反他们的本性的人，在孟子看来是“自暴者”或“自弃者”。他的怜悯的最大延伸是轻蔑地为他们悲叹“哀哉”。中国正统的道德学派的根本缺陷是认为只需要知道责任，并确保实行它。这种缺陷在他那里特别明显。[①]

理雅各的评论初看似乎过于严厉，甚至是粗暴的。然而我们应当注意，他声称孟子的态度不仅比基督教的观念差，而且比孔子的观念差；他在儒家传统自身内部作了一个颇能说明问题的对照。

更重要的是，理雅各提出了几个理念，它们很值得思考。他把孟子同西方传统中从主张知善也就是行善的苏格拉底开始的思想家联系起来。就像我们将要在后面讨论的，这种联系显露了许多有关孟子及其同阿奎那的关系的看法，阿奎那也接受这种观念［指知善即行善］的一种表述。此外，我们需要思考理雅各这样一个论点：孟子缺少同情心（鉴于孟子强调仁，这就特别重要了。）是由于他看不到人们容易堕落，意识不到他自己的弱点。孟子的态度可能部分起因于他所采取的辩术，由于他要亲身体现所有必须做的事的可行性。但是我们在探索孟子关于人［在道德上］的不为的思想以及他的不动心（equanimity）的理念时必须记住理雅各的看法。这样，理雅各的评论提出的重要的问题我们将回过来讨论。然而，现在让我们简要地论述这样一个论题，它使我们对比孟子和阿奎那的立场成为可能。

这个论题就是阿奎那对人们产生罪恶的习性的复杂认识：我从他列举基本的罪恶开始，然后转向他对原罪的分析。阿奎那遵循他的传统，突出了“七大罪”。这七大罪是严重的，因为它们作为最终原因产生了其他的罪行。然而，它们不是罪恶的唯一原因。阿奎那列举了许多其他的罪恶，他考察了美德的过分与不足这两种变形，他具体地说明了其他几个作用特别大的罪恶之源，如对上帝及其创造物的极端仇视（*odium*），怨恨（*malitia*），这是一种作出反伦理的罪恶的意向，以及不可救药的怨恨（*certa malitia*），这是为罪

---

① 见理雅各《孟子》英译本导言，第71—72页；斜体字为原文所加。注意，孟子与孔子在这一论题上不同要归因于这一事实：他们经常教导或劝说不同种类的人。

恶本身而迷恋罪恶。确实，七大罪对其他许多神学家的分析、对几乎所有以艺术的或虔诚的方式运用七大罪观念的人来说至关重要，与之相比，七大罪对阿奎那的分析的重要性较小。不仅如此，他最感兴趣的是七大罪中诸如妒忌这样的罪恶，它们扭曲了更高的人性状态，这一点在我们将他同孟子加以比较时变得非常重要。①

可是，七大罪对于阿奎那关于习性的认识来说重要得足以不能简单地加以对待。自负或极度虚荣（*inanis Gloria*）是从微不足道的人那里寻求赏识或荣誉，或为了获得无价值的东西。妒忌（*invidia*）是怨恨别人拥有好东西，这种情感经常同要毁坏所嫉妒的东西的欲望结合在一起。愤怒（*ira*）是一种狂怒，如果它不是为理性所支配，就会力图对产生痛苦的事物或人加以报复。*acedia*，即“精神上的怠惰或麻木不仁”，是对最高尚的美好事物缺少热情，或丧失希望，但也意识到它们的价值。贪婪（*avarita*）是贪心，或主要是对那些物质方面令人惊羡的好东西贪得无厌。贪食（*gula*）是不节制饮食，它的产生是因为放纵欲望，要获得饮食带来的快乐。好色（*luxuria*）或纵欲，是寻求性快乐的不正常的欲望。骄傲（*superbia*）与七大罪中其余六大罪相比，是一种更普遍的罪恶，它加强了所有其他的罪恶。它放纵了对他自己优越性的偏好，同自负虚荣不同，它以许多伪装出现。例如，它经常表现为自我中心，为他的天生禀赋感到满意，追求它们的实现，而且它会产生傲慢自大，盲目的自主，甚至自满自得。②

① peccatum（“sin”，译者按：意为罪恶）阿奎那通常用以指任何一种活动不能达到它的目的，而 culpa（“fault”，译者按：意为过错）只是指从有意识的活动、从选择与理性产生的失误。这种用法同现代英语的大多数用法正好相反，按照后者的用法，fault 是一个含义比 sin 更广泛的术语，但是，我将遵循现代用法。（也要注意 evil［译者按：意为恶，拉丁文为 malum］通常是指应当具有善、却缺少善的任何事物和人，而 vice［译者按：意为邪恶，拉丁文为 vitium］是指伦理上的恶的意向。）

② 对罪恶的性质的一般的理论论述，在 2—1. 71—89 可以看到，但是，阿奎那通常论述每一个像适度的状态的过分或不足这样的罪恶，这就是说，他仿效亚里士多德的体系。要了解对严重的罪恶的论述，见 2—1. 84。要了解自负或极度虚荣，见 2—2. 132；要了解妒忌，见 2—2. 158，但是注意 2—1. 46—48；要了解贪婪，见 2—2. 118；要了解贪食见 2—2. 148；要了解好色，见 2—2. 154；要了解 acedia，见 2—2. 35，并注意 2—2. 136 和 2—1. 35—39；要了解骄傲，见 2—2. 162。注意在阿奎那那里 acedia 常常错误地同 tristitia 即“悲伤，悲哀，悲痛，或沮丧”结合在一起。要了解现代人对这些罪恶的论述，见卡普（Capp）1987 的神学论述和莱曼（Lyman）1978 的社会学和文学方面的论述。

阿奎那是以原罪的观念来把握人性的，由于人性从根本上扭曲了，所有这些原罪都各有其支配力量。阿奎那以各种方式界定原罪，但是，就我们的目的而言，最富有启发性的是这样一种界定，它是对照在人性中可能发现的潜在的善来确定原罪。这些善有三种。第一是人性的本质，和从这些本质产生的品性，如灵魂之所能。第二是倾向或喜爱（*inclinatio*）人性所包含的美德。第三是“天赋原初之正”（gift of original justice），即在堕落以前的亚当和夏娃身上发现的人性中所有成分的协调一致的作用。原罪以不同的方式影响这三种善中的每一种。第一种即本质的存在，既不能被取消，又不能被减弱。第二种即倾向于美德，仍然存在，但强度减弱了。第三种即原初之正，它完全被破坏了。①

孟子即使在复述神话时也从不讲像原初之正这样的事。（他所说的过去的、完美的社会的某些方面有点像它，而对圣人的描绘更像它，但是，差别是明显的。）然而，除此之外阿奎那与孟子的论述之间的一般的相似是显著的。孟子规定人性善，但是就像已经讨论过的那样，他这样规定的意思是人能够变善。按照他的发展型模式，为善的能力内在于人，能够加以发展，并形成人所独有的那些方面。因此，孟子认识到有些人常做坏事，甚至认识到好人也不会一直做好事。但是他相信，为善的能力规定了真正的人，它们如果加以培育，没有受到损害，总是能产生好的品质和行动。

因此，孟子和阿奎那两人都赞同，使人成为人的那些本质和特性是完好无缺的。他们两人还赞同，被赋予的、向善的根本倾向仍然存在，即使这些倾向的力度在几乎所有的人那里都减弱了。他们的分歧出现于两方面。第一是这种减弱的确切的性质；第二是关于克服它的可能性。他们两人在这两方面的区别是细微的。然而，这些细微的区别所处的语境却有很大的不同。

这两个思想家每一方的次要理论（secondary theories）和其中有更多“历史的”探究的主题和结论与另一方大相径庭。例如，孟子展开了、并且依靠对于近古的历史和神话传说中的历史的细致考察，这同阿奎那的理念无任何相同之处。与之成为对照，阿奎那论述各种各样的深奥的神学问

---

① 见2—1.85；又见2—1.49.43，在这些部分阿奎那以同孟子相像的方式讨论了为善为恶的习性和意向之间的区别。

题，如亚当和夏娃堕落前的状态的特征，原罪的传承。此外，他考察的一些问题孟子（有些人可能会高兴地说）不仅从来没有触及，而且很可能想象不到。例如，在回答魔鬼是怎样引诱人的问题时，他分析了它们是如何间接地改变幻想和感情的生理条件，以便转变一个人带有情感色彩的态度和梦想。①

在思考他们对人类的失误所做的论述的时候，我们必须要始终记住的就是这两个思想家生活的环境之间的差别是多么巨大。然而，对于我们来说最重要的是，他们对以下课题的更为具体的考察：导致精神完善的本性和造成扭曲的习性在人身上是怎样发生作用的。使用我前面提出的术语，就是说我们是对他们的实践的理论，而不是次要的或基本的理论发生兴趣。他们在实践方面的探索具有高度的理论性；它们并非只是基本理论的翻版。例如，它们关涉他们对人的根本趋向和那些已经削弱的倾向的认识，这些倾向是以人未被破坏的和未削弱的本性和特性为基础的。但是，我们将聚焦的那些探索一般不使用特殊的术语，或集中注意作为次要理论的一部分的那些论题。例如，在孟子那里是有极大的感化力的圣王的德，或者在阿奎那那里是传承原罪的真正途径。

当然，这些论题或术语有一些影响了我们将要加以考察和分析。孟子探索治国安邦之术的问题，把它们作为一种手段来解决人的深层问题，阿奎那从不这样做，孟子之所以这样做是由于他关于圣人之德的观念。阿奎那将某些扭曲当成是必然的，孟子决不会这样看，阿奎那之所以这样做是由于他关于原罪传承的观念。可是，我们能够将不同种类的理论化加以划分，使之有助于我们理解，尤其是比较这两个思想家。在从事这一任务的时候，我将从阿奎那开始，然后考察他的论述同孟子有何相似与不同。

阿奎那相信，形成美德状态的那些倾向总是存在的，但是，它们也同变为坏的状态的强有力的倾向共存，甚至联系在一起。这样，人现有的才性是朝着各个方向发展的。它们变得有同情心，但是也会变得妒忌；变得正直，但是也会变得贪婪。阿奎那进一步提出，有道德的生活的特点是一

---

① 例如见 1.50—64，2—1.80。阿奎那提出，人的意志会被吸引它的东西所改变，或是因某人提供或许诺给予一个东西，或是某人让另一个人相信一个东西值得想望。恶魔和恶鬼可能是以后两种方式作祟，但是，人的意志不是必然会被改变。作为纯粹心灵上的想法，而不是物质实体，恶魔和恶鬼是“思想上的想法”（*intelligibilia*，*intelligentia*），它们是有限的，不可能直接注入新观念。

以贯之和完整的，而没有道德的生活的特点则是混乱和分裂。这种状况的发生是因为坏人不像好人，他们被拉到各种各样的、甚至互相冲突的方向。（就像我们将要看到的，他的描绘好像孟子对恒心与不动心的论述，而恒心与不动心是真正有道德的人的特征。）①

大多数人共有的一个特点是经常有矛盾的趋向，在考察这一特点的时候，阿奎那集中注意的不是像好色和贪食这样的粗鄙的罪恶，而是像妒忌、虚荣、精神上的麻木不仁这样一些更为复杂、更为隐蔽的罪恶。他注意这些罪恶有三个理由。隐蔽的罪恶特别严重，因为它们寄生于人的较高的状态。例如，虚荣的起因是要从他人那里得到适当的尊重这一合理的欲望。与之成为对照，粗鄙的罪恶起于这样一些倾向：如单纯地想要获得食物的欲望，原始的性欲发泄的欲望，这些是人类与动物共有的。包含了这些更多动物性状态的罪恶可能会同隐蔽的罪恶相联系，但是在这样的情况下，阿奎那通常集中注意于隐蔽的罪恶。（同大多数基督教伟大的神学家一样，他是研究意愿变换的行家里手。）如果性方面的欲望导致一个人妒忌和报复，阿奎那会认为妒忌和愤怒比好色更严重。

最重要的是，阿奎那集中注意于隐蔽的罪恶是因为它们在相当大的程度上比粗鄙的罪恶更危险。正是由于它们扭曲了人的更高的状态，所以它们会持续不断地渗透到全部人格中。这样，隐蔽的罪恶就能够毒害一个人所有的活动。实际上，这些罪恶使以下这一点变得特别清楚：对邪恶为什么要像对美德那样，不应当从单独的行为的方面去看，而应当从产生这些行为的那些意向的方面去看。所产生的行为的特征可能会同产生它们的意向的特征不同，甚至相反。例如，精神上的麻木不仁会产生狂暴的举动。麻木不仁的意向，像克尔凯郭尔所说的绝望，能够产生强烈的好奇心，肉体的焦虑，和无所用心的闲聊。②

阿奎那聚焦于这些罪恶的最后一个理由是，它们特别清楚地显示，为什么所有的罪恶最终都是反对仁慈的罪恶。所有的罪恶都违反了这样的需要：即需要亲近他们周围的、无所不在的善，依靠这些善，并且在这些善

---

① 阿奎那论有道德的生活的一以贯之和与它相反的生活方式的混乱，见 2—1. 73. 1。要了解孟子对恒心的论述，见本书第四章第九节。

② 见他对精神上麻木不仁的女儿的论述，见 2—2. 35. 4。皮厄珀（Pieper）1986 富有启发性地发展了这些思想。

中获取快乐。这些善在这世界上可能常常总是不太明显，因此，烦恼总是同喜悦共存，就像在灌输的美德忍耐中那样。但是，它们在与上帝为伴中清楚地表现出来，与上帝为伴是最高的善，这就是仁慈。妒忌不能在别人拥有的善中发现喜悦，它大概是缺少爱（a failure to love）这种罪恶的最清楚的表现。然而，所有的罪恶都以某种方式表明不能爱，即使贪食也意味着不能实现饮食可能包含的那些善。

阿奎那相信，所有的罪恶扭曲了仁慈，这种信念又引导他相信，人的完善所要求的是确认善，并从中得到快乐，而不是遵循准则。当然，准则有它的位置，但是，它表现了对人的意志薄弱的迁就。经过弱化处理的奥古斯丁名言，即爱吧，并做你想做的事，在阿奎那那里产生了作用。同奥古斯丁一样，他认为我们要理解人最好是看他们爱什么，他们不由自主地被什么所吸引，以及自发地做什么。用阿奎那的语言来说，旧律法已经被新律法代替；新“律法”引导人们体识真正的善，从而坚守这种善。

阿奎那对于人们应当追求的目标的认识，以及对于妨碍这种追求的人格扭曲的认识，与孟子论述的一些重要的部分相似。两人都将应当追求的那些善看做是普遍存在的，两人都相信人们应当依靠它们，并在其中得到快乐。两人都认为，这种追求使有道德的人们在人格上始终如一，表现得行为安详，正直诚实，并且相信，没有道德的人的特点是反复无常，人格冲突和分裂。两人还认为遵循准则充其量是人的较低的状态，在最坏的情况下则是彻底的扭曲。至少可以抽象地说，两人都赞同，社会习俗如果不能让人道的昌盛充分地表现出来，它们就应当加以改变或抛弃，尽管这些习俗为人们的行动指示了一些路线，并且甚至可能具有神圣的约束力。

当然，他们的论述也显示了一些值得注意的差别。就像已经讲过的，他们的次要理论和历史探究的结论和主题是大相径庭的。然而，对于我们来说，最重要的是他们关于导致完善和扭曲的人的习性的看法上的三个差别。第一个关涉他们关于更为隐蔽的扭曲或罪恶的作用的看法。第二个关涉他们关于知善即为善的原理的主张。第三个关涉他们对于转变获得的倾向（acquired inclinations）需要做什么的看法。每一个差别对于两个思想家之间的一般的相似与不同，都显露了一些重要的东西，因此，我们需要仔细地考察它们。

阿奎那关注诸如妒忌或虚荣这样一些更为复杂和隐蔽的罪恶，这在孟子那里通常是不会有反映的。尤其是在孟子对人无德所做的更具理论性的论述中，他往往总是集中注意那些主要产生于人的肉体状态的倾向。对于孟子来说，人的主要问题的产生是由于人通过听觉与视觉不由自主地被某些外物所吸引。（这就是说，他所注意的对象阿奎那会把它们当作好色或贪食的表现。）他描绘了一些最隐蔽的扭曲，最著名的是他在向国王，尤其是向齐宣王进谏时作出的。在这样一些事例中，问题似乎不只是国王为了获得单纯的感官快乐的欲望，而是国王的妒忌，虚荣心，甚至精神上的怠惰。可是，孟子对所提出的问题处理得好像它们同在更粗鄙的实例中所看到的那些相类似。而且，他的更富理论性的论述既不考察隐蔽的邪恶，也不把它们说成是对人道的昌盛的主要障碍。①

孟子的论述之所以采取它表现出来的那种形式，一个关键性的理由已经由理雅各的评论成功地捕捉到了。他将以下这一点确定为对于孟子来说头等重要：即他所说的中国正统的道德学派的根本缺陷，也就是“只需要知道责任，并确保实行它”的原则。我们将在后面讨论，接受这一原则是否构成一个缺陷，尤其是处于孟子的行动理论的语境中，是否构成一个缺陷。这里最重要的是，理雅各效法许多新教徒，说阿奎那也接受了这一原理，因而具有同样根本的缺陷。事实上阿奎那通常是从知善即行善这一原理稍加修饰的翻版出发的。譬如，他对意志薄弱（*akrasia*）问题的论述，对违背一个人更好的判断的问题的讨论，都效法亚里士多德的论述，这一原理在这种论述中被修改了，但是得到了维护。②

人们可能提出，如果我们要理解人们的行动，我们都至少必须从这一原理出发。这就是说，我们只有将知与行结合起来，才能理解行动的原因。然而，就像我们已经看到的，孟子和阿奎那在运用这一原理时远远超出了这一点。这两个思想家认可这样的前提：行的失误反映了知的失误。例如，有虚荣心的人的行为之所以表现为那种样子，是因为他们错误地认定了美好，以为应当追求这种美好以获得有价值的赞扬。与孟子的看法相

---

① 要了解一个典型的论述，见《孟子·告子上》第十五章；他同国王们的讨论有一富有启发性的实例，见《孟子·梁惠王上》第一章以及其中国王所说的他的“大欲”。我们对孟子的理解明显受到这一事实的影响：我们有许多他同当权者交往的事例，而他对待他的弟子们的实例却较少。尽管如此，他怎样对待那些似乎没有表现出比较粗鄙的扭曲的人，我们仍然能够对他作出评价。

② 理雅各的话语见他的《孟子》英译本导言第 72 页。亚里士多德对意志薄弱的论述见 N E. 1145b8—1148b14；要了解阿奎那对节制的论述，见 2—2. 155 和 156。

比，阿奎那认为人更容易错误地认定美好，尤其是在更加隐蔽的扭曲发生作用的那些领域中。虽然就像已经论述的，差别是非常重要的，但是不应当掩盖这一事实：这两个思想家通常是认可这一原理的。①

可是，我们的第二点是阿奎那不同于孟子，因为他经常从事的一些分析是反对知善即行善原理的。阿奎那经常必须对付来自他自己的传统的内部的论证，包括在神圣的文本中发现的材料，它们否定这一原理。一个特别有说服力的例子是圣保罗在《圣经·罗马书》中所说，他不能够做他想做的好事，或避开他想避开的坏事。另外一个例子是奥古斯丁在《忏悔录》第二卷中对他自己偷梨的行为的描写，这事对于他来说似乎只能解释为企图反对所有可能有的善。第三是表现为精神上的麻木不仁（*acedia*）的普遍现象，这种状态最初是由沙漠神父（the desert fathers）② 规定的，显示为人们熟知的修道院生活特征。这些例子以及与之相关的大量实例是不可能妥帖地（或总是）同知善即行善的原理相一致。

例如，阿奎那运用了亚里士多德在这一原理基础上提出的一个思想，即所有的品质分为六种类型。这六种类型中处于两个极端的是残忍的人和像神一样的人，处于他们之间的是有道德的人和邪恶的人，还有两种是有自制力或意志坚强的人和无自制力或意志薄弱的人。但是，阿奎那不可能将他从他自己的传统获得的例子归于这三类范畴中任何一类，据称它们应当能归入其中一类。奥古斯丁，或圣保罗的行为以及卡西安（Cassian）③ 对精神上的麻木不仁的论述似乎很难归入邪恶或无自制力那一类中，更不用说是残忍的类型。诸如此类的事例，连同关于它们所引起的人们［道德上］不为［问题］的看法，导致阿奎那产生这样一些论述：它们难以

① 关于意志薄弱的论题，以及围绕着它的问题，已经由当代哲学家充分地讨论过了。把这一论题当成纯粹的理论问题和西方思想家中出现的问题来加以论述，这方面的代表性的著作有戴维森 1982 和摩提莫（Mortimore）1971。

② 译者按：沙漠神父是指自 2 世纪末起居住在中东沙漠地区的基督教修道士，他们把古代僧侣的生活方式同基督教福音书相结合，制定了一些教义与教规，它们构成了后来基督教修道院教规的基础。

③ 译者按：卡西安，沙漠神父，生于公元 359 年或 360 年，卒于 450 年与 460 年之间，在巴勒斯坦伯利恒修道院接受教育，后创办了两个修道院，他的著作为独居修道士订立了教规，并且将修道院制度和生活引进了基督教。

同知善和行善的传统原理相容。①

因此，阿奎那吸收的思想或展示的分析同这一传统原理不是相冲突，就是至少与之格格不入。因而阿奎那对人的行为的一部分分析出现了深刻的紧张，也许甚至是矛盾。我们将以不同的方式来评估这一问题的严重性，这决定于我们怎样理解他考察过的反例证；决定于我们对连贯性（coherence）的评价有多高；决定于我们是否认为，至少在某些领域，不可化解的、然而却是富有意义的紧张总是存在的和必须保存的。然而，无可置疑的是，阿奎那赞同这一传统的原理常常由于他自己的著作而成为问题。

而在另一方面，孟子思考的那些检验知善即行善的原理的事例极少。例如，他很少论述我们在孔子《论语》中发现的大量的事例。而且，他只区分两种可能性：不为和不能。他确实相信，伦理上的常则要依赖于人们拥有最起码的物质生活条件。但是，他好像也认为这些最起码的条件只是使人们避免由极度贫困所产生的悲惨的抉择。

孟子的论述的某些特征大概可以用他的辩术来加以说明。他经常企图让人们相信他们已经放弃的可能性是真实存在的，或至少是值得考虑的。不仅如此，他有时还提出，合适的德政和社会组织能够产生那种在我们看来是惊人的变化。（反过来说，他在一些地方也说到，好像周而复始的衰败会使人道的昌盛变得极其困难。）这两种说法是建立在他探索历史的成果和次要的理论的基础之上的，并且显示了它们怎么会影响实践理论。②

孟子时而表现出明显地意识到好的行为所固有的困难。对此特别有力的说明是他对牛山面貌的变迁的出色的、精到的描绘。一度郁郁葱葱的山岭现在是光秃秃的，这是因为人破坏了它的植被，这山是一个隐喻，用以说明人怎样变坏，为什么会变坏。然而，这一章在结束时明白无误地指出了人们何以能够成为有道德的人，只要他们努力成为有道德的人。孟子在

---

① 要了解亚里士多德的论述，见 N. E. 第七卷开头部分。还可注意阿奎那是怎样从不能以灌输的美德来形成完整的人格这一方面来说明同圣人的品性相关的问题；见 2—1. 65. 3. 和 3. 2，又见 2—1. 76. 2—4 中他关于无知的论述。我将在第五章第四节末尾考察阿奎那以另一种眼光对这一论题所作的论述的几个特征。

② 如见《孟子·滕文公上》第四章和《孟子·滕文公下》第九章，但是也要注意《孟子·告子下》第十五章，和《孟子·尽心上》第十八章。论需要最起码的物质条件，见《孟子·梁惠王上》第七章。

这里和在别的地方又返回到了前面论述过的、关于人何以不是必定不能达到人道昌盛这一问题的最终的、坚定不移的观点。不论围绕着我们对孟子关于人能有德的思想的理解有什么令人困扰的问题，孟子一贯地认为知善是人的能力可及的，知善总是会产生好的行为和品质。确实，如理雅各所指出的，他能说的只能是：自暴自弃者不值得与之讲话。①

因此，这两个思想家是从知善产生善的行为这一前提出发思考的。然而，阿奎那经常虽然并非总是一贯地论述那些反对这一思想的普遍适用性的实例和观念。与此成为对照，孟子极少论述这样的实例和观念。而且在维护以下这一主张上他通常比阿奎那要坚定地得多：道德上的不为源于不知、甚至是不努力。

孟子与阿奎那在对人道德上不为的认识之间的最后一个区别产生于他们每一方对他们所赞成的以下两种思想的不同发展：即人的才能朝着各种方向发展，以及人道的充分昌盛需要以多种和协调一致的方式追求真正的善和以追求真正的善为乐。孟子相信，成为有德的人的可能性总是存在的。尽管人们情不自禁地被外物所吸引，这会误导他们，但是实际上所有的人都有善的萌芽，也存在一些体认和培育它们的方法。阿奎那也相信始终存在一些使人向善的萌芽，以及关于善的一些自明观念。但是对于他来说，我们所获得的意向只是使一些特殊种类的行动变得容易发生，成为乐

---

① 对牛山的描绘见《孟子·告子上》第八章；理雅各所说的那一章是《孟子·离娄上》第十章。我在本章第二节、特别是第三节中考察了孟子关于人的知善和行善的能力的思想，我将在第九节末尾讨论这些思想的另外一些方面。我将在第四章第七节聚焦勇敢的实例时回到这一论题，并在第四章第九节中分析孟子怎样教人们如何对待他们求善而又不能达到善的问题。

然而，这里值得注意的是孟子所提出的人们为何不能达到善的原因（也要注意《孟子·梁惠王上》第七章对能力的论述，《孟子·告子下》第二章的夸张的说法，那可能是一种嘲笑。）《孟子·滕文公下》第九章论述了不正确的思想怎样怎样妨碍仁与义；还可读《孟子·公孙丑上》第二章、《孟子·告子上》第一章对错误的伦理的、或普遍的信念的作用的论述，以及利格尔 1979，第 442 页。不能达到善的其他原因可能有难以控制的欲望（《孟子·梁惠王上》第七章，《孟子·梁惠王下》第三、五章，《孟子·离娄下》第三十章），已经指出的“耳目之官不思”；见《孟子·告子上》第十五章。更加隐蔽的原因也已指出，例如，气如果培育不当，显然也会加强迷误的欲望，并导致人们被推到他们本来不想走的方向；见史华兹 1986，第 179—184、270—274 页。最后要说的是，究竟有多少人属于他所说的“非人”的范畴，这是不清楚的；如见《孟子·公孙丑上》第六章，并注意《孟子·梁惠王下》第八章。

当然，对这些一般的问题的回答在这一时期的其他思想家那里也出现了；例如，见庄子关于命如何决定人可能达到的完美的思想（葛瑞汉英译本第 78—79 页），以及《荀子》第二十三篇中对孟子立场的细致入微的批判和描述。

意的事，而这些意向有一些是我们在能够作出真正的抉择之前就获得了。人的意志像钟摆，不会在滴答的钟声中停下不动，过去的摆动决定了现在的方向。在过去的习惯中产生的一种惯性在很大程度上决定了人的倾向。

阿奎那认为，这种情况给我们提出了一个深刻的问题：我们怎样才能改变我们自己。我们陷入了一种恶性循环。我们表达了我们的意向，因为我们要这样，喜欢这样，但是我们的意愿和喜欢又是我们的意向的产物。不仅如此，我们极其需要改变我们自己，因为我们所陷入的这种循环包含了恶的、至少是不完美的倾向。就是说，阿奎那相信，他自己的生活、别人的生活中的事例，以及神圣的文本中的事例，都表明我们的意向的基本反应，我们天然的爱，经常是迷误的。人不是变得邪恶（而非有德），就至少是变得既有些邪恶，又有一些德性。有鉴于此，阿奎那断定，只有一种独立的力量，一种超越人类的力量，才能从根本上纠正人类的方向，从而把他们从他们所陷入的循环中拯救出来。用基督教的传统语言来说，他声称，如果只有人是变化的唯一可能的动因，那么避免原罪就是不可能的，因此必须靠上帝的恩典来拯救我们。①

孟子认为既存在着善端，又有培育它们的能力，这意味着人们总是能够成为好人，用他的话来说，总是能够养成圣人品性，就此而言，孟子的立场同阿奎那迥然不同。他描绘了那种使人超越凡俗的力量；例如，"德"和"气"能够帮助转变人，而四端乃天生，这给予他们以非凡的潜力。此外，当我们想到孟子的人性模式是发展型时，就会发现孟子意识到改变人有种种困难，这更接近于阿奎那。不像后来的理学家，他认为人们必须经历一段时间来发展他们的卓越，他们不可能在一种不同的、更高的存在或心智中发现它们。（如果这种更高的心智发挥作用来促进这种发现，那么这种理学观点就比孟子的思想更明显地像阿奎那的解决办法。）

---

① 见隆那干（Lonergan）1971 对恩典与自由意志的论述（特别是第 41—55、第 77—84 页，以及 109 页以下），索科洛夫斯基 1982，第 69—86 页；还可注意本书第二章注 5（即第 36 页注①）中提到的参考材料。阿奎那关于人的原罪的性质的思想也是以下面的观点为基础的：人在任何时候行动都需要恰当地同上帝相联系。这样做的困难，这一论题我将在第四章第三节中思考勇敢的假象时加以讨论。当然，这种一般性的论题是极其复杂的，但是，阿奎那可以说是接受了亚里士多德派关于意向的重要性的观点，然而又拒绝了亚里士多德这样一种说法：充其量只有少数卓越人物被培育的方式使他们能够成为有道德的人。孟子思想中几个或多或少有唯意志论倾向的方面之间的紧张反映了相似的关切。又见威廉斯 1985，他在开头两章中聚焦于同以下论题相关的那些互相密切相关的问题：一个人是否能够说服那些最需要说服的人。

最后，如果孟子相信，在一个良好的社会中培育人是关键，那么孟子与阿奎那关于改变人的困难的思想（如果不是他们关于解决办法的想法的话）会更加接近。然而，他从未前后一致地发展这种思想及其含义，虽然这样做使他能够说明为什么许多人在一生大部分时间中做坏事。

当孟子以他最具有唯意志论倾向的口吻讲话，并宣称我们只需要依靠拨正我们的思想，我们就能够纠正我们的方向，这时他同阿奎那就有根本的不同。然而，当孟子讲话的唯意志论的腔调不那么重，他就比较接近阿奎那这样的立场：只有一种独立存在的力量才能够把个体从他们所处的那种循环中拯救出来。但是，即使孟子在这样讲的时候，他通常也是断定人的力量（如果它运用了别的力量的话）能够影响所需要的改变。与之成为对照，阿奎那相信人的所有的努力都极其邪恶，不能产生所有需要的改变。这就是说，尽管他认为治国之策和领导能够使一些极端重要的事情变得更好，然而他相信它们从来不能解决人的迷误的倾向所表现出来的深层次问题。①

我们将在以下几节讨论这些论题的某些方面，如孟子的唯意志论的问题。然而，在这里我们可以回顾一下孟子与阿奎那关于以下问题的论述总的概要：即人导致道德败坏的习性问题。孟子认为人性善，阿奎那认为人的本性是有罪的，尽管在这两种思想之间存在着明显的、突出的差别，尽管在他们的次要理论与历史探索之间存在着巨大的差别，我们确实看到相似之处。两人都重视人性的发展模式，根据这种模式向善的倾向始终存在。此外，两人共有这样一种观点：人在其思想处于最好的状态下应当、也能够以求普遍存在的善为乐，而人性的扭曲妨碍了这样做的能力。阿奎那聚焦于同人的较高级的功能搅和在一起的扭曲，而孟子通常聚焦产生于较低功能的扭曲，在对这两者进行比较时，不同点就出现了。此外，在知

---

① 见本书第三章第九节结束处对孟子唯意志论的讨论。这个建设性的课题在这里是一个特别棘手的问题，即使我们撇开人的不朽的可能性的问题。不论是孟子还是阿奎那，他们都不怀疑人们能够从根本上加以转变，如果我们把这种转变看成为“转变信仰”（conversion，从隆那干引申的意义上说），那么这种转变我认为确实会发生［见本章注 70（即第 126 页注①）所举的参考材料］。

然而，如何最好地说明他们的问题仍然存在。孟子和阿奎那作出了对两个在我看来是最可取的观点的总的概述（这两个观点的翻版还出现于其他各种传统中；例如，佛教的禅宗和净土宗）。可是，要充实这一概述，更不要说是在它们之间作出裁定，需要对付各种复杂的问题，其中有许多属于次要理论。

善是否即行善这一论题上产生了明显的差别，虽然是相似中的差别。两人都赞同这一原理的某种翻版，但是阿奎那对那些使这一原理成为问题的观念和现象持续不断地研究，在这一方面他远远胜过孟子。最后，当我们考察那种认为只靠人就能改变他们自己的说法时，就出现了区别，即使孟子对于人何以能改变他们自己的说明比最初显示的要更复杂。现在让我们以建设性的意图转向考察这样一个课题：在这一课题上两人之间的相像更加明显。这个课题就是作为他们的美德理论基础的自我观，尤其是关于理性、情感与意向的性质和关系的思想。

8 美德理论基础的自我观：实践理性，情感与意向

在以下两节中我们将以现代语汇和创造的意图来考察作为他们的美德理论的基础的三个相互关联的概念，即情感，实践理性和意向的概念，以此来完成我们对孟子和阿奎那的美德理论的分析。尽管这两人每一方都以其独特的方式展示了这些概念和它们之间的关系，但是他们的基本看法都相当相像。在这里我们看到在关于自我的实践理论中的一些基本成分，而像孟子和阿奎那那样的美德理论就是靠这种自我论建立起来的。

两人都认为，实践理性的运作所依据的那些判断既是在情境中作出的，又是按照总目标得出的。两人又认为人必须运用实践理性来激活意向，并直接或间接地影响情感的状态和力度。这种自我观不同于现代盛行的许多自我观，考察它有助于我们理解和比较孟子和阿奎那关于一般的美德和特殊的美德勇敢的思想。不仅如此，我认为这种自我观同与之相反的现代观点一样，都自有其道理，即使它为某些重大的问题所困扰，如我们怎样才能使人们为他们的许多意向负责任。因此，在讨论关于意向、情感和实践理性的性质和关系这些有争议的问题时，我通常是说“对于”他们的立场来说怎样，而不是说他们立场“的”什么看法。这就是说，我将直接探索关于宗教精神的昌盛的比较哲学的富有创意的部分。①

---

① 威廉斯很好地具体说明了“亚里士多德事业”中的一些主要困难，他的论述很赞赏这个事业内容的齐备；见威廉斯 1985，第 35—36、174—196 页。现代有一个著名的观点反对与此相像的想法，要了解对于这个观点的批判性的描述，见穆尔道齐（Murdoch）1971，第 4—7、24—28、47—54、76—82 页；C·泰勒 1985a，第 14—76、97—113 页，以及泰勒 1985b，第 134—151、248—288 页；还可注意李耶理 1990b，第二节。

至少就大部分情感而言，孟子和阿奎那两人都坚持一种可以称为认知观（cognitive view）或解释观（interpretative view）的看法。这种观点出现于孟子的扩充理念中：他假定在认知的判断与情感反应之间有密切的联系。它也出现于阿奎那这样一个理念中：情感像人，人有意愿，因而服从政治控制。这样，大多数情感应当被视为以一些或多或少明智的方式感受情境，这种情境是由一种强烈的感情所支配，或者说牵连着一种强烈的感情。情感包含了生理上的变化；例如，脉搏跳动加剧，分泌更多的肾上腺素。它们还包括欲望，而欲望主要被设想为倾向于行动的原因。例如，恐惧是躲避被认为是危险的情势的欲望，或是避免同它接触，或是唯有靠特殊的努力来面对它。但是，认知的成分是关键；信念决定了大部分情感的显现和形态。只有在我相信某种事物或人是危险的时候（不论某个事物是老虎，是空地，还是一个专横的女人），我才会感到恐惧。

因此，许多情感同它们的对象之间的关系包含了所理解的对象的含义，即从其中看到的意义。这种含义说明了对象为什么同情感有关系，因而为感情提供了认知基础。人们说他们错误地感受了一种情感，在这种情况下我们非常清楚地看到含义的作用。例如，如果我想我看到的那个绕过拐角的人是一个年长虚弱的人，而不是凶狠的年轻的抢劫犯，那么我明白不需要恐惧。当我发现身旁爆发的笑声是对着别人的笑话，而不是针对我自己的古怪行为，我认识到我的羞愧感是错误的。

对于少数情感，譬如大部分有形的恐惧，我们能够对所关涉的含义作出客观的、归因式的说明。但是，对于另外一些情感，如羞耻感，作出这样的说明是不可能的。一般地说，有敌意的人或动物造成了那种产生有形恐惧的含义，我们能够提供一种客观的说明，解释为什么会如此。但是羞愧的反应通常产生于个人的品质或行动，它们的意义决定于文化规范和人格典范。这就是说，除了产生它们的认知或解释之外，它们就没有什么实在了。尖叫声，女人似的柔弱的样子，或侵犯性的行为，可能会在一种文化中产生羞耻感，而在另一种文化中则可能产生自豪感。

表现了人们对他们的人性的最深刻的理解的大部分情感，都是像羞耻感，而不是像有形的恐惧，因为解释是关键性的因素。例如，尊严，赞赏，鄙视，悔恨，自责，所有这些都依赖于解释。甚至某些种类的恐惧也依赖于相似的判断。富有经验的老兵和新兵对于在战斗中出现的危险的反应，有很大的不同。因此情感中的解释成分是关键，因为人们倾向于对情境给出他们自己的理解或描绘，并对这种理解和描绘作出回应。①

解释的情感观形成了阿奎那和孟子的自我论若干重要特征，比如，这种理论有关于理性如何形成意向的思想。我将在后面对此加以讨论，但是让我在这里简要地指出，这种眼光怎样使我们能够分析或突出那些丰富了我们对美德的理解的问题。我们能够运用这种眼光来区分相关联的情感，进而区分对付这些情感的美德。例如，我们能够将源于有形危险的恐惧与源于羞耻感的恐惧区分开来，从而把克服它们的那几种勇敢区分开来。（与此相像的区分事实上成为孟子和阿奎那论述勇敢的基础。）不仅如此，这种眼光使我们作为过去的思想家的学生，能够理解人们对他们的情感生活的洞察力会随着时间的推移而变得深刻和敏锐。例如，与孟子和阿奎那相比，我们拥有的细微地辨析情感状态的语汇要远为丰富。在他们的著作中没有出现与我们对以下这些情感反应所作的区分相当的用语：如矜持、胆怯、害羞、窘迫、受冷落、多愁善感、幼稚和局促不安的情感。重要的是我们认识到这些差别的存在，我们明白它们的含义。②

当我们看到运用这种眼光使我们能够集中注意并理解个人和文化这两者的生命中的重要过程，这时这些含义中有一些就变得清楚了。人们总是需要察看以决定他们的情感反应（至少是那些依赖经受者的解释的情感反应）是否成熟到它们应当达到的地步；这就是说他们的反应是反映还是歪曲了一种完整的和敏锐的世界观。自从我获得了基本的信息——如刀子或火能引起疼痛——以后，我在生理上感到恐惧的那种东西至少从最简单的意义上来说是变化很小的。但是，使我感到羞耻的事随着我的长大、成熟、变老会有相当大的变化；例如，我从关心我在朋友面前的表现，转变为关注我是否能促进他们的幸福。同样的过程经常会随着一种文化的变化而发生。被认为（或被论定为）是可耻的或丢脸的事会改变，尽管对在生理上

① 现代对情感的论述中有一著作我受益特别多，见泰勒 1985a，第 45—76、101—114、188—191、196—203 页；也可注意登特（Dent）1984，伊凡斯 1975，福腾堡（Fortenbaugh）1975，以及莱恩斯（Lyons）1980。注意无论怎样使用无意识的概念都会极大地使这一观点变得更加复杂。这一观点会导致、但是不是必定包含评价性的情感论——诸如谢勒（Scheler）或布伦塔诺（Brentano）的理论——这种情感论有这样的主张：情感为我们提供了一种重要的知识；要了解对它们的解说，见芬德莱 1970，第 16—36、57—66 页。

② 德阿西将这一点同阿奎那联系起来加以有力地论述，也许强调过头了，见他为《神学大全》第 19 卷所做的解说，1964 张，第Ⅸ—Ⅺ页。

感到可怕的东西的看法仍然比较恒定。因此，大多数情感都有一个过程，而这个过程中的变化将深刻地影响到人们对那些对付这些情感的美德的理解。而且，这些变化是以下这两者的基础：其一是孟子和阿奎那力图把握的对美德的认识的转变，其二是他们所论述的单个美德的意义的扩展。

解释形成了情感，因此，产生这种解释的理性就构成了孟子和阿奎那对于伦理理性的认识的一个极其重要的特征。它同伦理推论的更一般的认识相一致，我们现在必须考察它。正如已经论述过的那样，在阿奎那的实践智慧（*prudentia*）与孟子的智之间，我们发现了相像，但不是一致，这主要是因为他们各人关于心灵的认识不相同，而在这种认识中阿奎那的实践智慧和孟子的智同［心灵］别的能力是相关联的。可是，无论是孟子还是阿奎那，他们的论述都属于那种可以称为实践理性的一般范畴，而实行真正的美德依赖于它的存在。

实践理性包含三个过程：情境鉴别，对服务于目的的手段的思索，以及持续不断地思考所追求的目的的价值。对服务于目的的手段的思索经常是当代讨论实践智慧的主要或唯一的课题。然而，实践智慧的另外两个特征将成为这里讨论的焦点。（我对理性与性别之间无根据的联系存而不论，这种联系在阿奎那那里很清楚，而在孟子那里是隐含于论述之中。）

实践智慧表现为对情境中要加以注意、认识或维护的事物的一种恰当、明确的说明，一种适当的描绘。因此，实践理性依赖用于聚焦和思索情境的最显著的特点的那些方法。在某些情境中相关的因素十分清楚。在孟子说的事例中，当我看到一个幼儿就要掉到井中，要明白哪些方面突出是容易的。然而，在另外一些情境中，就需要更加敏锐的认识。例如，我年迈的母亲对于我要出席由一个亲密的朋友举办的聚会非常难受，对此在别人无所觉察的时候，我会看出来，因而我待在家里，同她在一起。这样，我还要以最好的方式告知朋友，这是一个手段—目的问题，它本身关涉对于显著特点的感知。而且，我会考虑、可能是一闪而过地考虑这样一种生活的价值：它注重父母感情甚于直接地体验友谊的快乐和维护友谊。

实践理性对情境的相关特征的觉察和解释规定了合乎美德的活动。这也产生了实践理性必须对付的一个问题：一种美德具有吸引人的品质，它产生扩张和过头的倾向。合乎美德的意向的能动作用，部分表现为要寻求它们可以实现的那些情境。虽然这经常导致有益的行为，但是，这种作用也可能造成问题。例如，我的仁爱之心可能导致我发现一个受伤害而又无助的人，我为其困境而难受，我必须帮助此人。我从未考虑在我看来是责罚她或导致我狠心地离开她的那些行动，尽管对她来说最好的办法不是仁慈的救助，而是责罚或不作为。正如已经讨论过的，勇敢尤其易于走过头。勇敢的人有一种倾向，把困难看得容易克服，这种倾向可能扩大到这样的范围：在那里最好的回应是找到一种富有想象力的妥协。因此，在可能有不同解释的情境中，具有一种特殊美德的一个人能够以一种不适当的方式运用这种美德的认知方面，聚焦显著的特征，使实行合乎那种美德的意向变得不可避免。

美德具有吸引力是因为它们吸引了情境，而在这种情境中它们能够加以实行。具有美德的人，或是被吸引到那些会激发这些美德的情境那里，或是促进、甚至创造美德在其中能够充分发挥作用的情境，这种情况更为重要。这意味着美德也趋向扩张，它们趋向超过适合它们的领域，而进入不适合它们的范围。这就是说，如果一个人缺少某种美德，或是以适当的方式把它同别的美德结合在一起，那么这个人就不会认为这一美德应在这一情境中发挥作用。然而，对于具有那种美德的人来说，这种情境需要实行这个美德。

要控制美德中这种扩张和吸引人的趋向，就只能靠运用敏锐的、灵活的和强有力的理性判断。这种判断对于正确地描绘情境必须十分敏感。它们还必须灵活得足以能够在可能有的各种各样的描绘和随之产生的对策中作出选择。最后，它们必须强有力，要足以控制美德所具有的那种吸引人的性质。因此，完美的实践理性提供了美德这样一些认知方面：这些方面分辨情境的显著特点，运用一个人关于最好的生活方式的理念，以形成情感反应，克服美德所具有的那种吸引人的倾向。①

---

① 我对美德的扩张倾向的分析受益于罗蒂 1988 对勇敢的研究；见第 299—313。注意不同的美德会具有不同的过头的趋向；勇敢似乎特别易于过头，而实践理性的过头只是在它的某些运作中出现；例如，在需要立即作出决定时，对事情的考虑过于局限于眼前；见李耶理 1990b。第 5 节。

这一问题的传统的形式是询问美德的统一性或联系。答案有很多，但是我认为，没有一个在所有的细节上完全令人满意。伊尔文 1977 考察了这一问题的经典形式（第 86—90、207、304—306 页）；兰甘（Langan）1979 分析了一个神学的经典论述：即仁慈同美德是怎样联系在一起的，华生 1984 有一现代的精彩讨论。福特 1978 为这一主张的一个翻版辩护，但是招致严厉的批评；见罗伯兹 1980 和弗莱明 1984。要了解说明人们为何放弃这一思想的实例，见华莱士 1978 和麦金太尔 1984a，第 162—163、179—180；现在麦金太尔偶尔想到他在这一论题上对阿奎那的批判完全错了，见麦金太尔 1988，卷前 x。

要理解实践理性以这种方式在道德生活中发挥作用，就要抵制任何一种要制定准则系统和一般化的规定的企图。排除这些显示了规诫的准则，如玛莎·努斯包姆（Martha Nussbaum）所说，就意味着伦理的

> 准则和普遍的原则（被看做）是经验的指导原则、或法则：即特殊决定的总结，有助于划算的目的和促进对特定事例的显著特征的确认。……原则（和准则）是对好的判断所作的明智的、描述性的总结，……（而且）只是就以下情况而言是规范的：即它们以划算的方式传递明智的人的好的具体决定的规范力量①。

只是在以下这种情况下准则和原则特别重要：在其中我们缺少时间去细致地观察一种情境。在我们意识到情感或偏见会对我们的判断产生不利的影响的时候，这些准则和原则还向我们提供所需要的坚定性。这样，它们对实践理性会有很大的帮助，但是，只有在认识到它们的特点，以及它们的局限性的情况下才有这样的作用。

用这种方式确定实践理性的特点会导致作出这样一个论断：特殊的感知是由一个人对最好的生活方式的认识指导的。这种认识可能难以具体地说明，但是它至关重要。关于实践理性的一般观点（引用一个准确的、可能艰深的表述）反映了一种“语境制约的、评价性客观主义”：

> 我们能够将一个概念框架运用到一些特殊的事例上，它表达了行动者的关切与他关于事物怎样客观地存在于这个世界上的认识这两方面的相互关系；这是一种描绘图式，**它将行动者在人生历程中力图实现的复杂的理想与这一理想由这个世界所塑造的形式联系起来，这种**

---

① 努斯包姆1986，第299页；上下文是对亚里士多德的描绘。稍后她写道（第304页）：“如果没有时间构想一个非常具体的决定，那么在仔细观察身边的情况所有特征的时候，最好是遵循好的总结性的准则，这比作出仓促的、不得当的具体选择好。不仅如此，准则给出了情境中的恒常和稳定，而偏见和激情在情境中可能会使判断失误。”孟子和阿奎那的立场不是像亚里士多德那样的“人类中心主义”，至少不是努斯包姆描绘的那一种，这部分由于他们关于规诫的观点。

形式是由时机和限制这两方面塑造成的。[①]

根据对实践理性的这一描绘，我们不是按照第一愿望而是按照第二意志来规定我们自己。我们按照产生愿望的那些价值来规定我们自己，我们希望这种价值构成我们的意愿，成为支配性的意向，始终如一地促使我们行动。例如，我通常会因为有一种自命不凡的冲动而对感受到的轻视作出愤怒的反应。但是，我也能将我自己规定为不想成为那种人，这样，采取措施改造自己，使我的价值而不是我现在的愿望支配我的生活。

用C·泰勒的术语来说，这些种类的判断引导我们作出强评价（strong evaluations）而不是弱评价。我在特定条件下产生的若干欲望中选定所有那些我想要实行、又能够实行的欲望，这时弱评价就产生了。由于种种欲望之间的不相容和实现它们的环境中的问题，因此选择的需要产生了。然而，强评价是产生于这样的决定：我想要成为哪一种人。我用好与坏、有价值与没有价值这种对立的术语来考虑我的欲望。它们是我评价的依据，而不是我要加以回应的力量。[②]

我决定节食是弱评价，如果它是从对以下愿望的考虑中产生的话：即把我要吃的欲望同我想要在身材上看起来有吸引力的欲望、或同我想要减少我死于心脏病的可能性的欲望、或同我想避免买一套新的衣服（译者按：指身体肥胖后原来的衣服就变小了）的欲望加以对比考虑。然而，如果我的决定产生于这样的判断：我应当不再是一个由肉欲冲动支配的人，如果它产生于事关尊严与丢脸的决定，而这又显示了是否有自制力，那么它就是强评价。就弱评价而言，我在［诸多欲望］可能有的不一致的基础上，从我自己的已知的欲望出发，将其他欲望置于一旁。（譬如，如果有一种药片既能使我大吃大喝，又能使我的身材保持苗条，那么我的

---

① 魏金斯1980a，第237页；斜体字（按：在译文中已转变为黑体字）是原文所有。（拉兹1978中有这篇论文的缩写版，见第144—152页。）魏金斯的分析是在解释亚里士多德中展开的，但是它由其他人扩展了。麦克道威尔1979为这一观点的辩护令人印象深刻，他受益于穆尔道奇1971。他也依靠卡维尔（Cavell）1976来回答关于怎样为判断确定基础、怎样解释不可能编定规则的问题。要了解对于穆尔道奇论述某些方面的批评性评价，见威廉斯1985，第217—218页。

② 对这观点的一般的论述，见泰勒1985a，第15—44页；然而，我怀疑他对改变判断的能力的重要性的强调，他的著作吸收了弗兰克福特（Frankfurt）1971中的思想，并受到华生1982的启发。

吃法就不同于我现在的做法。）不仅如此，这样一些判断一般以量的形式表达：“我这样做，而不是那样做，就能够实现我更多的欲望，或最重要、要求最高的欲望”。然而，就强评价而言，决定是用对立的词语作出的，使用的是定性的语言。我只是用卑鄙和崇高这样的概念来考虑欲望：“我做这事是因为它比那事崇高。”用前面的术语来说，我的判断所包含的既有表达性动机，又有获得性动机。

这种区别导致人们说强评价者“深刻”，而说弱评价者“浅薄”。称之为深刻是基于这样的想法：认真地看待人生就要求人们把他们自己看成不同于凡俗。弱评价的辩护者可能会回答说，她的观点是敏锐的，实用的，而不是浅薄的。她也可能称强评价者“自我张扬”，“教条主义”，“不切实际的浪漫主义”，而不是深刻。然而，这样的回应使弱评价者陷于矛盾。现在她为使用弱评价辩护，争辩说使用这些评价产生了性质上更好的生活方式。这种转换表明，她在怎样认识欲望、决定、行动这一方面有了改变；她成了某种强评价者。我认为，她的论点中的这种转换使以下这一点变得十分清楚：对于人生应当是怎样的问题我们在这里面对着两种根本不同的想法。

因此，人们对于他们希望成为什么样的人必定有一理想，他们用以指导、激励和改变他们的欲望和行动。要成为一个完美的人就要转向那种人们感到是好的、尚未实现、但能够实现的状态，而且人们有责任去达到这一状态。孟子和阿奎那强调实践理性在确定适当的生活方式和实现天然倾向中的作用，这表明他们相信人的卓越产生于强评价而不是弱评价。此外，他们使用他们自己关于这两种评价之间的区别的认识，把美德同假象区分开来。

实践理性作出强评价的能力表明它有**控制、权衡考虑和形成**情感的力量。我们的主要关切是它帮助形成情感和产生意向。但是我们也需要稍加留意理性与情感如何在控制、权衡考虑的模式中相互作用。孟子和阿奎那都思索过的一个问题是，道德上不完美的人怎样对待像恐惧这样的情感同理性的冲突。这样的情感能把理性的判断“一扫而光”，或者说，它能改变理性筹划算计的方式。就**控制的**模式而言，恐惧不是压服理性的判断，就是被理性的判断压服。如果一个放肆的、恶意的家伙对我的跛脚朋友和他的轮椅以恶言相加，我希望这家伙停嘴，但是又怕同他发生冲突。如果我的恐惧占了上风，我就避免了冲突，但是，如果我的理性的判断占了上风，我就控制了自己，克服了恐惧。我依靠自己的努力做我怕做的事情。

权衡考虑的模式反映的恐惧与理性判断之间冲突更加难以捉摸。思虑审慎的人比他们（或比普通人）以往通常所为更加重视决定中某些因素，因为这些因素产生恐惧。例如，一个朋友受到了有权势的人散布的恶毒谣言的伤害，我决定不去帮助他，我在回想这件事时明白了我自以为有理的这项决定的真正缘由。这一决定是基于过高地估计可能给我带来的危害。冷静的思索表明我的审慎的考虑被过分的恐惧败坏了，我害怕我的行动可能给我造成的后果。现在我认识到，我对这个朋友的责任感本应当超过可能给我造成的伤害。武装了这种认识以后，我在以后面临相似的情境时会更加小心地行事。这就是说，我会特别关注恐惧可能怎样影响我对别的选择的权衡考虑。（现代人担忧，在权衡考虑方面的这种失误基本上难以加以冷静的思索，因为这些失误产生于自我欺骗或无意识的迷恋，这种担忧提出了这样一个问题：这种模式可能不能恰当地对待情境。）①

阿奎那与孟子认为，实践理性所能做的比单纯的控制或权衡考虑情感还要多。他们都赞同，这两种选择最好地描绘了除了道德最完美的人以外的那些人所处的许多情境，在其中他们能够发现自己处于什么状况。但是，他们认为理性还能够**形成**情感，因而产生了新的意向。而且，情感和意向的恰当的形成是自我修养的目标。达到这样的目标就产生了自然的行为，这是真正有道德的活动的标志。因此让我们转向这一论题，这是我们考察作为这种类型的美德理论的基础的自我观的最后一个论题。

9 美德理论基础的自我观：情感的形成与意向的特性

情感的形成是以两种方式出现的。理性引导一个人采取一个自我修养

---

① 我最初是在华莱士 1978 中见到关于控制和权衡考虑的模式的思想，但是，我对它作了相当大的改变。顺便说一下，如果我们聚焦于权衡考虑中无意识的歪曲，对这一立场提出的问题不能被低估。见第二章注 1（即第 30 页注①）中对戴维森（1982）关于划分精神领域的思想的评论。

的过程，其目的是经过很长一段时间，通过培育来改变某些情感反应，在这种情况下理性**间接地**改变了情感。它也**直接地**改变情感，或是几乎立即或是经过很短一段时间改变情感。能够出现这样的形成是因为情感不是被视为非理性的实体，而是被视为这样一些力量：其形态是由解释过程所决定的。情感是这样一些强评价的某些方面：这些强评价是按照对于最卓越的人生的认识而发生作用的。

在情感由理性**间接**形成中有逐步向上的三个阶段。这些阶段规定了**自我修养**过程，它对于孟子和阿奎那两人的美德的实践理论来说极其重要。（就像我们已经讨论过的，在阿奎那的次要理论中，上帝当然最终要对人们自身修养的能力负责。）在最初的阶段，判断与情感严重地冲突，很可能只有带有缺憾的胜利和经常性的倒退。我的理性在最好的情况下能够控制我的情感，或是对情感可能同我的判断怎样发生冲突特别敏感。作出任何一种合乎美德的行为是困难的，而其表现形式常常受到玷污。或者是我的意志力崩溃，拿起第三杯酒，或者是我［对嗜酒欲望的］抵御使我经常焦躁不安，以至于使我和别人都觉得不自在。

在第二阶段，我的行为具有道德行为的外观，但还不是发自道德品性。迷误的情感仍然明显，有力，虽然它们处于控制之下。我仍然希望喝酒，但是，问题不大，我会抵御；我只是不时需要挫败强有力的相反的冲动。

在第三阶段，行为是发自完美的品性，在情感与判断之间不再出现冲突；即使是自觉的自我控制也是不必要的。不再出现喝第三杯酒的念头。我甚至不能在我心中发现要那样做的欲望，我很容易地、几乎不假思索地拒绝这一欲望。用孟子的话来说，我善推其所为，思且智则不蔽于物。按照阿奎那的表述，实践智慧的思虑是容易的，不费力气地决定，结果是对情感的协调的、政治式的控制。①

对情感形成中三个阶段的认识，与倾向性美德最为一致；情感以达到第三种状态为目的，它们的完善是由这种状态来规定的。然而，这一认识

① 我的论述吸收了布恩伊特（Burnyeat）1980 和考斯曼（Kosman）1980 的某些内容，但是又不同于它们，这两部著作考察了古希腊关于间接形成的认识；罗伯特 1984 按照现代眼光论述了这两种形成，我的论述也吸收了其中的思想，但也不同于他的观点。即使对于间接形成来说，理性与情感的相互作用也不是必定顺顺当当的，就像（第七节曾经讨论过的）意志薄弱和精神麻木不仁的事例所显示的；自我欺骗的事例甚至更清楚地表现了这方面的困难。

也能同诸如节制这样的保护性美德的某些活动的完美表现相一致。认真地节制饮酒的行为对于大多数人来说比节制性欲更容易达到完美的地步。与之成为对照，像勇敢这样的保护性美德永远不能（在所有的正常情况下）达到那个最后的阶段。它总是离不开诸善之间的冲突，总是包含了这样的意识：冲突存在着。

而且，真正勇敢的人的状态，与获得倾向性美德、或获得诸如节制这样的保护性美德的人的状态相像。当我叫自己不喝第三杯酒的时候，我仍然发现酒的味道所显示的美好是有吸引力的，结果喝了它。我实行节制行为，但是，我还不是一个能节制的人，我的心志不定表明了这一点。然而，就勇敢而言，在我的行动中失去了的美好的东西继续吸引着我。例如，事实上，我认识到支持我的受到诽谤的朋友就可能失去工作，这种认识构成了行为勇敢的一部分。一个人具有勇敢的品德，另外一个人作出勇敢的行为却缺乏成为勇敢的人的品德，在这两种人之间仍然存在着重大的差别。但是，规定倾向性美德和某些保护性美德的那种自发自然的理想状态对于勇敢来说是不可能存在的。在困境中产生的情感冲突和反应不可能完全克服，除非是超人的力量支配下的勇敢表现。因此，像勇敢这样的美德永远不可能达到理性间接形成情感中达到的最后阶段。

然而，理性也**直接**改变情感，或者几乎是立即、或者经过很短一段时间改变情感。要准确地认识这个常常是神秘的过程怎样发生，是困难的。可是，理性直接地改变情感确实发生了。理性评价能够摧毁一种情感，它曾经在一个人的人生过去某一时刻发生作用。例如，无论在什么时候，无论什么人，甚至是一个傻瓜或可憎的人，不向我表示尊敬，我就可能感到极其不悦。对于会成为穷人的想法，我也可能会产生如此强烈的情感反应，以至于我决不会考虑任何一种会使我陷于贫困的职业，不论它怎样值得去做。这些情感反应在以下情况下可能完全停息：当我对我认为是有价值的那些东西进行反思，而这种反思又弄清了问题，并且更加彻底地确立了我观察问题的总观点。我最终明白了贫穷不是耻辱的标志，或是明白了贫穷并不是不能愉快地生活的一种状态，在此之后，对于我可能发生的贫困，我不再会产生同样的情感反应。在我逐渐意识到只有好人的判断才能告诉我关于我自己的价值的一些事以后，对于傻瓜或坏人的判断我就不再会作出那样的情感反应。

除了清除某些情感以外，理性反思也能够减弱情感的强度，甚至改变它们的形态。例如，当被我所爱的人拒绝，我会有的反应可能会因为反思而深刻地改变。这种反思可能影响的不仅有我对拒绝显而易见的忧虑，而且还有我的自尊心或对失败的内责意识。例如，如果我终于相信人生中不可避免地要发生的变化使所有的人际关系变得不稳定，表明所有这些关系是极端地脆弱，那么，拒绝我可能不会让我惊讶，甚至也不会使我烦恼。反思的更不明显的相关结果也可能会改变情感反应：例如，如果我对于我作为谈恋爱的人的问题所在有了新的认识，或者是更深地体会到理解他人的那些困难［那么这也会改变我的情感反应］。①

反思产生了这些变化，它的确切的性质常常难以表述，或者说甚至难以探究。反思的过程通常不清楚，它经常必定依赖于对于世界的性质和人的理想的生活方式的模糊认识。一个人通过比较估量两个相反的一般观点的各自根据，确定人什么样的态度和品质是最可贵的，据以在这两个一般观点之间作出一个决定，此时很少有什么步骤显示出来。我们甚至常常因发现一个新观点正在支配一切，并已经形成了我们的情感回应而惊异不已。因此，支配这些变化的复杂的、缓慢的过程是不清楚的。可是，这些变化确实发生了，它们表现了实践理性直接形成情感。（例如，孟子描绘了“推”在一个道德不完美的人身上是怎样发生作用的，他努力效法善行，尽量把事情做得恰到好处，这展示了一种直接形成情感的作用。）②

尽管在具体地说明这个过程中的某些成分有一些困难，这些随着直接和间接的形成而发生的变化是合乎理性的。相关的人或敏锐的局外人能够解释变化为什么会发生，新的信念是怎样代替旧的信念的。他们能够回答这样的问题：为什么这种新的立场是有根据的，或者说至少能够揭示一种表明它是可以理解的想法。确实，孟子和阿奎那的许多美德理论服务的目

---

① 我发现在墨家和至少萨特部分思想中看到的极端唯意志论似乎不合情理。譬如，经过痛苦的反思，我可能会坚定地认定，大多数人的所作所为都没有深厚的情感基础。但是，在我作出这样的认定之时，我以前的情感反应的强度和方式不会立即随之改变。在少数情况下，突然的改变可能发生；关于一个人品性的突然的、或表面看是突然的“一闪而过的看法”可能会根本改变我的情感态度。而在另外一些情况下（也许就某种类型的人来说）只有间接形成发生作用：弗洛伊德的著作给我们展示了许多这样的事例。见李耶理 1985b。

② 见《孟子·梁惠王上》第七章，也可读《孟子·告子下》第二章；关于阿奎那，可注意罗纳尔干是怎样运用对话的概念、并将它同托马斯派的恩典的观念相联系，来说明某些这类变化；见罗纳尔干 1971，第 121—125 页；罗纳尔干 1972，第 130—132、241—243、267—270、283—284 页，以及罗纳尔干 1985，第 52 页。

的正是要展示这种以理性证明正当的［过程］的概要。

这类变化有一相当简单的实例，这种变化怎样影响我们的情感生活在我们思考以下区别的时候，变得非常明显：这就是我们的初恋，或初恋罕见的炽烈的爱情与后来所有的爱情之间的区别。初恋特别甜蜜而快乐，它对自我产生特别强烈的激励作用，这种快乐发生的原因部分是因为我们没有真正意识到它将（或者说，也许甚至可能已经）终极或恶化。我们生活在对于世界的天真的、残缺不全的认识之中，缺少由反思经验所提供的背景。这种反思迫使我们看到甚至最好的关系和人的那些更为令人苦恼的方面，如以下这些可能性：背叛，炽热的激情的冷却，以为已经死亡了的激情被他人重新点燃，以及在一段时间内无人能遇见的各种各样的事件引起的变化。

对这些事情的理性认识真正改变了相关情感的价值、形态和含义。由于我们的理性告诉我们的那些原因，我们变得**不能**体验某种爱。当某种情感产生时，传来的信息完全不能引起我们的警惕。（反思**也**能做到这一点：比如它在怀疑我们感受到对一个特殊类型的神经质的人强烈的好奇之时就是这样。）确切地说，反思向我们展示了对于世界和人的理想的不同看法，而这真正地改变了情感反应的方式。当然，我们不是必定根据这种新的反应而行动。经过思虑的判断能够向我们显示，尽管我们新的情感比我们旧的情感要更真实，然而部分地依据旧的情感作出的承担应当受到重视。

理性判断中的这些转换可能需要对不成熟的思想和回应加以明确和具体化。它们也可能意味着一个人思考的内容发生根本的变化，尽管这些主要变化中的大多数可能只是一些长期过程的结果，这些过程包含了一些不相关联的思想结晶。这种转换可能只关涉特殊的事件——我终于明白女权主义者对终身职位确定过程的批判的意图何在。但是，它们也可能关涉更一般的观点——我终于明白，我对于智识上的卓越的认识同特定的文化立场怎样关联。这些变化既在特殊的层面、又在一般的层面影响了我的情感反应：既考虑面对女权主义者在终身职位问题上的反对意见时我的感觉怎样，又考虑我对于一般的智识活动的感觉。这些合乎理性的变化，连同它们所形成的情感反应，使一个人倾向于以一种新的方式行动。如果理性是健全的话，它们就产生一种美德，一种导致行动的意向，其行为方式构成了人性的卓越。如果理性是不健全的话，它们就产生一种恶，一种导致行动的意向，其行为方式表现了人性的缺陷。

因此，意向的概念为我们提供了另外一种方式，来表述实践理性的作用和它同情感的互动。不仅如此，当我们讨论它的核心意义和次要意义的时候，我们就能更准确地确定那些区别美德与其假象的特征。因此，意向的概念本身极其重要，它帮助我们理解和比较孟子和阿奎那的美德理论。但是，这个概念也是复杂的，需要从讨论它的难解之处开始。

对于许多人来说，意向概念意味着那种似乎把人降低到动物水平的行为主义思想。但是，行为主义使用这一概念把它限制于刺激与反应之间的恒定联系，限制于这样一些“如果—那么”的情境：如果 A 发生，那么 B 也将发生。这种用法反映了所有无生命体的倾向（inanimate dispositions）和某些生命体的意向（animate disposition）的必然联系。这就是说，事件的出现产生了一个刺激，这一刺激又产生了行动。例如，“玻璃有易碎的倾向”这句话意思是如果玻璃遇到撞击，那么它将破碎；“我的狗有在它活动范围内留痕迹的意向”此话意思是如果它嗅到什么陌生的东西，它将在这东西上撒尿。

我们在考察的美德理论的信奉者确认这些恒定的反应是存在的，但是，他们把它们同完全是人的意向加以区分。用阿奎那的语言来说，核心意义是在人的意向中，而次要的意义则是在恒定的反应中发现的。孟子提出了相似的观点，他将那些机械地为其对象所吸引的与不是机械地为其对象所吸引的这两方面加以区分，然后提出后者构成了真正的人性。①

人所独有的意向依赖天生的与习得的能力，但是，它们也需要选择。它们意味着有作出行动的趋向，但是，当特定的环境出现的时候，它们并不总是以特有的方式表现出来。别人的痛苦并不引起我的仁爱之心。不如说，它促使我评估情境，可能促使我实现仁爱意向。这样，这种理论中的意向不是一种“实体性的东西”；我不能将一个［意向］给某个别人，或

---

① 要了解对意向的经典性的概念的论述，见伊尔文 1977，第 45—47 页；罗纳尔干 1971，第 41—55 页；以及肯尼（Kenny）对阿奎那《神学大全》2—1. 49. 54 的翻译与解说，特别是卷前 XIX—XXXIX。罗伯兹 1984 对关于这一论题的现代哲学论争作了协调的论述。勃兰特 1970 是很有影响的现代论述，但在我看来有些缺点；注意胡德森（Hudson）1980、华莱士 1978、罗伯兹 1984 的批评。赖尔 1949 仍然是经典性的论述，尽管它有一些问题，现在对它们议论颇多。所有这些作者同我对意向的分析没有关系。

者拥有两个特殊类型［的意向］。因此，它不应当被实体化：一个意向与它的实现之间的关系不是逻辑上的问题。一个意向由它的实现来规定，它不说明它的实现的原因。

意向的概念最好视为一个概念框架中的中项，这一框架还有另外两项：能力或潜能，与行动或现实性。潜能表明某某能够做或能够成为什么；现实性表明某某是什么或在做什么。意向所表明的比现实性少，意思是还没有行动发生。但是，它所表明的要多于单纯的潜在性，即某某能够做或能够成为什么。适当的环境出现了，健全的判断使一种特定的行动将要出现。由于有一种意向，就存在一种作出行动的真实趋向。这样，意向就是自我的真实扩展，它从根本上改变了一个人可能要做的事。

例如，如果我是一个普通的人，我有能力成为慷慨大方的人，这是我的能力以内的事。然而，我只有在以下情况下才有慷慨大方的意向：我有了慷慨大方的品质，但尚未处于需要慷慨大方因而要实现它的时刻。出现的不是单纯的能力，因为即使我现在不利用这种意向，当适当的情境出现的时候，我也能够实现它。确实，当特定的境遇出现时，譬如某人显示出有一种需要、我又能加以满足，我很可能将会慷慨大方。但是，这种行动不是必定会发生。出于各种各样很好的理由，我可能决定不表现得慷慨大方：例如，如果显示这种需要的人按照我的判断有一种变得过度依赖别人慷慨大方的趋向。

人的那些合乎美德的意向就在于一个人倾向于采取适当的行动和作出明智的判断。因此，它们不像简单的反应，不论是本能的反应，还是某些技巧的反应；它们既不像任何一个人对热的物体的反应，也不像天才的钢琴家对特别难的乐曲段落的反应。与合乎美德的意向产生的行动比较，这两类行动都更容易描绘，更能清楚地预知，因为复杂的理性判断没有起核心作用。

合乎美德的意向通常会排除某些类型的行为。然而，它们不保证某些特定类型的行为会发生。两种勇敢行为——一种是面临被误导的家长指责的教师的行为，一种是在战斗中面临危险的士兵的行为——可能共有的外部特征很少，如果说有一点的话。不仅如此，即使行动者和环境都很相似——例如，面临相似社区指责的两个教师——行为可能十分不同，然而仍然是勇敢的表现。进而言之，那种明显地成功完成的勇敢行为可能是这种美德的假象。士兵和教师在危险中坚持到底，可能要归因于自大、幼稚或愤怒，而不是真正的勇敢。

这样，在思考意向的时候，我们能够区分才能或能力的两种意义，只有第二种意义才在合乎美德的行动中出现。第一种意义上的能力是按照其行为表现来规定的：准时到达的行为确定了一个守时的人。第二种意义上的能力同行为的联系较少。这就是说，当两个人以相似的方式行事而其行为表现了相似的能力时，他们可以说是具有同一种能力。但是，当他们每一方处于同样的状态而这种状态说明了他们的行为，这两人也可以说具有同样的能力。

我们没有办法像以“准时到达”作为确定守时的人的行为的标志那样来确定勇敢的人的行为。无论是坚守原地的能力还是逃跑的能力都不能规定勇敢的行为；这两者中任何一方都可能表现为勇敢或胆怯的行为。这样，我们能够描绘的合乎美德的行动只能是由以下这种人实行的行为：他们是勇敢的人，是处于勇敢的状态并具有必不可少的目的的某个人。我们对勇敢的说明依赖于对勇敢的人的说明：勇敢的行为是由勇敢的人产生的那些行为。用孟子和阿奎那的语言来说，道德行动的唯一标准是：一个圣人或一个好人在特定的情境中总是会做的那种特殊行为。①

概略地说，我认为有四种行为属于意向的范畴，而这种范畴是以最一般的方式加以规定的。这四种行为所涵盖的范围其特征是清楚的；例如，只有一种表现了这用语的核心意义。但是，界线可能是错综复杂的。一头是**恒定的反应**。它们在一种适当的刺激或事件发生时不可避免地产生行动。这种意义上的意向（也可译为“倾向”）既在无生命的世界、又在有生命的世界出现；糖可以说具有溶解的倾向（disposition），而我的膝盖如果正确地活动就会有移动的倾向。在另外一头则是**才智意向**（intelligent disposition），这完全是人的意义上的意向，表现了这用语的核心意义。它们包含了理性和倾向（inclination）这两方面，产生于复杂的培育，而不是产生于机械式的条件反射作用，它们产生的活动所属的行为种类不容易确定。在这两头的中间是**习惯**和同它们紧密相邻的**习性**，这些意向只是有生命的存在所特有。它们通常是由条件反射作用获得的，而在人类当中，这两者都很少需

① 对这种区分的更加准确的专门性的解释见伊尔文 1977，第 45—46 页；然而，关于他对原因的使用，仍然存在着问题。也可注意冯·莱特（von Wright）1963 对一般问题的论述，见伊尔文 1977，第 162—163 页，以及 280—283 页对这种问题同技艺与美德之间差别如何联系的论述。华莱士 1978 提出了有些不同的观点，见 45—55 页。

要注意力，都是要适应而不是违反人的特性和一个人的倾向。

比较而言，恒定的反应不太重要，它们容易理解，并且明显地不同于其他三者。但是，其他三者的性质和它们之间的关系，既复杂又重要。有才智意向同没有这一意向相比，使一项行动变得更为容易，如在行为上慷慨大方。但是，它不同于习惯，如吸烟，不吸烟［对于一个嗜烟者来说］与没有这一习惯相比，更难忍受。当我具有作为才智意向的慷慨大方之时，我就能比没有这一意向更容易地决定要慷慨大方。但是，这一决定不是自然形成的，也许［这种说法］要排除那些最完美的人。要慷慨大方比不慷慨大方更困难，因为慷慨大方违反趋向，纠正人的相反趋势。但是就一项习惯而言，行为几乎是自然而然的。至少可以说，它顺应而不是违反那种趋向；吸烟容易，不吸烟难。

“习性”深刻地显示了人的根深蒂固的品质。虽然它们同许多习惯十分相像，但是与诸如吸烟这样一些习惯相比，它们更接近于才智意向。因此，习性所表现的并不只是作出行动的趋向，而是一种潜在的现实性，这种现实性容易出现。例如，如果我有一种爱虚荣的习性，又遇到一大群感兴趣的人们，我就会表现自己，想知道我给人们的印象，如果我不是注意的中心，就会感到不快。（从这个意义上说，与习性同意志的才智意向［will's intelligent disposition］的相像相比，习性与智识意向［intellectual disposition］——如讲德语的能力——更加相像。）习性缺少习惯的特征：简单的、几乎是自然而然的反应。但是，它们也不能展示才智意向的特征：选择的丰富多样，以及由此而来的变通。此外，它们不纠正人的常见倾向，它们不违反趋向。产生爱虚荣的常见倾向的那种品性与人可能有的慷慨大方倾向不同。慷慨大方必须纠正别的常见的倾向，而爱虚荣则不必。

这四种行为之间的区别帮助我们理解孟子和阿奎那对美德的论述。两人都拒绝这样的思想：恒定的反应是合乎美德的活动的特征，两人都赞同，才智意向的出现规定了完全合乎美德的活动。例如，孟子提出，大部分感官反应是恒定的，他根据这些理由把它们同合乎美德的行为区别开来。与此相似，阿奎那争辩说，合乎美德的活动依赖于理性怎样控制甚至在好的天生倾向中也出现的那些恒定的特性。

此外，他们两人都相信，人们需要认识才智意向与习惯之间的区别，以便把握美德与它们的假象之间的不同。他们认为，常见的道德上的不为与缺陷是因为把习惯性的反应错误地当成道德行为。这引导人们低估了实践理性及其形成情感的关键性的作用。这样，人们往往容易陷入所有这样一些伦理学上的困难：就像已经讨论过的，它们是在美德的假象与真正的美德混淆时发生的。

反过来说，习性的概念帮助我们理解孟子和阿奎那关于合乎完美的道德的活动的思想。虽然为善的能力永远不可能成为一种习惯，既然理性必定发挥作用，它就能够成为一种规定性的习性。然而，要达到这样的状态，就需要一种超越人类的力量发挥转化作用；只有它们能永远、彻底克服相反的趋势。常见的美德必须经常纠正这种趋势。这就是说，在这种完美的活动中，人们不再纠正相反的倾向。取而代之的是他们从更高境界的倾向出发，对于孟子来说，这些倾向产生于真正的人性，以及诸如“天”或“气”这样的力量，而对于阿奎那来说，它们产生于他们本性的更加完备的品性和恩典（grace）的医治功能。

最后，这些概念也帮助我们弄清道德行为与非道德的行为的关系。这两个思想家都认为在邪恶的行为中表现出来的习惯甚至习性不能够充分地规定人性。（这至少对于这样一些人是如此：他们确定无疑地配得上人的范畴。）例如，自私同规定人的那个部分相违背，它必定抵消了朝向慷慨大方或仁爱的趋势。因此，对于这两个思想家来说，美德的萌芽总是存在的，即使像已经说过的那样，孟子通常将它们看得比阿奎那所看到的要强有力得多。

因此，考察意向的概念既帮助我们理解美德理论中的关键思想，又帮助我们比较阿奎那与孟子。它也使我们能够具体说明这两个思想家的美德理论的某些非常一般的特征，以及关于人们为什么没有德性的思想，我们就以这种具体说明来结束这一章。我们一直在考察的这种美德理论所涵盖的范围可从三方面加以规定。被置于一边的那些理论的信奉者相信，人应当由他们的天生倾向来指引。我们把这种理论称为**斯多葛派立场**，认为它同人性的发现模式相一致。被置于另一边的那些理论的信奉者相信，人能够而且应当在他们的各种各样的天生倾向中作出选择。我们把这种理论称为**唯意志论立场**，它同人性的发展模式的一种版本相一致。这种模式与前面说的那种模式相比，生物学意义更少，因为变化或发展的出现可能非常快。被置于这一范围的当中的那些理论的信奉者相信，人应当由理性判断来指导，这些判断同情感互动，以形成才智意向。

无论是孟子还是阿奎那的理论都处于这一范围的中间。然而，就像我们在考察他们关于人们无德的观点所看到的，这两个思想家每一方都［有点］倾向于两极中的一极。在孟子那里出现了唯意志论的趋向，这在阿奎那那里总的说是缺乏的。例如，在孟子对“推”的某些表述中，人们被描绘得具有一种几乎不受妨碍的能力，在他们的认知的和情感的反应中作出选择，以适当的反应取代不适当的反应。而在另一方面，阿奎那倾向于斯多葛派的立场。上帝通过灌输的美德产生了新的意向，他关于这种意向的重要性的主张，甚至他关于上帝激活在创世中赋予的天生倾向的作用的主张，表现了这一趋向。

然而，与这一范围的两边相比，这两个思想家归根结底更接近它的中间。当我们集中注意他们的实践理论而不是他们的次要理论时尤其如此。他们每一个人都在与吸引他们的一极不同的另一极中看到部分真理。孟子认为必须体认与顺应那些来自更高根源的倾向，这些倾向规定了一个人。阿奎那认为理性必须在倾向中作出选择，它形成的甚至有朝着正确方向的倾向。最后，他们每一个思想家的美德理论都适合置于这样一种中间的立场：根据这一立场理性必须同天生倾向互动，形成情感，指导意向，以产生合乎美德的活动。我们通过分析他们对勇敢的认识，能够更仔细、准确地考察他们怎样解决坚持这种中间立场所带来的问题，我们现在就转向这一论题。

第四章　孟子与阿奎那的勇敢概念

1　导言：勇敢美德的区别性标志

我们对孟子和阿奎那关于勇敢的思想的考察聚焦于这样的问题：他们两人是怎样、又是为何要将真正的勇敢同它的假象区别开来，把勇敢的意义扩展到宗教领域。然而，在开始这种考察之前，我们需要讨论勇敢同别的美德怎样不同。分析这些区别将帮助我们理解孟子和阿奎那的论述，但是，它也使我们能够弄清勇敢作为一种特殊类型的卓越人性的特点。因此，我们最初的工作是建设性的。此外，我将在足够高的理论层次上从事这一工作，这样我们就暂时不必处理勇敢的社会定位的问题。关于勇敢的思想反映加强了等级和性别的差别，这一点我们已经说过。但是，在这里我将聚焦于对使用勇敢概念牵涉到的问题所做的理论上的论述，尤其是这样一种论述：它将这一概念的运用同表达人性的卓越的其他概念的运用区分开来。①

勇敢是一种才智意向，它使人们能够重视由感知危险而产生的结果，但对这种结果加以控制。这样，勇敢就是具有这样一种品质：它既不让恐惧、也不让信心过度地改变行为。勇敢的人认真地考虑什么是危险的。但是，他们相信，他们自己的安全、或甚至平常的幸福，只具有一定程度的重要性，有时则算不了什么。勇敢的人也认真地考虑他们的信心的根据。他们看到信心可能是建立在不合理的根据之上的，并产生那种既有害于行动者、又有害于别人的行动。

这样，关于何者有关系、何者有价值的细致准确的理性判断就确立了鲁莽、胆怯和勇敢的界限。反过来说，这些判断要依赖三个因素。第一个是人们认为什么是可怕的。第二个是人们认为什么是值得追求的，虽然有

① 要了解对勇敢的社会定位问题的讨论，见本书第一章第五节开头部分。

可怕的后果。第三个是他们认定什么是信心的不合理的根据。这三者中每一个因素的内容都因文化的差别而有根本的不同，而且常常因个人而异。例如，看一看日本武士、禁欲主义的耆那教徒和当代的投资银行家对这三个问题中的每一个都会给出的不同回答。

可是，我们能够对勇敢概念的结构给出一个抽象的论述，它帮助我们确定和认识这一概念本身和对勇敢的各种表述之间的相似与差别。在勇敢的行动中一个人克服了由感知到的某些麻烦引起的恐惧，以达到一个想望的目的。这就是说，在一个勇敢的行动中一个人的行动是依照这样的有根据的信念：做某事是危险的，但是值得去冒险。这个人也看到，他或她可以不行动也不会遭受某种严厉的惩罚。最后，此人认识到，大多数人都会认为危险可怕得足以让人发现行动是困难的。[①]

勇敢的行为显露了**外在的目标，内在的目标**和“反目标”（counterg-oal），即**会招致反对的结果**。外在的目标是引发行动的、事情的期望状态；例如，恢复受到有权势的人攻击的一个朋友的名声。内在的目标在于行动者这样的信念：这一行动是朝向一个目标的，而这个目标本身是好的或高尚的。在这里获得性的和表达性的动机都在起作用；恢复应有的名声完全值得去做。最后，会招致反对的结果，即麻烦，是事情的不幸状态，它也会或可能是值得赞美的行动的结果。如果帮助我的朋友结果是我失去有权势的人的仁慈的关怀，那么这种损失就是会招致反对的结果；它代表

---

① 皮尔斯（Pears）、罗伯兹和华莱士这些现代哲学家影响了我对于勇敢的一般概念的思维，这就会表现出来。现代以一本书的篇幅论述勇敢的著作只有一部，它的作者是沃尔顿（Walton），需要对我与他的论述之间的不同作一些评论。沃尔顿（1986）聚焦于个人的勇敢行为，这种方法为我所不取，他的分析依赖于对于实践理性的一种认识，这种认识与我提出的看法在一般情况下相当不同（见第13—14、76—95、116—120、140—149页）。

最重要的是，他的分析的方法和说服力产生于两个因素。第一个是他想通过分外承担的概念把勇敢概念同对道德的分析联系起来，而道德分析依赖于可普遍化和责任［的概念］；见第10—12、20—24、180—181页。无论是孟子还是阿奎那，都不容易把他们同对道德的这种认识拉扯在一起；例如，这两人会拒绝任何一种这样的企图：把他们的美德概念视为简单的个人志向的实例（见第154—157页）。此外，孟子缺乏分外承担的概念，而阿奎那同沃尔顿所展示的阿奎那也不同。

第二个是沃尔顿怀疑意向概念的用处，尽管有时他把他的立场调整得含糊不清（见第32和197—215页，特别是第198—199、206—207、213—215、219—210页）。然而，意向对于孟子和阿奎那的论述来说是关键性的。此外，我对意向的理解也有别于沃尔顿特别注重理性在它们中的作用，以及理性形成情感的重要性。可是，他很好地确定了由于从意向方面来理解某些勇敢的表现而存在的困难（见第4—5、197页）。

了恐惧的合乎逻辑的对象。①

这样，勇敢的行动必然包含了**冲突**，在这些冲突中一个人必定要牺牲值得想望的东西。最明显的冲突，通常是最重大的冲突，发生在失去一个好东西与得到另一个好东西之间。这就是说，它发生于会招致反对的结果与内在的和外在的两个目标之间。我失去有权势的人的仁慈关怀同帮助我的朋友的高尚行动之间的冲突说明了这一类的冲突。

然而，内在的和外在的目标也可能发生冲突，一种结果是导致一个人停止追求内在目标。在这些冲突中，行动者不再考虑另外的行动，而是对行动的一些理由加以考虑，并且选择一个产生勇敢假象的理由。例如，我并不真的考虑背叛我的朋友，从而保持沉默，或参与攻击她。然而，我的动机不是那样想：作出行动帮助她是高尚的，而是这样想：我怕如果我背叛她，别人（现在或在以后）要责备我。我在决定怎样做的时候，我只是对不同的和可以比较的恐惧加以权衡。考虑到行动的高尚性，我的问题不再是我的安全无损怎样重要。取而代之的是这样的问题：什么样的行动会更多地保证安全无损。

这样，真正的勇敢的行动总是需要聚焦于内在目标；没有这一点就只有勇敢的假象出现。这意味着第二次的动机考虑，即**反思**或实施控制总是必定出现。这一事实将勇敢同大多数其他种类的美德区别开来。表现出倾向性美德（如前面所说）的真正有道德的人只有首次动机考虑：要成为真正仁爱的人只不过是看到痛苦，并作出反应。确实，有了第二次的动机考虑，即想要表现美德，这就是显示了一种反思，它削弱了道德活动。如果我看到一个受苦的人，我希望把自己看成是一个仁爱的人，然后作出行动实现这一目标，那么行动的价值就有很大程度的降低。

---

① 对不同目标的分析吸收了皮尔斯（1980）对亚里士多德的研究中的一些内容，但是，注意对于他关于外在目标和内在目标的关系的论述，尤其是第174页，注31，杜夫（Duff）（1987）常常有不同的理解，加伏尔（Garver）（1980）还作了批评。对表达性和获得性动机的论述，见伊尔文（1977），第239—241页。要了解对勇敢更规范的描述，见华莱士（1978），第60—81页，和弗莱明（1980）。

沃尔顿也论述了不同目标的问题，它同美德的统一性问题相关，但是，他的立场在我看来是不能令人满意的（见沃尔顿（1986），第27、52—55、76—89、133页）。我认为，他对以实践理性为基础的勇敢定义与以伦理学母体为基础的勇敢定义的区分，他对豪迈（bravery）与勇敢（courage）的区别，说到了这个问题，但是没有解决它。（格莱（1970）第103—104页对偶尔胆怯的士兵与生来胆小的士兵作了区分，沃尔顿对此所作的论述提供了一条探索美德的统一性问题的有趣途径，但是他没有探索这个问题，见格莱（1970），第111页以下。）

然而，就勇敢这样的保护性美德而言，反思构成了美德实现的一部分。我力图表现美德，因为我珍视它，并认真地考虑我为了获得它就必须放弃什么，这时我不是误导我的思虑。如果我面对一个对某人行凶的恶棍，我想如果我干预就会受到伤害，这种想法是我表现的勇敢的一部分。确实，没有这种想法就是对情境与行动的重要特征的感觉迟钝。勇敢的人必定想到这两点：他们将要付出代价，他们认为可贵的勇敢行动总是需要付出这样的代价。反思与实施控制是勇敢的必不可少的部分，但是，它们损害了、甚至摧毁了倾向性美德。

此外，勇敢的行动意味着要丧失可以正当地获得的好东西，这一事实导致将勇敢行动同许多美德行动区别开来的另一个特点。**相反倾向**是勇敢行动的基本特征。例如，正直的人似乎要丧失什么，这只是以不正直的人的眼光所见；而正直的人他们自己并不非常看重丧失的东西。一个谎言将会带来的金钱或声望，并不能给正直的人提供这样做的理由，它们的丧失也不为他们提供后悔的理由。然而，就勇敢而言，有价值的好东西丧失了，而这种损失给［别的］行动者提供了以不同的方式行动以及为已经发生的损失而后悔的理由。从这个意义上说，就像我们在以前指出的，倾向性与保护性美德的纠正的功能有相当大的不同。前者纠正人的普遍倾向，而后者纠正现在的心理状态。就倾向性美德而言，行动者说“我将做这件事”，并且知道他或她没有放弃真正好的东西。就勇敢而言，行动者说“我将做这件事，即使我必须放弃或丧失那个东西”，并且行动了，尽管会有损失。[①]

勇敢行为中所表现的不同目标以及由此出现的损失、冲突和反思，还产生了另外一个与其他美德的差别。勇敢以**放大的方式**表现了所有美德共有的三个特点。它们是在方便地确定什么行为是合乎美德方面的困难；在具体地说明快乐怎样同合乎道德的活动相联系方面的困难；在解决怎样最好地培育美德的问题方面的困难。因此，第一方面的困难是，合乎美德的活动同那种可方便地规定的范畴不一致。所有的合乎美德的行动都具有这一特点，但是，就所有的美德而言，我们对于典型的行动有合理的一般期望，而例外将是很少的。一个人拒绝喝得酩酊大醉，几乎都做到了，这能够称为是节制的实例。

---

① 斯罗特（Slote，1984）提出，我认为是正确地提出，即使对正直的人来说至少是暂时性的一种损失发生了，因为他们的安乐受到了破坏，意思是本来可能会比现在更好；见此书第66—68、112—119页。然而，他的观点并不影响一般的区分。

然而，就勇敢而言，我们没有规则让我们能够具体说明一个行动是否勇敢。逃离、攻击、或坚守原地，可以是、也可以不是勇敢的实例。对这些行动的判断总是依赖于我们对情境和行动者的评估。在这里，勇敢是在程度上、而不是在性质上不同于其他美德，但是，这种差别是重要的。它的产生是因为勇敢对付的是重大的危险，权衡那些真实的、却是相互冲突的好处。因而，它必须依赖于敏锐细微的理性判断和形成错综复杂的情感。

合乎美德的活动与快乐之间的联系是勇敢放大地表现所有美德的特征的第二种方式。就大多数美德的大部分表现而言，它们同快乐的联系是坚实的，但是，就勇敢而言，这种联系是紧张的。例如，虽然仁爱的行动会产生某些类型的痛苦，这些行动对于仁爱的人来说通常是快乐的。他们易于做他们想要做的事，没有放弃任何他们想要拥有的东西。然而，勇敢的人必须舍弃他们希望拥有的某个东西，而这种舍弃所产生的不是痛苦，就是某种不满意。勇敢的人确实在他们所做的事情中发现了某种快乐。但是，他们通常（用安东尼·肯尼的术语来说）只是在一项“履行”行为（performance）最终获得的成就中而不是在“活动”本身中发现快乐。例如，如果我把我的一家从焚烧的房屋中救出来，我可能从本来不快乐的勇敢的行动中得到了快乐。但是，这种快乐不是从冲过火焰的行动而是从显示了高尚的表现中产生的，我希望这种表现达到救我的一家这一我渴望的目的。①

第三个区别涉及勇敢的培育与其他美德的培育之间的差别。如前面所说，普通的勇敢不可能通过培育达到这样的状态：行动既不显示出冲突，也不显示出反思。因此，勇敢有别于倾向性美德和某些保护性美德。但是，培育勇敢的方式本身也放大地显示了另外两个特征：间接的培育和学习本领的重要性。

勇敢的培育与其他美德的培育相比，要远为**间接**。那些引起许多类型的勇敢的情境太少了，以至于人们不能事前练习以迎接对付它。我经常面临放纵吃喝的机会，但是谢天谢地，我很少面临眼看一个人企图伤害一个无辜者的身体这种考验我自己的机会。此外，做到勇敢经常依靠人们在紧迫

① 见肯尼（Kenny）（1963）和凯利（Kelly）（1973），肯尼把他的区分应用于勇敢；也可注意加伏尔（1980）。活动种类之间的区别来自亚里士多德；例如，*kenesis* 与 *energia* 之间的区别。阿奎那在 *motus* 与 *operatio* 之间作出了相似的区别，见 2.1.31.1 与 2。然而，要注意这一类分析很可能忽略来自坚持内在目标的快乐。对亚里士多德著作中快乐的一般概念有一个分析，它大体上能为阿奎那所接受，孟子至少是对道德活动的论述也含有其意，见乌姆森（1967）以及 W. D. 罗斯（1959），第 200 页。

的情况下按照一些关于什么是可贵的一般信念来行动的能力。这一事实同练习勇敢的机会不常有这两方面的结合使以下这一点显得十分清楚：勇敢的培育必定需要各种各样的间接练习。例如，人们将需要提高他们舍弃想望的好东西的能力。他们也将需要经常思索为了重要目标而自我牺牲的意义。

不仅如此，不像大部分倾向性美德的培育，培养勇敢需要学习**本领技艺**，即以产生一种结果为目的的能力。本领技艺与美德在三个重要方面不同，指出它们是重要的。（例如，本杰明·弗兰克林关于美德的思想看起来是奇怪的，这正是因为他不能区分它们。）行动者的内在精神状态对于美德而言是关键性的，但对于本领技艺而言却不是这样。是艺术家的绘画、而不是他们的品质，才是我们所关心的。而且，可靠地产生能具体地指明的结果，对于本领技艺来说是关键性的，但是对于美德来说却不是这样；陶工生产的花瓶始终美丽显示了她的卓越。最后，有本领技艺的人能够有意地以［藏巧于拙的］无才艺的方式来表现他们的才能，但是有美德的人不可能有意识以不道德的做法来表现他们自己的美德。我们是通过钢琴家的变奏奏鸣曲的能力知道她的才能。

尽管在美德与本领技艺之间有差别，对勇敢的培育通常包括提高本领。例如，勇敢的人必须获得使他们能够容易对付局面的本领，这种局面会吓坏缺乏这种本领的人。他们也必须有能力区别危险的真与假，具有这样一些才能：他们使他们尽可能以高强的本领迎接真正的危险。当人们正视那种由于缺乏正确的认识或能力而产生的恐惧时，我们可能会认为他们（譬如恐惧症患者）是勇敢的。但是，我们也认为这些人应当发展这样的认识与才能：使他们在这种情况中能够不感觉到恐惧。[①]

这样，培养勇敢包括本领，而且经常是间接的。这些特点，以及同快乐的联系、同可加以规定的行动种类的关系，显示了勇敢是怎样以放大的方式表现所有美德共有的特征。所有这些放大都是产生于勇敢的独特结构，它们是一些标志，将普通的勇敢同其他大部分美德区分看来：外在目标、内在目标和会招致反对的结果的存在；因而在勇敢行为中有冲突、损失和反思。

---

① 本领技艺在勇敢的活动中的作用会产生两个现象，这些现象是不会同一般的美德一起出现的。人们会以这样的方式原谅自己：宣称他们的行动是有意图的，他们可能让他们的本领技艺生疏了。而这两种现象对于一般的美德来说是不会发生的。关于美德和本领技艺与勇敢的关系问题，见罗伯兹（1984）；也可注意华莱士（1978），第44—59页。

现在让我们转向我们的主要论题：孟子与阿奎那对真正的勇敢、它的假象以及它的宗教形式的认识。我们的分析将集中于各人的论述或论点的细节，因为在这一章中我进行最具体、翔实的探究。这样，对这两个人的对比将只是从对每一个人的细致考察中产生的。而且，大部分比较将只是在论述孟子中出现，在我们能够将阿奎那的论述与孟子的论述的具体特征作对比之前，我们需要审视一遍阿奎那的细致的论述。最后，我的工作项目的建设性方面，除了包含于前面的分析中的以外，只是在我对这两个思想家展示的特定的论点或眼光的考察和评价中才会出现。然而，在最后一章中我将重新聚焦于对这两个人更一般的对比，也会讨论这种对比的过程和成果这两方面的基本状况。

2 阿奎那对普通的勇敢的分析,恐惧与信心在其中的作用

阿奎那对勇敢的重要论述出现于一部单一的、表面上成为一体的专著。然而，我认为它包含了三个独立的分析，虽然它们是相关联的。第一个形成了普通勇敢的概念。特别重要的是他对恐惧和信心在勇敢中的不同作用的分析，以及他对勇敢的假象怎样不同于真正的勇敢的考察。在第二个分析中，阿奎那扩展了勇敢的概念，办法是考察这样一些美德：它们与勇敢共有一些基本性质，但是又在一些重要的方面不同于勇敢。这里最重要的是他在维护两个似乎不合情理的主张时提出的论点，这两个主张是：每一个勇敢的行动都意味着愿意去死，以及忍耐是勇敢的规定性标志。而在第三个分析中，阿奎那发展了勇敢的宗教意义，这出现于他对这个概念的扩展之中。尤其重要的有两个崇高的状态。第一个是在超自然的美德坚忍（patience）的作用中发现的，而另一个则是在罕见的那一种完美的勇敢中发现的，这种勇敢是由天赐勇敢（Gift of Courage）产生的，在这种勇敢中没有与之竞争的欲望出现。因此，阿奎那对于勇敢的论述，可以说是从考察普通的勇敢开始的，即考察它形成那些可能阻碍一般的合乎美德的活动的欲望，然后转向一种宗教状态，在这种状态中规定性的标志是一个人以忍耐为其应当所为的忍耐能力。

从情感的形成方面来说，勇敢的活动的全部范围包含了对付三种可能的障碍：恐惧、信心以及悲伤或忧伤（*tristitia*）的情感，它们阻碍了遵循日常和宗教两个范围内适切的判断。它们任何一种在形成情感中的失误产生了勇敢的假象。在调整前面两种情感的基础上产生了平常的勇敢，在调

整第三种情感的基础上产生了宗教勇敢；不再需要调整这三种情感中任何一种，则是由天赐勇敢产生的罕见状态。

我将在下面从第一个开始分别考察他的三个分析，因为它们可以说是前后相接。我对他形成普通勇敢概念的过程的论述可能是简短的。它很像刚才讨论过的分析，虽然要使用常常很不相同的语汇。此外，当我们考察恐惧和信心在勇敢中的作用和分析勇敢的假象的时候，就可以看到阿奎那对普通勇敢的讨论更为独特和有趣。

阿奎那认为勇敢保护实践智慧的活动，使它们避免遇到相互斗争的欲望所产生的那些困难。勇敢要对付的是“意志由于某些困难的阻碍，放弃理性所建议的目标”；它关心的是清除“那种阻止意志遵循理性的障碍。”这样，评价勇敢行为决定于一个行动者是否具有健全的理性以追求某些目标和拒绝另外一些目标。从这个意义上说，勇敢体现了阿奎那这样的原理：因为“美德关注的是善而不是困难……，所以美德境界的高低……应当以善、而不是困难为标准加以衡量。”不论克服一个困难是怎样的英勇，评价的最终标准仍然是所保护的善。正如他所说：“根据勇敢所给予的赞扬从某种意义上说源于正义”，而这里正义是指“同将理性的秩序加于所有人事相关的”一切。①

① 2—2. 123. 12 与 12. 3；还要注意在 2—1. 61. 4 中的定义。第一段引语取自 2. —2. 123. 1，第二段见 2—2. 123；第三段论美德的关注善的引语取自 2—2. 123. 12. 2。

嘉法（Jaffa）有一本书论述阿奎那对［亚里士多德的］《尼各马可伦理学》（按照麦金太尔（1984a）第 278 页所说是一本“受到过分忽视的、现代的次要经典”）的解说，此书的论题与我的探索有密切关系，因为他的部分目的是考察阿奎那与亚里士多德“自然的”伦理学的关系（见嘉法（1952），第 196 页注 20，可作一实例）。他的分析常有助益，其中大部分聚焦于勇敢的实例。而且，我同意这样一种看法，阿奎那分析《尼各马可伦理学》的程序使亚里士多德以下两方面的描述变得模糊了：亚里士多德在第一至第六卷中很好地描述了天然的和道德上卓越，在第七卷及其以后篇章中很好地描述了最高的和严格的美德，英勇的美德（见嘉法（1952），第 36、64、69、73、93—98 页）。这种区分对于勇敢来说尤其重要。亚里士多德在第三卷，后来又在第九卷中（例如 1169a18—35）论述了它。然而，我认为，阿奎那在《神学大全》中对勇敢的论述常常提出与他的解说中的论述十分不同的说法，对这些说法我将集中力量加以叙述。

嘉法对阿奎那的一般进路的理解的某些方面我也不敢苟同。例如，可以比较我自己与嘉法对 synderesis 的理解（嘉法（1952），第 114—115 页），以及对阿奎那关于美德最强力量的具体表现的思想的理解（同上，第 72 页）。这种不同见解引导我对于阿奎那与亚里士多德的天然的美德的关系作出不同的结论，并导致对阿奎那与孟子的关系经常持不同的想法。这些歧异中有许多可能通过比较我对勇敢的假象的分析与嘉法对英勇的美德的论述（第 67—115 页）而表现得最为清楚。要了解其他不同，见李耶理（1971）的分析。

因此，阿奎那清楚地强调了会招致反对的结果，尤其是外在目标的重要意义。但是，他也认为，勇敢的人为了一个内在的目标而行动，这显示了勇敢行动的崇高性。他对合乎美德的行动的表达性动机作出了相当奇怪的表述，他说，人们将同他们自己相似的东西铭刻于某物之上，他们以这个目标为行动动机，他们以表达他们认为他们是怎样的这种愿望为动机。认识到勇敢是好的品质，勇敢是他们所拥有的品质，这为人们提供了一种动机，在行动中表现这种品质。他们希望以某种方式成功地在冷漠的、甚至有敌意的周围环境中昭示他们自己的善的观念。

这样，对于阿奎那来说，勇敢是一个实施的美德，它看出了可能有招致反对的结果，但是仍然要达到内在与外在的两个目标。这个勇敢概念也引导阿奎那提出勇敢以放大的方式显示了我们前面指出的美德的三个共同特点。它不能归入可以方便地规定的行动种类；有时它不直接同快乐相联系；它需要间接的培养方式，这些间接方式中有些包括获得本领。①

阿奎那对恐惧与信心在勇敢中的作用的分析对于他对勇敢的独特认识是至关重要的。这两种情感同常见的和扩展的勇敢形式相关。每一种形式都有其独特的假象。在分析恐惧和信心在勇敢中的作用时，阿奎那运用了亚里士多德的中庸观念。这就是说，他把美德当作情感的平衡状态来对待，这种平衡状态有其独特的形式，我们能够从适度、适当的量、过与不足的两极等方面来描述它。例如，一个人对于一个微不足道的冒犯感到极大的愤怒，这是情感和认知上的过度反应，一个人看到狠打孩子只感到稍有不安，这是不足的反应。

大多数当代学者都赞同这样的看法：中庸观念在某些美德上比在另外一些美德上能更好地发挥作用，虽然有些人怀疑它是否能帮助我们分析任何一种美德。我不同意这样的看法。不管怎样，当亚里士多德运用中庸的观念分析勇敢的时候，一个问题清楚地出现了。我们将捎带指明这个问题，因为它启发了阿奎那，他遵循了亚里士多德这一方面的论述，然后我

① 要了解关于将同自己相似的东西铭刻在世界之上的思想，见2—2.123.7，还可注意2—2.123.8。关于勇敢放大地显示美德的三个共同的特点的问题，注意以下篇章：论勇敢与行动范例的关系，见2—2.140.2.3。论勇敢与快乐的关系见2—2.123.8.2，但是，要注意2—2.123.8.1，9，以及9.3中对快乐、特别是强烈的肉体痛苦的细致入微的论述；还可注意他在2—1.31.3中对各种快乐的区分。关于本领与勇敢的关系，见2—2.123.1.2，以及2—2.128.1.7。

们将更加仔细地考察阿奎那自己的论述。[①]

亚里士多德主张，勇敢是在恐惧和信心方面的适度。然而，现代学者一般（如果说不是普遍的话）赞同这样的观点：他对勇敢的分析所论及的不是一种紧密地结合为一体的美德，而是两个不同的方面，虽然这两方面紧密地结合在一起。之所以如此是因为勇敢关系到的不是一种而是两种情感：一种是恐惧（*phobos*），而另一种是信心或“振奋”（*thairos* 或 *thaieos*）。恐惧和信心是极其不同的情感，它们甚至都不是衡量同质事物的单个标准的相反的两极。恐惧是逃离危险的愿望。然而信心不是冒险的欲望或喜爱危险。毋宁说它是期望安全是有保证的。此外，当我们从适度的方面来分析每一种情感的时候，不同的概念就出现了。信心的适度状态是谨慎或曰小心；它的不足是胆怯（timidity）；它的过度是鲁莽，即一种过分的冒失（bold）和冒险（daring）的倾向。恐惧的适度状态是无畏（bravery）；它的不足是胆小（cowardliness）；它的过度是对于恐惧或无畏的感觉迟钝。（完全感觉不到恐惧可能是罕见的，或者说也许甚至不存在这样的事，但是，感觉不到一个敏锐的常人所感觉到的恐惧是常有的。）

这两者之间的区别通过察看它们各自的不足状态能够显示出来。胆怯或不够无畏，信心的这种不足状态产生于特殊的气质习性。它不像胆小那样产生于对清楚地感知的危险的明显恐惧。胆怯的人拒绝冒险，但是他们对于危险究竟是什么缺乏清楚、明确的意识。他们只具有这样一种模糊的、一般的想法：在这个世界上存在着许多危险，这个世界对于他们的感受来说太凶险。因此，他们的恐惧很少采取实际感受反应这样一种特殊的方式，很少采取那种具有生理后果的倾向的特殊形式，这种状态同胆小的不足状态相当不同。而且，胆怯的人能够勇敢。但是，他们要勇敢就必须克服他们日常的气质，改变他们平时的好恶爱憎。然而，胆小的人只是拒绝作一次特定的冒险，因为他们害怕。

阿奎那没有具体地、准确地确定现代学者在亚里士多德的分析中已经注意到的问题，而且有时他的考察是混乱的，至少是有混淆。但是，我认为他的论述可以合理地（富有启发地）重建，以表明他认为**平常的**勇敢

① 要了解对亚里士多德著作中的这个问题的出色的研究，见乌姆森 1980；皮尔斯 1980 也对它作了很好的评论。要读相关的亚里士多德文本，见 N. E. 1107a28ff.；1115a6ff.；以及 E. E. 1220b39；1228a1—23ff.。

关系到的不是一种而是两种情感。因而对于他来说，就像对于亚里士多德那样，是一种美德具有两个紧密连接的方面。此外，就像已经指出的那样，经过扩展的、最重要的**宗教的形式**出现的勇敢还同另一种情感，即悲伤或忧伤（*tristitia*）相关。这种形式的勇敢在亚里士多德那里没有对应的概念，它以一种特殊的方式同恐惧与信心这两方面相联系，我们将在后面对它加以充分的考察。因此，阿奎那认为勇敢关系到三种情感：恐惧、信心和忧伤。让我们从分析对恐惧和信心的论述开始。

阿奎那认为，平常的勇敢的基本特点是克服这样一些障碍：它们妨碍了人们遵循他们的理性判断的能力。恐惧和信心这两种可能的障碍最重要，它们完全不同。每一个表现了品质的一个不同的状态，产生了不同的假象，因而以独特的方式同实践理性相联系。阿奎那提出，勇敢主要同恐惧相关，但是，它也对付过度的信心，即冒险（daring）。

> 从困境后退，这是恐惧的特点，因为恐惧意味着面对可怕的罪恶而退缩……因此，勇敢主要同对困境的恐惧相关，这种恐惧很可能引起后退的欲望，不遵循理性的引导。但是，勇敢不应当只是忍耐，不退缩，……它应当发动精心筹划的进攻……。这种行动……属于大胆。因此，勇敢同恐惧和冒险行动相关，控制前者并恰当地采取后者。①

当人们对付恐惧（*timor*）的时候，过度是鲁莽，而不足则是胆小，适度是无畏（bravery）。当他们对付信心的时候，冒险（daring）是过度，胆怯是不足，谨慎是适度。

胆怯与胆小，这两种不足状态比较容易理解。其中每一个都表现了

---

① 2—2. 123. 3。阿奎那的论述可以解读为突出区别（见 2—2. 127. 2. 3），但是，混淆确实存在；例如见 2—2. 126. 2. 3。

无论是沃尔顿对恐惧与勇敢的关系的论述，还是他对胆小与勇敢的区分，我都没有发现有多少说服力（见 1986，第 89—92 页），这主要是因为他从未对情感的性质给出详尽的分析（同上，第 65—66、82、94、134—140 页）。至少他有时拒绝从认知的方面看情感，或者只是聚焦于不太适用它的那些情境。（就像他在第 94 页所表示的，如果顺着阿奎那的论述，他的论点本来会得到加强；又见第 137—138 页。）然而，关于勇敢与胆小何以相反而不是矛盾的讨论是有助益的；见第 178—179 页。

一种直接的反应，这种反应在［阿奎那］考察亚里士多德的分析中有准确的描绘。一个是对一些明显可怕的物体的反应，另一个则是对包含了太多危险的世界的反应。然而，认识莽撞（fearlessness）、尤其是冒险这样的过度状态，就更加困难。用阿奎那的眼光来看，两者好像违背了欲望所具有的对它们所面对的特定物体的自然反应。这就是说，它们似乎追求令人不快的东西，喜欢可怕的东西。因此，对这些反应的解释只能够依靠对以下问题的认识：它们怎样同以前存在的一系列情感和判断相关联。

以**莽撞**（*intimiditas*，或 *inpaviditas*）为例，阿奎那认为，可能存在三个根源。一个是骄傲，即过高地估计了自己的能力。另一个是缺乏理性，不能清楚地看到可能会丧失好东西。第三个是喜爱的不足，就是说总的来看对于世界上各种各样的好东西不能恰如其分地喜爱。莽撞的背后是骄傲地过高估计一个人的能力，以及不能鉴赏那些将会失去的好东西，对于阿奎那来说，这是容易理解的。但是，莽撞的背后是对世上的好东西的喜爱不够，这对于他来说仍然是不可理解的，因为他认为，人们对他们的生命以及对它有助益的那些事物具有一种与生俱来的喜爱。（生活在弗洛伊德以后的时代，有了他对色情受虐狂的说明，我们就能够不会有阿奎那的困难。）

对冒险（*audacia*）的解释也必须转到以前的存在状态。阿奎那认为，这种情感是在以下情况下产生的：此时人们面临困难，但怀有信心，他们能够克服它们，有成功的把握，这种把握的部分基础是他们天生的勇敢精神。因此，莽撞的人追求令人惊恐的、令人不快的东西，不是因为他们从中发现了快乐——大概是“darage”，即冒险的爱好（前面说到的斯考别列夫将军似乎是爱好冒险精神的体现）。确切地说，他们追求它们是因为他们相信，他们能够胜过它们，因而达到某种美好，虽然也许只是胜利的美好。莽撞的人确实要追求令人惊恐的或令人不快的东西，但是，成功的美好是他们希望的目标，而胜利被认为是有保证的。

莽撞的过度、它的不合理的背后是这样的事实：同勇敢的人不一样，莽撞的人在他们遇到的困难大于他们的预期的时候会动摇畏缩。这种动摇表明那种驱除他们的恐惧的希望是建立在虚假判断的基础之上，产生于见识有偏差的勇敢精神。莽撞的人缺少勇敢的人的坚韧。他们没有那种来自冷静的、审慎的思虑的坚韧，不能坚守真正美好的事物，不能形成丰富的情感。①

这样，对于阿奎那来说，平常的勇敢是对付两种独立的情感的一种美德。对恐惧而言，无畏是适度，莽撞是过度，胆小是不足。就信心而言，谨慎是适度，冒险是过度，胆怯是不足。这两种情感在许多方面是不同的。然而，对于我们来说，最重要的是实践理性在每一种适度的状态中以及对它的培育中所发挥的不同作用。当恐惧是主要情感的时候，理性的作用比较直接。在我们考察直接和间接地形成情感时详细地描述的那些基本过程将构成理性作用的运作。（人们为了克服他们的恐惧应当喜爱一些美好的东西，人们如果一定要分析他们为何不能喜爱这些东西，那么他们就会发现，间接地形成恐惧可能包含了一种说不清道不明的滋长过程。）

然而，当信心是论题的时候，理性无论是在直接还是在间接地形成情感中的作用，都更加复杂。就冒险而言，对于有信心的感觉的理由是否可靠，必定会有一个细致而困难的考察。此外，这种考察经常会面临这样的外加问题：考虑过高的勇敢精神的作用，即以超出合理程度的信心作出反应的气质习性的作用。当实践智慧必须纠正胆怯的时候，相似的困难的局面出现了。明显的恐惧在胆怯中起的作用很少。因此，对它的纠正使人们致力于细致、艰难地考察在他们的气质和总的眼光中这样一种东西：它引导他们以一种过度小心的方式观看世界或它的某个部分。因此，无论是谨慎还是胆怯，都要求细致入微地考察那些不易探索的问题。人们必须分析基本态度、观看世界的方式，以及解读信息和作出判断的程序。

勇敢的两方面共有这样的本质特征：克服妨碍人们遵循理性判断的能力的那些障碍。但是，那些障碍的性质各不相同，就像去除它们的方式那样。恰当地重视恐惧的那些互不关联的对象，以适当的方式调整一个人的惧怕的反应，相对而言这是容易做到的。但是，就信心（以及莽撞的若干方面）而言，人们必须深入地探究他们的气质和总的世界观。他们必须经常仔细考虑和评价他们感觉到的信心所依据的判断。

当勇敢的宗教表现成为论题的时候，人们评价他们所感觉到的信心的

① 见 2—1. 45. 4，注意 2—2. 127. 2. 3。对无畏有两个重要的论述，见 2—1. 45. 2 与 2—2. 127；还可注意 2—2. 125. 2 中展开的恐惧与喜爱的关系。因此，无畏的行动只是在它们失败以后才能加以明确、具体地说明。可是，如果我们对人们和他们将要遇到的情境了解得充分，我们就有理由对我们的预见保持信心。

能力尤其重要的。如果他们运用常见的标准，他们所感觉到的信心常常明显是过分的。因此，他们必须决定他们的信心是表现了希望，这是一种神学美德，是圣灵的直接激励，还是表现了以偶像崇拜或某种别的扭曲为基础的假定。这个问题是重要的，在我们考察阿奎那是怎样把勇敢扩展到宗教所特有的领域时，我们将详细地讨论这个问题。在这里我们只能指出，认识勇敢的两个方面之间的区别提供了这种考察所需要的背景。现在让我们更仔细地考察另外一个问题，即阐明阿奎那对平常的勇敢的认识：他对普通的勇敢的五个假象所做的论述。

3 阿奎那对真正的勇敢与勇敢假象的区分

阿奎那是在考察亚里士多德所描绘的五种人时给出了对这一论题最好的专门论述，亚里士多德说这五种人身上勇敢的表现比较少。这种论述即使按照阿奎那的标准也是浓缩的，但是它仍然是好的出发点。

> 一个人不具有美德却作出了那种从外表上来看是美德的行为，在这些情况下他们这样做是出于一种动机上的原因，而不是由于有美德。这就是亚里士多德提出有五种类型的人的原因，他们之所以被认为是无畏的（brave）是因为他们好像是这样，他们从某种意义上说是行动无畏，但是却没有勇敢（courage）的美德（*quinque modos eorum qui similtudinarie dicuntur forte, quasi exercentes actum fortitudinis praeter virtutem*）。这以三种方式出现。第一是这样一些人，他们仓促进入一种困难的境地，好像它并不困难，在他们之中可以区分出三种行动类型；有时他们无知而行，没有意识到危险的巨大；有时是由战胜危险的乐观估计而行，例如，在一个人有经常逃脱危险的以往经验时；有时则是由于有知识和本领（*scientiem et artem*），就像士兵的例子，他们不去想战争的严重危险，因为他们有运用武器的本领和他们所受的训练，认为他们能够凭借他们的本领来保护他们。……第二，一个人在感情冲动（*inpulsum passionis*）下作出一个没有美德的无畏的行动，这种感情冲动不论它是他希望抛弃的压抑之情（*tristitiae*），还是愤怒（*irae*）。第三，他这样做是因为他不是选择正确的事情，而是选择诸如荣誉、快乐、或收益等世俗的好处；或是要避免像辱

骂、痛苦或损失这样的坏事。①

亚里士多德经常提到打仗的人，在这一点上阿奎那效法亚里士多德。然而，如果我们用阿奎那论述美德的其他一些特有说法来展开他在这里给出的描绘，那么，就能看出他的思想的更一般的含义。

对于每一个假象的描绘可以作如下的说明，这种说明指出了假象所依赖的品性。受害于**单纯无知**的那些人看不出他们所面对的危险。以**性情乐观**为特点的人看不出他们所面对的危险的全部状况，因为他们不能很好地评价所面对的局势和他们自己的以往经历。当**习得的本领**造成了人们的行为，它就引导他们错误地看待他们自己对付他们所面对的危险的能力。与此成为对照，**情绪激烈**的人激动得作出行动，这是因为有那种被理性不当地形成的强有力的情感。最后，为了**感知到的好处**而行动只是在可比较的目标之间权衡算计，选择一种行为做法以便最保险地保护他们的安全，或其他密切相关的好东西。

考察这五个假象使我们能够探索阿奎那对平常的勇敢的认识的重大特征；此外，这五种假象将对后面分析他关于忍耐的思想是有用的。因此，它们是重要的，足以需要分别加以研究。在这样做的时候，由于行文需要的缘故，我有时说到个体的行为，但是，在所有的情况下，关键性的说明仅限于品性，限于可能以那种方式行动的那一种人。这就是说，譬如我将说到“为了得到一个好处而作出的选择”，但是，我可以换一种说法：“为了得到一个好处而作出选择的意向。”

最后一个假象，**感知到的好处**，极其清楚地说明了勇敢与它的假象之间的区别的一个关键性的特征。这里行为依赖于为了得到一个好处而作出的选择，或为了避免一件坏事。真正勇敢的人为了一个好东西而选择忍耐可怕的事，但是，表现了这一假象的人只是算计他们最害怕丧失什么。(阿奎那在另外一个语境中称它为“政治的勇敢”，他宣称这些人的行为

---

① 2—2. 123. 1. 2。阿奎那在《神学大全》和《尼各马可伦理学解说》两本书各个地方作出了有点不同的论述。注意：在 2—2. 128. 1. 7 中他说“虽然它们在勇敢的行动中统一起来了，但是它们的动机不同。……因此，它们不能规定为勇敢的一些部分，而要规定为勇敢的方式（*fortitudinis modi*）。”正如沃尔顿所指出的（1986，第 117 页），耐文（Nevin）发展了勇敢的某些假象：狂热的人，这是一种具有不稳定的气质的人；还有一种是冥顽的反对者。格莱（1967）也对在士兵中产生的种种不同的动机作出了内容丰富的描绘。

是出于“害怕丧失地位，或是害怕惩罚。”①）因此，表现了这种假象的人是在可比较的目标之间选择，这些目标适合以单一标准衡量；例如，害怕失去别人尊重这种美好，害怕失去物质上的安乐这种美好。与此成为对照，真正勇敢的人在不可比较的美好的事物之间选择；例如，他们在人身财物安全与接受令人发指的行为之间选择。

勇敢的人集中注意行动的内在的目标，作出强评价。他们运用崇高与卑鄙这样的对比语言，对人应当过什么样的生活作出判断。他们为了令人钦佩的行为而行动，目的是要表达他们关于最理想的生活要求怎样做的想法。与此成为对照，有些人让感知到的好处来指引自己，他们作出弱评价。这样的人希望实现他们所有的欲望，将这些欲望看成是偶然地而不是根本上不相容。他们会不理睬公众的判断，又要避免行动的危险，如果可能的话。

[为了] 感知到的好处的假象清楚地显示了合乎美德的行动与它的假象之间的区别。其他的假象表现了这种区别的其他方面。前三个假象——单纯无知，性情乐观和习得的本领——可以合成一组。他们全都（甚至比感知到好处更清楚地）表明缺少实践智慧思虑和决定的能力。剩下的那个假象，即情绪激烈，表明既缺少这种能力，又不能形成正确的情感反应。

最明显、最少吸引力的假象是以**单纯无知**为基础；对一种情境中所包含的危险（而不是好东西）缺少充分的认识是这种假象的特点。阿奎那说，这种无知经常产生于缺乏经验，由于观看领会得太少，以至于不知道存在着危险，或危险将要发生。一个典型的事例是一个天真的年轻妇女，她违抗一个报复心重的人，后来发现此人将报复转向了她，她真的震惊了。接下来两个假象包含了更复杂的无知表现。在其中每一个假象中，所面对的局势的一个重要方面因为行动者估计危险的能力上的某种缺陷而被错误地理解了。这样，每一种假象同以下因素相关：正当的信念的根据，这种信念的作用，以及它在评价勇敢中产生的信心。

性情乐观特别充分地显示了这一点。这些人的乐观是性情使然，它产生于经验而不是无知。这就是说，他们的信心是以过去的战胜或逃脱危险的有限经验为基础的。可是他们的判断以及由此而来的信心是有缺陷的。

---

① 见2—2，128，1，第七个驳难；见亨特（1980）对这种现象的分析。

不是支持信心的根据过分有限，以至于不能为判断形成可靠的基础，就是这些评价这种根据的人这样做的方式不恰当。例如，这样的人行为勇敢，是由于他们习惯于过去的获胜，惯于克服障碍。这样，他们依赖习惯的反应或习性，而不是依赖敏锐的感觉和才智产生的意向。

许多观察家认为，这一类人体现了勇敢，因为当逆境出现时他们似乎是坚定的，能与之抗衡。这些观察家没有看到性情乐观者是由其气质上的特点而行，这些特点在简单的局势中对他们起好的作用，但是在复杂的局势中会引起问题。性情乐观的人本来就不爱反思，乐天成性，甚至是懒散的。因而，他们或是很少寻找令人深思的信息，或是很少对他们掌握的信息加以反思，以改变他们的行为和态度。①

以下一个假象是**习得的本领**，它也是以信心为基础。训练导致这些人发展了两种能力，即估计可能的危险，以及对它们作出反应的能力。结果是他们通常不害怕别的许多人害怕的事情。就像已经说过的，提高这种本领是培育勇敢之事的一部分。但是，如果具有这种本领导致人们不感觉到害怕，那么，他们的行为就不能称为是勇敢的。当我们看到他们的本领不能使他们抵御恐惧的感觉，在这种情况下他们怎样面对局面，只有在这时我们才能够判断这种人是否真正勇敢。这样，只有在三个条件得到满足时，依靠习得的本领的勇敢假象才是明显的。一个人必须无畏地面对一些会使没有本领的人产生恐惧的局面；这个人在感觉到这种恐惧的局面中退缩；此人没有作出这样的努力：有意识地学习本领以克服某种恐惧。

最后一个、也是最复杂的假象是以**激烈的情绪**为基础。这种假象依靠强有力的感情（如愤怒，压抑，或痛苦），这种感情或者直接促使人们行动，或者引起一些强烈的反应，间接地推动人们去行动。这样，情绪激烈的人主要依靠为理性不当地支配的强有力的情感来面对危险。愤怒（ira）体现了一种情绪激烈的情感。作为一种强烈的感情，它能够产生生气勃勃、有信心的行为，来对付已经伤害、或可能伤害一个人的局面或某个人。然而，由愤怒而产生的行动不同于勇敢的行为。（事实上，就像已经指出的，对于阿奎那来说，愤怒的一种定位就是被当作七大罪之一。）完全出于愤怒的行为只是产生于一种激烈的情绪，而勇敢的行为则是产生于由合理的判断形成的激情，而这种判断是为了达到适当的目标。

① 关于这两种假象的论述见2—2，128，1，1。

而且，实践智慧与愤怒之间的关系清楚地说明了在勇敢这一实例中理性判断和情感何以需要互相作用。与许多其他情感相比，愤怒依靠其认知成分甚至更为明显，这只是因为它的目的在于要将善运用到恶之上；这就是说，正确地、富有激情地对违反正义的行为作出反应。不像仇恨，甚至也不像单纯的欲望，愤怒中的理性成分不仅确定了情感的对象，而且对所受到的伤害不公正的程度作出评估。反过来说，认知方面的判断必定受到一种强烈的感情的影响。例如，我对已经发生的某种骇人听闻的事情不应当无动于衷地作出判断；我必须愤怒。这样，愤怒必须依靠正确的认知判断，但是，它也必定包含因所受的痛苦而想予以惩罚的欲望。

当需要勇敢的行动时，愤怒的情绪激昂的方面常常特别重要。情绪激昂能够产生更大的冲动，这使一个人能够克服恐惧和某种别的困难。然而，情绪激昂总是必须要实践智慧的调整，因为像愤怒这样的激昂情绪可能容易变得无法控制，陷入非理性的状态。因此，愤怒将会成为勇敢行为中潜在的危险的方面，常常成为其中的负面的因素。与对于大部分情感的控制相比，实践智慧对于像愤怒这样的激烈情绪成分施加的政治式控制甚至更强。如果要产生真正勇敢的行动，就既要调整、又要尊重情感。①

这五个假象中每一个都缺少实践智慧思虑、决定以及造成行动的能力中的某个方面。真正勇敢的行动依靠实践智慧对情境、个人的能力和正当的目标的明智的判断，还依靠它使这些判断支配情感反应的能力。然而，实践智慧的某些特征确实是同这些假象中的每一个一起发挥作用的。以感知到的好处为目的的行动需要判断，但是它们产生的只有弱评价。与此相似，以性情乐观和习得的本领为基础的勇敢的假象依靠对于

---

① 要了解愤怒的定义，见2—1. 46. 1—3；要了解它与正义的关系，见2—1. 46. 4 和 6。理性与愤怒的相互作用非常复杂，阿奎那企图从理论上加以明确的描述，但总是不成功。例如，他按照过于严格的时间顺序来阐述这个问题，见《尼各马可伦理学解说》1964，575，第254页。2—1. 46. 4 与 6—7 中有更为透彻的分析。也要注意 2—1. 46. 5，其中阿奎那对类的、特殊的和个体的层面作了区别。从类的层面说，欲望比愤怒更合于本性，但是从特殊的层面说，如果表现出理性，报复与温和相比，更合乎人情。最后，个人的气质决定了喜欢发怒的倾向，各人的气质相当不同。

阿奎那对这种假象的论述由于以下的事实而变得更加复杂了：他所使用的范畴“激情冲动”（*impulsum passionis*）在他所使用的古希腊文材料中意指 *thumos*，即“情绪激烈”。这个概念具有极其广泛的、虽然是不可思议地广泛的意义范围：对于柏拉图来说，它是灵魂的三个部分之一；而对于亚里士多德来说，它是产生动机的关键性的因素，虽然难以具体说明。

一个人的能力和过去的经验作出的理性评价。但是，对于美好的事物它们缺乏复杂的、细致入微的认识，而这种认识是由实践智慧提供的。最后，单纯无知缺乏理性提供的几乎所有的东西。激烈的情绪至少就其最缓和的状态来说，[表明实践智慧] 对情感的支配是有缺陷的。这样，当实践智慧实际上缺乏或者只是以不足的形式存在的时候，勇敢的假象就出现了。

在对勇敢的五个假象所作的这种论述中，实践智慧中另外一个可能有的缺陷（以及以勇敢为论题时特别重要的缺陷）强调得不够。当一个人对人道充分昌盛的人生缺乏非常全面的认识的时候，这种缺陷就出现了。它造成一个人追求有限的目的，全神贯注于归根结底是无意义的恐惧。在孟子对假象的论述中我们看到了对这种缺陷的一种表述，在思考这种缺陷时，我们前面讨论过的两种看法是重要的。一种看法是在某些类型的勇敢行为中显示出自我牺牲精神，只是有道德的人对待合乎美德的行为的平常态度的极端实例。第二个看法是一个美德用一种标准来看可能是真正的美德，而用另外一种标准来看可能是一个假象。这些看法与对这一假象的分析能够显示阿奎那对勇敢的更明显的宗教含义的认识，因此，我们需要考察实践智慧中的这种缺陷，虽然只需要简略地加以考察。

阿奎那认为，寻求任何一种不能理解上帝的计划和行动的人生计划都是不适当的。这种缺陷产生于不能确定什么是真正应当忧虑的。因此，阿奎那所说的**担忧世俗的关切**是在以下情况下出现的：即人们不能理解为什么基督的教诲、尤其是关于天命的那些教诲使人们能够克服他们对于满足基本需要的常见忧虑。（fear，译者按：此词在前面主要在“恐惧”的意义上使用。）阿奎那说，人们不应当

> 被不必要的忧虑所支配，就像一个人不愿做他应当做的事情，惟恐他陷入缺少生活必需品的状态。我们的主 [耶稣基督] 根据三个理由去除这种忧虑。首先，上帝已经给予我们更大的恩赐，即肉体和灵魂，超越了人们渴望提供的。其次，他没有人的相帮，却供养了动物和植物，契合其本性所需。最后，是由于神圣的天佑，不信教者对此无知，因而迷恋于追求世俗的美好东西。因此，他（基督）作出这样的结论：我们的首要关切应当是精神上的美好事物，与此同时，仍然抱有这样的希望：世俗的美好事物即将到来，只要我们做我们应

当做的事。①

在这里阿奎那所描绘的既不是单纯地维持人类生存的世界，也不是一种可以轻而易举地得到的超自然的报答。在被拯救中或知道一个人在被拯救，依然存在着困难，极大的匮乏与苦难在这样的世界中显然是可能会发生的；例如动物、植物和人可能会死于旱灾。然而，阿奎那仍然说，人们应当排除不必要的忧虑，要经常想到现在有的两个美好的东西，它们提供了感恩和放心的理由。其中一个是具有肉体和灵魂。另一个是没有人的相帮却存在着契合动物和植物的本性的帮助。

阿奎那坚定地相信，明智地关注将来的状况总是会影响到人们的实际判断。他说，人们应当“按照人的习惯”作出计划，他甚至提出，那种“忽略明天”的教导所担忧的只是这样一些危险：它们是在一个人全神贯注于将来可能有的灾祸时产生的。可是，精神上的美好事物应当是真正有道德的人首要关切，而对于天佑的希望会减轻他们对于丧失世俗的美好事物的担忧。因此，阿奎那决不会这样主张：基督教导说如果追求精神上的美好，世俗的美好事物也将出现。然而，他确实主张说，精神上的美好应当是人们的主要关切，他们也应当希望（而不是奢望）世俗的美好事物将会出现。对于阿奎那来说，具有了真正的实践智慧和勇敢的那种人不会假定日常的需要将得到满足。这样的人只是认识到，如果人道的昌盛要出现，必须去追求什么样的美好事物，克服什么样的恐惧，无论有美德的人显然要付出什么样的代价。“关于整个人生的最美好的看法”这种更高的眼光使人们能够认识到什么是真正应当忧虑的这一重大问题。勇敢最终要对付的主要忧虑是忧虑不能充分地具备精神上的美好，这是有美德的人所追求和表现的美好，因为基督关于天佑的教导强调和阐明了这一点。②

---

① 2—2. 55. 6，也要注意 2—2. 55. 1 和 4；［此段引语首行］出处见《新约·马太福音》第六章第三十一节。阿奎那提出，这种担忧有两种形式。第一种像“人类的精明”，因为人们要获得世俗的好处或快乐，这种特别的努力使他们为世事过分地忧虑。因而它妨碍了他们对于精神价值的学习与追求。对这个一般的问题的论述，见多纳甘（1985）。

② 关于人生的计划的引文，见 2—2. 55. 7. 3；关于想不到明天，见 2—2. 55. 7；《圣经》引文见《新约·马太福音》第六章第三十四节。关于整个人生的最高的美好所起的作用，见 2—2. 47. 13。这里的总的观点是阿奎那所坚持的以下见解的又一表现：上帝的恩典不是破坏了本性，而是预先决定和完善了本性。

在阿奎那看来，勇敢保护了实践智慧的判断，使之避免陷入由相互斗争的欲望所造成的困难。这种保护的性质是在以下情况下得到阐明的：我们考察了他对于勇敢的五个假象中所显示的缺陷的认识，又考察了他对于由“担忧世俗的关切”所表现的那种假象中所显示的缺陷的认识，那五个假象是他取自亚里士多德的论述。而且，我们也看到了这种保护怎样根据恐惧或信心是否是所要对付的情感而采取不同的形式；确实，这种勇敢是包含两个紧密联系的方面的一种美德。前面的考察结束了我们这样的研究，即阿奎那是怎样形成关于平常的勇敢的概念的。现在我们可以转向他对勇敢概念的扩展以及他对两个重要主张的论证，这两个主张包含于这一概念之中：所有的勇敢行动包含了赴死的意愿，忍耐（endurance）对于勇敢来说是最重要的。

4　阿奎那对勇敢的扩展，及其对忍耐与赴死意愿的定位

阿奎那按照美德有部分的思想对勇敢概念加以扩展，这种扩展包含了我们在考察他的美德系列中曾经讨论过的那些问题和可能性。然而，这里最重要的是他的分析中特殊的论证的途径，或曰思路，我想再现和细致地考察这一思路。这种思路编织成一个内容丰富多彩的画面：这一论证途径吸收了许多别的思想和论点。然而简单地说就是，阿奎那明确地将勇敢同赴死的意愿相联系，然后提出忍耐、从而不去攻击才是勇敢最重要的特点，最后将坚忍说成是勇敢这一品质在宗教上的最终实现。然而，在开始分析之前，让我们简略地叙述阿奎那扩展勇敢的概要。

阿奎那将四种重要的美德同勇敢相联系：坚持不懈（perseverance），坚忍（patience），宏伟（magnificence，即“大器”），崇高（magnanimity，即“灵魂高尚”）。如果行动关系到勇敢的区别性标志，即生死问题，那么这四个美德中的每一个都是这一美德要充分发挥作用所需要的基本部分（*pars integralis*）。但是，如果行动是关系到不像死亡那样急迫的难事，它就是关联的美德（*pars potentialis*）。关联的美德［勇敢］与这一美德共有一些一般的属性，甚至可能在某些方面超越它，但是，它们不能充分地表现它的典型性质。

坚忍与坚持不懈是指这样一些品质：人们为了在一段长时间内追求一个美好的事物如果要忍耐就需要这些品质：［无论是坚忍还是坚持不懈］

它们每一个都各有其困难。坚持不懈连同与之对立的固执和柔顺（轻易地屈从以寻欢作乐）的缺点都关注这样的需要：坚持所追求的美好。坚忍关注的需要是克服不可避免会丧失某些好东西而产生的悲伤烦恼。与之成为对照，宏伟关注的是筹划和实现伟大的事业，这种事业表现了勇敢的决心和坚定忠诚的品质，因而显示了一个人的伟大。耗费巨资的公共工程是它的主要用武之地，但是，加以扩大以后它就包含了所有了不起的“创造”，甚至包括自我及其扭曲的“造作”，以及与它们相关的琐碎和破坏性的粗野。崇高关注的是以对自我抱有信心为基础的高尚行为。它既导致一个人摆脱毫无意义的焦虑，又导致追求和承担伟大而光荣的事业。(阿奎那对崇高所作的详尽讨论——毫不奇怪，鉴于这个问题在历史上的重要性——涵盖了许多重要的论题，在他对它以下变形的分析中尤其如此：怯懦｛渺小的灵魂｝，专横，虚荣和野心。)①

阿奎那扩展的基础是他区分勇敢比较宽泛和比较狭窄的意义：

> “勇敢”这个词语可以从两个意义上加以把握；第一……（作为）心灵的坚定不移，在这种意义上它是一种一般的美德，或者确切地说，是每一种美德的条件。……第二，勇敢可以理解为意指心灵的坚强，即心灵在忍耐或排除使坚定变得极其困难的所有因素中的坚强，这些因素是特别严重的危险。②

坚定［的品质］支持了那种规定所有的美德的持续反应。仁爱构成了所有美德，作为仁爱的一项条件，坚定也影响了对于获得所喜爱的东西的希望，和丧失它的忧虑。但是，将勇敢同其他美德区别开来的坚定只关

---

① 如何划分勇敢的部分的问题在阿奎那的时代曾经是一个主要问题；见高提厄尔（Gauthier）(1951)。在阿奎那的论述中出现了各种各样的专门性的问题，其中有些我在第二章第三节中已经指出了；例如见 2—2. 140. 2. 2，2—2. 128. 1，以及 2—2. 129. 1 的前言。要注意勇敢的一些种类或类型，从某种意义上说，假象是作为它的类型发挥作用的；见 2—2. 128. 1. 7。

沃尔顿描绘为勇敢的“外部的优势”——如决心——的某些方面，同阿奎那所说的勇敢的“部分”的那些品质相联系；见沃尔顿（1986），第 97—115、133—134 页。然而，阿奎那的分析包括的范围比沃尔顿所说更加广泛，因而他的分析有助于我们对付那些关于同勇敢相关、而又不等同于勇敢的行为的棘手的问题。

② 2—2. 123. 2；关于这一论题的其他篇章有 2—2. 123. 5，和 6；2—2. 123. 9；2—2. 141. 3；2—2. 186. 1。

注明显的危险，特别是追求美好的东西时可能发生的死亡。

阿奎那效法亚里士多德，提出战争具体表现了这样的情境：在这里人们对美好事物的追求会产生死亡。但是，他把战争的含义拓展得相当宽，把以下情况置于其中：譬如有“一个法官或甚至一个平民百姓拒绝改变一个正义的决定，……不论有什么危险……。（或者）一个人不会因为害怕致命的感染而退缩，而不再照料一个生病的朋友，或者是他不会因为害怕沉船或强盗而退出办某项公务的旅行。”[①] 阿奎那把战争的概念扩展到包括人们面临可能死亡的非战争的情境。不仅如此，他还扩展了直面死亡这种说法所包含的意义范围。追求美好必须包含其中；挑战不可避免的命运这种“被动的勇敢”只是在它坚守一种美好事物时才被列入其中。但是，死亡不是必定像在战斗上那样很可能发生。面对一种局面和追求一个目标可能导致死亡，这就足够了。

因此，阿奎那主张，勇敢作为坚强或坚定支持了所有的美德，但是，只有在人们追求美好导致面临死亡的危险时，勇敢的特殊的品格才表现出来。这种主张有许多目的。譬如，它使他能够展示一种更清楚的概念分析，以便解决以下这些方面的各种各样的专门问题：如何将美德的各个部分联系起来，如何说明亚里士多德的分析怎样帮助解决当时的哲学和神学的问题。然而，全神贯注于死亡问题在勇敢中的核心地位，这也包含了一种更深刻的、更有争议的主张。

我认为，他相信我们所遇到的每一个真正的恐惧，都预示了我们对于死亡的恐惧，正像我们所感觉到的每一个信心都依靠我们对付死亡的信心。实际上，面临死亡作为追求美好事物的结果，为大量的更平常的场合提供了一种样式，在这些场合中人们抗拒危险以帮助他人，或者甚至是为了认识他们自己。在这样的场合中人们使他们眼前的安乐遭受危险，承受不安全，放弃了他们惯常的以自我为中心的保命做法。在所有这样的情境中，人们必须克服强烈的求生欲望。阿奎那认为，克服这种欲望是极难做到的，因为这种欲望既有人性的根源，起于自我保护的倾向中，又有精神的根源，产生于人对存在的美好的必要肯定。这样，每一个勇敢的行动都以愿意赴死作为它的最深的根基。

---

① 2—2. 123. 5。阿奎那扩展了殉难的概念，这显示了他是怎样拓宽面临死亡的意义；见2—2. 124. 3，以及5和5. 1。

这样一个主张的真实性不十分明显，因而我们需要考察阿奎那确认它的理由。阿奎那的主张建立在两个想法的基础之上。第一个是：

> 一个人坚定地反对更重大的罪恶，自然地也会反对较轻的罪恶，虽然反之未必然。（第二个是）美德就其本性来说，总是要竭力达到它的最高目标。而肉体上的不幸中最可怕的是死亡，它毁灭了所有肉体上的美好……因此，勇敢的美德关注同死亡危险相联系的恐惧。①

第二个想法的重要性较小，它意味着人们在看到一种美德最充分的表现时能够最好地规定这种美德，就此而言，它是有道理的。就其意味着美德必定趋向最充分的表现而言，它是有问题的。

第一种想法，即抵御重大罪恶的人也将抵御较轻的罪恶，重要得多，而其合理性的明显程度要少得多。人们会想到一些明显的反例证。例如，我们都知道有这样的人，他们在面对战斗和致命的攻击所造成的危险时行动无所畏惧，但是在面对种族主义的和性侵犯的行为时他们的反应显得胆小。这样的事例似乎表明，人们激励他们自己作出英勇牺牲的能力，同他们在严重程度较低的情况下作出勇敢行为的能力，只是偶然地联系在一起。当人们面对明显的死亡威胁时勇敢行为可能会最清楚地表现出来。但是，这一事实并不意味着有这样的结论：在这些情境中表现出来的那些品质必然会在危险程度较低的情况下出现。

对于阿奎那的主张的说明也是辩解，可以采取两个办法。第一个依靠他这样一种理念：美德表现了才智意向，而在一个困难的情境中表现出来的才智意向也总是会在困难程度较小的情境中表现出来。这就是说，这两种表现之间的关系是必然的，而不是偶然的；它产生于意向概念中所呈现的那种必然联系本身。据称显示了有牺牲精神的勇敢与常见的勇敢何以不相联系的反例证，只是表明一个观察者对一个人行为英勇的原因判断错误。戏剧性的行为是勇敢的假象，而观察者不能理解这一点。如果一个人在战争中心甘情愿地面对死亡，其目的是保护美国最好的价值，后来又虐待黑人，因为他们是黑人，那么，我们应当意识到激励第一种行动的目的就不是我们原来以为的目的。

---

① 2—2. 123. 4。论第二个想法的两个方面，见 2—1. 55. 1 与 2—2. 129. 2。

对阿奎那主张的第二个辩解以他这样的思想为基础：人们的一般的眼光，他们的见识从根本上决定了他们的特殊的态度与行为。阿奎那假定，人们对于一些特定事件的看法和反应，受到他们将这些事件置于其中的准则体系和见识的控制。因此见识的改变将会产生许多其他改变。例如，一种见识可能引导一个人把那种支配命运的人们看成是坚强的人，或至少在看他们的时候不突出他们的脆弱。这样的见识将会影响到此人怎样看他或她的生活中出现的一切，怎样对它们作出反应。如果对死亡的作用和死亡所显示的［人的］脆弱的认识改变了见识，那么大多数特定的活动和看法也将改变。这样，新的见识将影响到在严峻的情境和普通的情境中坚守立场的能力。而且，与风险更大时相比，在牵连的风险不太大时——因此很少有自觉的反思——新的准则体系的作用常常特别明显。①

阿奎那断言，人们如果抵御更大的罪恶，他们就会抵御较小的罪恶，因而所有勇敢的行为都是以愿意赴死为根基。就像已经说过的，这种断言是以他关于见识和意向所起作用的看法为基础的。此外，他所坚持的勇敢与死亡的关系增强了他这样的主张：勇敢的重要表现不是进攻，而是忍耐。忍耐所包含的既有被动地受外部事件的影响，又有积极地坚持一个美好的事物。这样，阿奎那是在主张，勇敢从许多重要方面来说，更关注的是克服恐惧，而不是形成信心。

认为勇敢同**忍耐**最相关的看法是极其重要的，对它加以考察将我们带到阿奎那所扩展的勇敢意义的核心。阿奎那使用了两类论点来阐述和维护关于忍耐是勇敢的重要表现的思想。一类提出了哲学根据，并且常常同亚里士多德的分析遥相呼应。而另一类，也是更重要的一类则展示了关于基督教在世界上的地位的种种主张。哲学论证几乎没有解决阿奎那的问题。他的分析以这样的想法为基础：当某种危险变得清楚的时候，冒险的或者甚至是莽撞的人不能坚持不懈。但是，他关于冒险的说法不能涵盖所有的情况，而他的说法所涵盖的活动大部分不能确定为勇敢的行为。不仅如此，他未能恰当地说明两个事实。第一个是当失败成为可能的时候，没有

① 使用这样一种“存在主义的”框架来解释阿奎那的勇敢观念的实例见皮埃普（Pieper）（1965），第117—141页；也可注意拉纳尔（Rahner）（1961）使用了相似的综合的思想，第26—31、56—78、81—119页。探究见识上的改变与任何一个特定行动之间精确的关系可能是做不到的。然而，这种进路确实从理论上把握了出现于以下两种解释之间明显的区别：譬如，不同的人怎样对待生活与同一个人怎样面对他或她自己的生活中不同阶段和变化。

根据的信心至少像恐惧一样难以控制；第二个是控制信心和恐惧这两者的机制是理性的判断，这种判断实际上形成了情感和行动。[①]

然而，阿奎那的哲学论证确实指向了一个更为有趣的、无可非议的主张。最重要的是，这些论证强调了他这样的论点：勇敢行动最终只有按照行动者的意图、意向和情感状态才能加以评价。这些成分通常只有在它们能够以延续很长一段时间的种种表现来加以考察时，它们的确切的性质才会（既对于行动者、也对于外人）变得清楚。这样，短时期的行动很少提供敏锐的评价所需要的验证和信息。这个论点反映了阿奎那集中注意的是评价性质而不是评价行动。而且，这个论点导致对勇敢作出更富神学色彩的分析，这种分析是他强调忍耐在勇敢中的重要性的基础。

由于引进了神学的思考，在阿奎那所使用的概念和他所运用的分析方法这两方面都出现了变化。他的工作程序不再主要由亚里士多德决定。现在他使用的关键性的概念来自斯多葛派，特别是基督教的材料；例如，坚持不懈和坚忍作为关键性的观念取代了恐惧和冒险。最重要的是，阿奎那的分析的焦点从一个特殊的勇敢行动的成分和这种行动所表现的性质移开了。现在他聚焦于真正勇敢所表现的（看待外部世界的）一般观点和在这世界上生存的特定方式。这样，分析就从思考面对特定危险的那些人的行动，转移到思考那些属于勇敢范围、人的种种行动和态度以及一系列的长期坚持的承诺。对于阿奎那来说特别重要的是分析在基督徒看来是对付无数困难的正确方法，这些困难构成了在尘世的生活，以及带有原罪、但迈向上帝和真福直观的生活。取自他的次要理论的思想，譬如关于恩典的性质的思想，变得更加突出。然而，对于我们来说最重要的是他对紧密相关的一组概念（与勇敢相关的美德）的考察，它们是由他的时代的话语和他对其作出反应的那些传统向他提供的。最值得注意的是**坚忍，坚持不懈**和**克制**（forbearance）。

这三个概念都关涉长时期坚持的承诺所要求的那一种勇敢。阿奎那对人们能够在一段时间内忍耐的不同方式作出了细致（有时过分细致）的区分。然而，他也处理以下这种更为一般的问题：基督徒在一个为困难和

① 阿奎那论证这一主张的重要表述出现于 2—2. 123. 6，但是，也可注意 2—2. 123. 6. 2 和 2—2. 123. 7. 3，以及 2—1. 45. 2。论忍耐的重要性见 2—2. 123. 6，和 2—2. 128. 1；也要注意 2—2. 123. 6. 2 和 2—2. 123. 11。

危险所困扰的世界中应当怎样行事。在坚忍中表现出来的忍耐对于我们来说最为重要，但是，我们也需要简要地论述另外两个美德。它们反映了阿奎那通常对一种态度中的积极的和消极的成分所作的区分，它们突出了忍耐中的一个重要的差别。

克制（*longanimatas*）是消极的成分，它是指人们在一段时间内忍耐困难和痛苦所表现的品质。坚持不懈（*perseverantia*）是积极的成分，它是指人们以持续不断地专注于所追求的美好事物为特征的忍耐所表现的品质。这样的区分似乎实际上没有什么意义，似乎是说明阿奎那是怎样费尽心思将不同的话语结合在一起的又一例证。然而，克制与坚持不懈相当不同，后者主要因忠诚于所追求的目标而将一项任务进行到底。坚持不懈的过程中意气昂扬，很可能硕果累累，这同克制的过程中长期忍受苦难的行为、很可能极少成效恰成鲜明的对照。此外，我们从来不会情不自禁地惊讶坚持不懈为什么能继续，但是对于克制，我们就可能常常要惊讶。

可是，坚持不懈和克制两者通常都是必要的，只有其中的一个就会表现出一种扭曲的品性，结果造成事业的失败。例如，坚持不懈的人可能会被他们未曾恰当地关注的困难打垮，他们会出乎意料地停下来，宣布他们自己完全地、虽然是突然地、被牵连的问题压倒了。而克制的人往往会坚持下去，但是他们可能如此的经常精神不振，以至于他们的坚持所表现的只是习惯性的行为、或者实际上是不能实现的动机。因而坚持不懈与克制之间的区别使我们对长时间的忍耐作出的分析能够比其他方法给出的更精细。它也突出了（虽然阿奎那很少强调这一点）坚持不懈对美好事物的执著与克制对困难的重视相比，更接近最好的状态。在这里就像在别的地方一样，是美好而不是困难提供了价值的最终标准。①

当相关的事全都是诸如写完一部书稿这类完成某种普通任务的时候，这两者之间的区别相对而言不太重要。但是，当问题是人与上帝的关系的时候，当问题关系到人们的生活质量的时候，如那些面对困境的朝圣

---

① 克制（longanimity［译者按：意为忍受。］，或曰长时期的受苦）结合了两个不同的概念；忍受长期的辛劳，以及由《圣经·新约》而来的意义，一个人因为有许多事有待宽恕而要忍受伤害；2—2.136.5，和2—1.70.1.2。有两个发人深思的关系存在于坚持不懈（坚定，或坚持）与坚定不移（constancy）之间（2—2.137.3），以及坚持不懈与顽固之间（2—2.138.2.2）。

者——如“在旅途中”（*status viatoris*）的人们——的生活质量，这种区别的重要性就非同小可了。阿奎那认为，基督徒必须执著地坚守所追求的目标，表现出由神学美德产生的喜悦和宁静。然而，这不应当排除实际地遇到生活中的事件所产生的悲伤的可能性。①

不仅如此，悲伤与喜悦在宗教领域的这种特殊的结合，是坚忍的主要内容。因此，由于坚忍的意义，我们明白了关于忍耐是勇敢的主要表现这一思想的全部的神学内容。这就是说，要看到，应当做到的只是一种特殊的忍耐，只有这样我们才能清楚地明白宗教的勇敢的本质。坚忍调整了悲伤或沮丧，它是勇敢要对付的三种情感中的最后一个。它表现了勇敢达到的最终的宗教的形式，此外，上帝所给予的少有的、直接的激励（圣灵的天赐），使一个人能够超越这样一种需要：即形成任何一种相互斗争的欲望。这样，就让我们来考察勇敢的最后两种表现。

5 阿奎那论坚忍美德与天赐勇敢

阿奎那主张，坚忍（*patientia*）依靠恩典的直接作用，因而只具有超自然的（译者按：“自然”在这里也有“天性”意，以下同此。）形式。然而，他也描绘了那种似乎是坚忍的自然形式方面。在阿奎那所说的与他所做的之间这种表面上的混淆，大概可以用下面的假定加以最好的解释：坚忍的核心意义是宗教的，它的次要意义是自然的。不论怎么说，考察自然形式有助于我们掌握［勇敢的］宗教形式的独有性质。

坚忍作为一种天然的美德，使人们能够忍受所有那些因丧失所想望的美好事物而产生的悲伤所造成的困难。正如阿奎那所说：“一个人被认为是坚忍的，……因为在忍受直接的伤害的时候有值得称赞的行为，没有因为这些伤害而过分地沮丧。”忍受的伤害包括因别人的痛苦而产生的那些伤害，因为人们一般认为人不应当毫无理由地弄得不幸福。这样坚忍就是保护人们免于沮丧，这种沮丧不是在他们不能够得到他们自己所想望的东

① 要了解对关于“在旅途中”的思想的考察，见皮埃普（1986），第9—21页。有趣的是，皮埃普在那本书中对希望的分析与我对坚忍的分析相像；确实，坚忍与希望之间的关系可能是接近的。要了解此后不久将坚忍作为宗教生活的一种典范所作的论述，见凯克海夫（Kieckhefer）（1984），第50—88页。

西时产生的，就是在他们看到别人正当的欲望遇到不该有的挫折时发生的。坚忍是“那种保护理性的优点（*bonum rationis*）免遭沮丧（*tristitiam*）损害的美德，以保证理性不向它屈服”。①

虽然沮丧是其主要关切，坚忍也间接地影响了常见的勇敢所要对付的恐惧和信心。它帮助克服那些产生于清楚地感知到的危险的恐惧。更重要的是，坚忍能够转变胆怯，这种胆怯支配了对待危险的态度，它产生于气质和总的世界观，它构成了信心中的缺陷。然而，坚忍对这两种情感的间接影响决定于它与沮丧的关系。感情欲望划分为六类，沮丧（*tristitia*）是其中一类。作为快乐（*delectatio*）的反面，它是指在一个人不能得到和享受一个心爱之物时出现的情感，它通常可以被解读为垂头丧气，悲伤或忧伤。

沮丧具体地表现了情感的认知和解释的性能。当然，不公正的伤害和抱负遭受挫折是生活中常见的现象。然而，对它们作出反应以及沮丧的确切的性质，总是决定于一个人的（或一个文化的）总的眼光或见识。这就是说，反应将决定于重视什么样的目标，什么样的期望被认为是合理的，以及什么样的失败被认为是不可避免的。特定的问题总是威胁着人们的幸福，或毁灭人们的幸福，但是，人们的信念决定了这些问题中是哪些产生了沮丧。人们的信念对他们所感觉到的沮丧的影响引导阿奎那区分沮丧的种类。他把沮丧当作宗教现象加以关注，当作由基督教所特有的一系列信念产生的反应加以注意。②

对于阿奎那来说，对被造的事物的真正理解包括了不能抑制的悲伤，

---

① 2—2. 136. 1。第一段引语取自 2—2. 136. 4. 2。论坚忍的更自然的形式见 2—1. 66. 5. 2。论坚忍与痛苦的关系（dolor）见 2—2. 136. 3 和 4. 2；论痛苦与忧伤的关系见 2—1. 35. 2。

对坚忍的论述在 12、13 世纪是伦理学论著中屡见不鲜的做法，但是，阿奎那的主要考察内容不多，在五篇文章中只谈到一个问题。我认为，他没有弄清他的分析或其中的问题里所有的含义。例如，忧伤是一种动力情感，而坚忍是同勇敢一起加以论述的，勇敢对付的是相互斗争的情感。更重要的是，阿奎那也争辩说，如果使用某种标准，比如需要斗争以反对罪恶，那么坚忍就不是最高的美德；见 2—1. 66. 5. 2，2—2. 72. 3—4，2—2. 108. 1. 2，2—2. 136. 2 和 4. 2。这种情况说明了等级式的判断是怎样依靠所使用的标准的，但是，它也同那种认为坚忍有自然和超自然的两种形式的想法相关。

② tristitia 可以翻译为悲伤，悲痛，忧伤，沮丧以及相关的词语；它产生了焦虑，麻木，无可奈何的情绪，甚至精神崩溃；要了解其意义范围，见德弗拉利（Deferrari）（1960）。阿奎那对这个概念经常作出精彩的分析，他讨论了五个问题，写了二十五节；见 2—1. 35—39。

而沮丧必定反映了它。坚忍会控制沮丧，这样它才不至于伤害一个人，但是，它的控制将是明智的，会重视情感的健全。以基督教的信念为基础的悲伤既不能、也不应当通过天性加以取消；它反映了一个正确的世界观，因而是有用的。阿奎那认为，对悲伤在极其生气勃勃的生活中的地位的这个判断显示了斯多葛派与基督教思想之间的区别。例如，他相信，基督在十字架上遭受的苦难体现了忧伤在规定一种真正的宗教观中的作用。此外，耶稣登山训众论福[①]说："哀恸的人有福了，因为他们必得安慰。"他认为，这句话包含了相似的意思。就像他在讨论耶稣登山训众论福背后的动机时所说："一个人通过知识知道了他自己和尘世事物中的缺陷，而知识是哀恸动力的主要来源。根据书写的东西，**耶稣增添了知识，也增添了忧伤**。（杜埃版《圣经》中《便西拉智训》1：18）"这样，对世界与自我的真正认识必定包含了悲伤。这种认识也使以下这一点变得清楚：真正的美好常常只是在无可奈何以及由此而来的忍耐中表现出来。例如，阿奎那争辩说：耶稣登山训众论福时宣布"饥渴慕义的人有福了，因为他们必得饱足。"这句话是同天赐勇敢相关的，它只是指一种超自然的实现。他认为，世界很难满足那些追求自然的公正的人。忍受罪恶，紧紧地把握美好，这常常使他们能够坚持不懈，这种做法将能够显示这种追求的全部特征 。诚实地面对他们自己和世界的基督徒，在阿奎那看来，必定会沮丧。他们必定会为他们自己的脆弱、为世界上存在的苦难、为他们无力改变这两种状况而悲伤。[②]

这种阴暗的图景所产生的深沉的沮丧，是坚忍在形成情感时必须加以尊重，又必须加以控制的方面。它所表现的健全的情感和认知判断，必须受到尊重，有时甚至要顺从。但是，人们受这种悲伤的影响可能太大，而坚忍必须防止这种状况的发生。坚忍必须阻止人们陷入压抑、绝望、或甚至精神上的麻木不仁（*acedia*），这些状态导致他们不去追求他们能够而且必须追求的美好事物。正如阿奎那所说："坚忍通过这种沮丧保证我们

---

① 中译者注：耶稣登山训众论福（the Beatitude），见《新约·马太福音》第五章第四节。

② 要了解对耶稣登山训众论慕义之福的评论，见 2—1. 69. 3 与 3. 4 以及 4；要了解论哀恸者的引文，见 2—1. 69. 3. 3。引用耶稣受难事例是在 3. 34. 6. 2，阿奎那非常认真地接受了这样的规诫：一个人像一头羊被打发到一群狼之中；在论述耶稣的榜样的时候，他提出人们常常可能必须忍受苦恼，不必避开悲苦的袭击；见皮埃普（1965）对这些思想的分析。

不会放弃美德的美好。”① 这样，坚忍就使人们能够为他们自己和世界的状况而恰如其分地悲伤，又仍然能够在他们追求和坚持有价值的目标中不受阻碍。

坚忍中两个明显的方面——沮丧以及它的克服——是基督徒总是应当表现的两重态度的缩影。他们应当“在这个世界上，但又不属于这个世界”，他们应当投入日常生活，感受它的忧伤，也应当关注更高的、更美好的境界。坚忍中表现出来的忍耐同自我毁灭的态度，即哀愁截然不同，这种态度在阿奎那时代的某些人看来构成了基督徒的忍耐的特征。坚忍忍耐着，但是，它并不是由悲伤和悲痛所支配。正如阿奎那在评论（《新约·路加福音》21：19 中）以下这句话“你们长存忍耐，就必保全灵魂”时所写：“保全意味着和平的治理。就一个人完全根除了由艰难困苦引起、困扰着灵魂的那种感情而言，此即被认为保全了灵魂。”②

这样，坚忍包括了喜悦，表明平和的心态居支配地位，然而仍然面临生活中出现的悲伤。基督教的这种根本性的、又是复杂的态度在坚忍中表现得如此清楚，以至于阿奎那认为恩典必定认可它，博爱必定存在于其中。正如他所说：

> 灵魂憎恨痛苦和悲伤其本身，因此决不会以它们为目的而选择遭受它们之害，而只是为了某种目的而作这样的选择。因此，事情必定是这样：某人为了一种美好的事物而愿意遭受罪恶的伤害，这种美好的事物与另一种美好的事物相比、即与那种少了它我们就会感受悲痛的美好事物相比，更令人想望，更让人喜爱。但是，某人面对所有的天生的美好事物而宁愿选择上帝的恩典这样一种美好，丧失天生的美好事物会产生悲痛，而这种选择需要博爱，意味着爱上帝胜过爱一切事物。因此很明显，坚忍作为一种美德是博爱的作用。③

在日常生活中人们在许多事情上是坚忍的，几乎所有的人在诸如服

---

① 2—2. 136. 4. 2；论精神上的麻木不仁，见 2—2. 35. 1. 4。精神上的麻木不仁是同“悲伤”紧密相连的，而在对七大罪的某些论述中甚至取代了悲伤；见本书第三章注 46 即第 104 页注①。不幸的是，阿奎那从来没有对精神上的麻木不仁与坚忍的关系作出充分的论述。

② 2—2. 136. 2. 2；我说根除只是说要根除情感中不该使灵魂苦恼的那些方面。

③ 2—2. 136. 2. 3；论一般的观点，又见 2—2. 136. 3. 1 与 3. 3。

药、发热这些令人难受的事情上都能坚忍，这使他们能够恢复身体健康。或是由于个人的失败，或是因为看到别人的痛苦而产生的一时的严重的沮丧，大多数人对于它们也是能忍受的。但是，阿奎那集中注意的沮丧，只是在人们对于他们自己的失败和世界上明显地、普遍地存在的苦难始终保持敏感，才会产生。

最重要的是，人们只要对照两方面来衡量他们自己和世界，这种真正的沮丧就会产生。一个是上帝的超越的神圣的品德（sacrality）所提供的标准，而另一个则是上帝通过博爱在他们的生命中的呈现。坚忍所形成的深沉的沮丧表明看到了这种标准和呈现，以及日常生活与它们之间的距离。然而，看到它们也产生了喜悦（*gaudium*），喜悦是博爱的作用，并且能够同悲伤结合在一起。

> 这种喜悦使我们在我们分享的神圣的美好中快乐（*gaudet*），……会被与之相反的某个方面所阻碍，（这样，）我们的喜悦可能会同悲伤（*tristitiae*）相混合，意思是我们为我们自身、或我们的邻人——我们就像爱自己那样爱他们——中反对这种分享（*participationi*）神圣的美好的方面而悲痛。①

真正坚忍的人们所面临的既不是简单地看到罪恶，也不是为了未来的美好而简单地遭受罪恶的伤害。他们所面临的沮丧，以及他们所追求的、蒙眬意识到的甚至分享的未来的美好这两方面远甚于常人所遇。只是在人们将两种不同的、甚至表面上矛盾的做法结合在一起的时候坚忍才会出现。他们必须按照上帝的善、期望与正义的判决中所显示的标准来评价尘世生活的悲伤。他们还必须坚持两种美好：未来可能与上帝同在的美好，以及现在上帝在世界上的显现与参与人们的生命活动所显示的美好。这种做法的两个方面都极其重要。一个人的悲伤必须以极其强烈的状态持续存在。然而，它决不能压倒对美好的追求，即准确地确定它的表现形式，对

---

① 2—2. 139. 1. 1。第一个短的引语取自 2—1. 68. 4。第二个长的引语取自 2—2. 139. 1。信心（fiducia）与安全（securitas）都摆脱了焦虑，两者通常都被描绘为高尚的一部分，在这种语境中它们只同人们对他们自己的天生的能力的感觉相联系；见 2—2. 139. 6. 3 和 2—2. 129. 7. 2。对于它们在勇敢中的作用有争论；见《神学大全》第 42 卷，第 120—121 页注 a。阿奎那明确地扩展了信心在这种语境中的常见意义。

世界的终极本质有正确的信念。阿奎那认为，这种做法非常特别，以至于它只能来自神学美德。博爱，与上帝为伴，这是最重要的，但是，在坚忍中表现出来的这种做法也是以信仰为基础的，并且表现为在希望中出现的、在自负与绝望之间的那种适中状态。

坚忍的品性就像普通的勇敢的品性那样，可以通过考察它的假象加以阐明。阿奎那从未作这样的考察，但是，我将展开这种考察，办法是将他对常见的勇敢的五种假象的分析运用于坚忍，这五种假象是单纯无知，性情乐观，习得的本领，感知到的好处和情绪激烈。勇敢有三个假象产生于实践智慧作用的不当，它们同坚忍的三个假象相似，但是，神学美德，尤其是信仰，通常在宗教领域发挥实践智慧在天性的领域所发挥的那种作用。当人们不具有神学美德所产生的信心，或不具有对世界的不公正的认识应当会产生的沮丧，由无知所形成的假象就出现了。这就是说，当人们不能保持规定坚忍的那种独特的、具有两个方面的做法，它就出现了。与此相似，当人们或是过分乐观地依靠过去克服沮丧的经验、或是在不适当的时候其意向表现得沉着镇定、漫不经心，在这样的情况下性情乐观的假象就出现了。这样，他们的乐观主义所反映的希望存在着缺点，它同迟钝和自负相近。它显露了一种未加磨炼的态度，表现了一种天真的信念，以为一切最终都会好起来的。

这种态度的主要根源可能是人们天真地依靠习得的宗教道行，它类似本领。然而，这些宗教道行不像本领，不可能总是产生结果，修行者的内心状态是重要的。可是，在痛苦发生的时候，通过祷告、圣礼、神圣的经典来纠正自我的方向，这需要运用类似本领的道行。这就是说，这些宗教的本领像平常的勇敢中的习得的本领那样，在培育真正的坚忍中发挥了重要作用。然而，它们会妨碍一个人准确地感知以及正确地反应。

坚忍的这三个假象全都依靠有缺点的认识类型。每一个假象都不能反映这样一种包含了两个方面的做法：它产生于对人的局限性、原罪，以及对神圣的美好和力量这两方面的真正认识。人们为了感知到的好处而行动以获得好处或避免受损，这时那种特别低下的、有缺陷的宗教认识就出现了。在这些情况下那种克服沮丧的信念就是从平衡恐惧中产生的。人们追求上帝的善完全是因为对永世的毁灭的恐惧超过了别的恐惧。用阿奎那的语言来说，这样的人是由奴隶的恐惧而行，而不是由子女的恐惧而行。他们遵循一种规则，或是追求赞扬，因为他们害怕惩罚。他们不是出于爱颁布这种规则的那个人而行动；他们不想要通过遵循这个人所代表的生活方式来让这个人高兴。阿奎那认为，奴隶恐惧在宗教生活的初期阶段有合理的作用。确实，它的作用像感知到的好处在获得真正的勇敢中所起的作用。然而，对奴隶恐惧的需要还要多一点，因为对上帝的特性的认识多半少于对勇敢行为的大部分目标的特性的认识。不过，要使真正的美德存在，奴隶的恐惧最终必须要由子女的恐惧来取代。人们必须只对上帝的善、而不是对上帝能够为他们提供的好处，作出反应。

勇敢的最后一个假象，即情绪激烈，在宗教方面好像很少有相当的东西。然而，情绪的自然兴奋能够帮助人们克服或减轻沮丧。但是，这种兴奋多半会扭曲神学美德希望和超自然的美德坚忍，因为这两种美德每一个都依靠这一点：清楚地认识到是什么合乎情理地产生了悲伤。不仅如此，能够归入情绪激烈范围的另外一些情感反应会扭曲超自然的美德。例如，天然的崇敬、惊奇、或热爱，它们都是褒扬的情感，但是，它们会扭曲坚忍所表现的包含两个方面的态度。它们的合适的作用好像愤怒在这样的情况下的合适的作用：愤怒加强了勇敢的行为，但是却由实践智慧所支配。在所有这些情况下，“天然的”情感反应本身是可贵的，可能是极有助益的。但是，它们需要由正确的、崇高的眼光来形成，否则出现的只是美德的假象。

因此，超自然的美德坚忍可以说有五个假象，它们与普通的勇敢的假象相像。考察它们能阐明美德所表现的那种独特的忍耐类型，又能显露它容易变成的那种扭曲的忍耐类型。坚忍所显示的忍耐表现了勇敢通常达到的最高的宗教形式。然而，上帝特别的、直接的激励能够产生一种状态，一种超越坚忍所显示的那种状态，它是在天赐勇敢中发现的。阿奎那对于这种天赐说得很少，但是，他所说的话就其自身而言以及对于我们比较孟子来说，都极端重要。

就像前面指出的，这种天赐是一种意向，使人们对于圣灵的激励的反应更敏锐，或者说使人们更顺从这种激励。因此，表现了天赐勇敢的意向的行动，将直接依靠圣灵的作用。在这样的作用中，天赐勇敢产生了一种状态，一个人，譬如殉道者，在这种状态中以一种非常独特的方式抵御了对于危险的畏惧：

> 圣灵进一步促进了人的精神，使之超过了平常的勇敢的坚定，为

> 了使一个人能够达到所有业已开始的工作的目的，以及避免任何一种危险的威胁。这超越了人的本性，这是由于要达到一个人的工作的目的、或逃避罪恶或危险，有时不是在人的能力范围之内能做到的，因为这些危险有时把我们逼迫到死亡的地步。但是，圣灵在我们身上做到了这一点，他引导我们达到永生，永生是所有好的工作和逃避所有危险的目的。他向我们的心灵灌输了某种信心（*fiduciam*）：这将成为现实，并抵制与之对立的恐惧。

圣灵产生了对于永恒的奖赏的信心，而不是对于尘世的成功的信心，对于永恒的奖赏的信心实际上排除了一个人通常会感觉到的恐惧。天赐所造成的不同确实巨大。正如阿奎那所说："勇敢作为一种美德使心灵有能力忍受任何危险。但是，它没有一种资源使我们具有信心（fiduciam）以逃避每一个危险；这是作为圣灵的天赐这种勇敢所起的作用。"① 人们不是简单地忍受这样一些危险：他们知道它们可能会毁灭他们所珍视的大部分、或全部的东西。相反，他们有信心他们能抵御所有的危险。他们的信心所包括的似乎多于只是对将来会发生什么的信心。他们对一些迹象的意义也感到有把握，这些迹象使他们放心：圣灵会引导他们，他们在进入与上帝为伴的关系，这种关系规定了博爱的内容。

不仅如此，博爱的存在，它与天赐、即天赐智慧（the Gift of Wisdom）的共存，意味着人从根本上改变了。我已经讨论过博爱怎样改变人，但是，在这里我们需要考察与之并存的天赐智慧的作用，因为这些作用有助于解释天赐勇敢中十分明显的信心。天赐智慧包含了理论和实践两个方面。这样，感觉到的信心具有认知和感情两个方面，但它主要以爱为基础。对于阿奎那来说，知识发挥作用是让认知者弄懂已知物体，因此，它受制于认知者的局限性。然而，爱能够将主体提升到高于他们自己，把他们引导到同客体的一种关系之中，这个客体不同于他们，在这种情况下超越了他们。

---

① 2—2. 139. 1. 1。第一个短的引语取自 2—1. 68. 4。第二个长的引语取自 2—2. 139. 1。信心（*fiducia*）与安全（*securitas*）都摆脱了焦虑，两者通常都被描绘为高尚的一部分，在这种语境中它们只同人们对他们自己的天生的能力的感觉相联系；见 2—2. 139. 6. 3 和 2—2. 129. 7. 2。对于它们在勇敢中的作用有争论；见《神学大全》第 42 卷，第 120—121 页注 a。阿奎那明确地扩展了信心在这种语境中的常见意义。

这一立场对于认识天赐智慧怎样发挥作用的问题，极端重要，它引导阿奎那提出这样一些主张，有些人可能会认为，在他那里发现这些主张是令人惊讶的。例如，他说："一个人通过爱（*amor*）而被动地为上帝本身所吸引，在这种情况下，他比通过他自己的理性活动更快地、更有把握地走向上帝。"反过来说，这种主张依靠这样一种总观点："因而可能会出现这样的情况：一个事物被爱胜于被认识（*cognoscatur*），因为它能够被爱到极点，却不能够被完全彻底地认识。"此外，即使是那种激发生命活力的爱的作用本身也只能不完全地把握。不像知识的表达，爱的表达缺乏恰当的表达语汇。因此，用语上的不精确，缺少一种充分的概念理解，必须以了解爱的活动和效果来弥补。爱在天赐勇敢的特征即信心中的作用表明，它的信心绝不可能以明确的命题形式来表达。它既不能恰当地辩解，又不能完全被理解。尽管如此，阿奎那认为，爱的这些特征以及它们必然产生的模糊性并不减弱感觉到的信心的强度和重要性。①

回过头来说，天赐勇敢中所表现的信心产生了一种状态，其中相互斗争的情感的性质从根本上改变了。阿奎那大胆地描绘了这种新的状态，他说：

> 现在美德约束人，使他不会顺从暴躁的（相互斗争的）情感，不让他逾越理性的规则；但是，天赐以一种更卓越的方式约束他不要那样做，就是说，让他按照上帝的意志，处于完全的宁静之中（*donum autem excellentiori modo, ut scilicet homo, secundum voluntatem divinam, totaliter ab eis tranquillus reddatur*）②

---

① 第一段引文见2—1.26.3.4；第二段引文见2—1.27.2.2。论爱缺少它自己的恰当的表达语汇，见1.27.4与36.2。

要了解对爱与知识的关系这一复杂问题的论述，见《神学大全》第1卷，第124—132页；还可注意克劳乌（Crowe）（1959）对自满与关切、情感一致与奋斗中的关切的分析。论天赐智慧，见2.2.45；45.3讨论天赋的实践方面；还可注意《神学大全》第35卷，第200—202页。要了解阿奎那著作中对博爱的论述，见沙勒曼（Scharlemann）（1964）；欧特伽（Outka）（1972）分析了现代的博爱用法和相关的观念。

② 2—1.69.3. 这段拉丁文既可以理解为表示天赋使一个人不受相互斗争的激情的影响，因为这是上帝的意愿，也可以理解为表示天赋使一个人不受它们的影响，因为上帝的意愿是一个人要这样（要了解关于这个问题的译读的简要讨论，见《神学大全》第24卷，第53页中的注1）。后面一种解释与阿奎那的总观点最一致，但是，前面的解释在这里适合。在同一篇中阿奎那提出，虽然美德约束了一个人，不让他顺从情感冲动，"然而，天赋完全摈弃它们，虽然是必要的。"此外，在2—1.63.4中阿奎那对于灌输的美德与习得的美德之间的区别作出了有力的陈述。

阿奎那在这里谈到了一种存在状态，圣灵在其中的作用产生了一种信心，这种信心排除了恐惧，让一个人完全处于宁静之中。神性的直接作用产生了一种状态，保护性美德在其中成了一种倾向性美德。不再需要抵制相反的冲动；只有那种激发活力的倾向存在。无论是现在的心理状态，还是一些实际的趋向，都不必用保护性美德加以纠正。所发生的纠正只是纠正人的一般趋向。

在这种状态中，勇敢不再展示它任何一种独有的特征。外在的目标，内在的目标和会招致反对的结果，这些规定性的构成消失了。因此，勇敢不再以下述方面为特征：目标之间明显的冲突，相反倾向的必然存在，需要实施控制，再次的动机考虑。划分和反思通常被用来规定那些包含了相互斗争的情感的行动，它们被协调的行动代替了，后者是倾向性美德的特点。确实，如果我们用这种形式的勇敢作为一种标准，那么所有较低形式的勇敢就只是勇敢的假象了。

进而言之，这里所描绘的完善表现了感情和认知方面的品质，它们在根本上有别于那些通常在人们生活中显现的品质。在这种完善的状态中，人们的实践智慧以一种最卓越的方式发挥作用。完善的人通过特殊地分有和理解上帝及其意志来思虑和决定。此外，他们具备了新的能力来塑造他们自己，这种能力提供了非常独特的一种动机。完全的放心取代了通常的疑惑，而前者则决定了实践理性的所有作用以及信仰的几乎所有方面。与此相似，完全的宁静取代了各种形式的烦恼，好像甚至取代了沮丧产生的那些烦恼。这样，天赐勇敢所显现的那种状态不仅超越了平常的勇敢，甚至超越了坚忍所显示的勇敢的主要的宗教表现。

我认为，阿奎那对勇敢的分析，从平常的勇敢转向在坚忍中所发现的宗教勇敢，再到天赐勇敢所展示的独特形式。他把平常的勇敢当作保护实践智慧的活动的美德来对待，把它看做使实践智慧的活动免遭相互斗争的欲望产生的那些困难。然而，他进而论述了坚忍形成忧伤，结束时考察了那种显然是罕见的完美的勇敢，在这种勇敢中没有相互斗争的欲望出现。这样，勇敢要对付可能有的三种障碍：恐惧、信心和忧伤的情感，它们妨碍遵循经过推敲的判断，由于对付的失误就产生了勇敢的假象。调整恐惧和信心是平常的勇敢的特征，而调整忧伤则是坚忍的特征。勇敢的概念扩展到了在坚忍中发现的宗教境界，这种扩展完成于天赐勇敢中明显表现的对各种调整的超越。在孟子对勇敢的论述和我们就要转到的论题中既有显著的相似之处，又有值得注意的差别。

6 孟子关于勇敢的一般概念，适当的自尊的重要性

孟子对勇敢的表述与阿奎那极其不同。即使同阿奎那对勇敢行动的构成勇敢的各个部分或与勇敢相关的不同的情感的分析粗略相似的分析，他提供的也很少。他从来没有提出和详尽地论证这样一些复杂的主张：如忍耐是规定勇敢的标志，或每一个勇敢的行动都包含了赴死的意愿。确实，如果以思想缜密来描绘阿奎那所说，那么孟子对勇敢的论述令人惋惜，它是不缜密的。然而，肯定存在着各种不同类型的思想缜密，在比较研究中我们必须特别警惕过分推崇任何一种单个做法。（这一告诫在这种情况下特别适用，因为我们有迹象表明，孟子如果想要的话，他本可做出更加严密的分析。）我认为，我们在孟子那里看到了对勇敢所做的富有说服力的、缜密的考察。

不仅如此，孟子所论及的题目往往与阿奎那分析勇敢中出现的那些论题相一致。例如，孟子集中注意于勇敢的人所追求的更广泛的目标，考察了不同种类的信心的定位，并分析了勇敢的假象。而且，他以最具特色的方式论述了关于培养勇敢和理性与情感在实行勇敢中的作用的问题。最后，更细致的考察也使我们能够看到这两个思想家的论题之间的联系，我们原先认为他们的论题是不相干的。（就像以前说过的，有一契机加以利用就能看到联系，否则就会忽略，它就是利用比较研究的好处。）我们将详细地讨论的一个实例是孟子关于“不动心”、“命”、“天”的思想与阿奎那对坚忍与天赐勇敢的理解之间的关系。

孟子考察这些论题的方式同阿奎那相当不同、经常截然不同。但是，表达风格和分析的范围上的差别本身向我们这些比较研究者提出了一些重要而吸引人的问题。这些差别的方法论含义将在最后一章中讨论，在那里我们讨论怎样最好地选择核心的和辅助的术语，并在表面上分立的美德之间确立系统性关系。然而，现在我将讨论孟子对勇敢的分析，就像对待阿奎那那样，集中注意于他的论述的细节。（当然，这一解释过程不同于在讨论阿奎那时所使用的过程，因为孟子的目的和陈述方式常常与之有别。）然而，我将利用对阿奎那已经作出的分析来简要地比较这两个思想家的思想，尤其是当论题是扩展的勇敢宗教形式时更要这样做。可是，对

这两个人总的比较只是在最后一章中才会出现；这项工作的建设性的特征只是在我对一些特殊的思想或论点的评价中才会表现出来。

勇敢对于孟子来说是一个非常重要的美德。但是，他没有把它列入他经常谈到的四个基本美德之中，它们是义、仁、礼和智，他说它们规定了人性。此外，这些美德中没有一个同勇敢相像，或发挥同它完全相同的作用。孟子关于勇敢的作用的看法特别引人注目，因为它同在早期儒家传统的主流中发现的看法成为对照。在这个主流的思想中勇敢被认为是核心美德。例如，在孔子的《论语》中勇敢有两次明确地同孟子认为是处于核心的两个美德，即仁、智相并立。不仅如此，一部很有影响的著作《中庸》常常被认为是孟子系统的儒家的经典，它引用孔子的话说："知、仁、勇三者，天下之达德也，所以行之者一也。"这种对勇敢的强调同这样一种思想相结合：勇敢的价值总是决定于他所服务的目标。例如，孔子被问到君子是否认为勇敢是一种最高的品质，他回答说："君子义以为上。君子有勇而无义为乱，小人有勇而无义为盗。"① 可是，对勇敢的重要性的强调始终存在。

勇敢没有置于孟子的四个基本美德的排列中，这一现象的出现大概有三个相关的原因。第一，他聚焦于那四个美德是要表明倾向于伦理行为是天然的。然而，勇敢不是倾向性美德。第二，孟子往往将所有的美德看成是产生于冲动或情感，这种趋向由于他依靠人性的发展模式而得到加强。这导致他认为诸如仁这样的倾向性美德是美德的典范。此外，它也导致他把完美的道德行为描绘为自觉自愿的，摆脱了真正的冲突，非常令人快乐。然而，普通的勇敢是保护性美德；而且，反思，冲突的某种表现，以及同快乐的复杂的关系，限定了它。

第三，孟子担心（也许要甚于孔子）伴随着对于勇敢在道德生活中的作用的误解而产生可怕的后果。他生活在这样的时代：那时军人的典范和冒险造成了真正的浩劫，并且经常损害了对卓越的人性的看法。在他的时代，敏感的人（像我们时代的某些人）提出这样的问题：像通常理解

---

① 《论语·阳货》第二十三章；《中庸》的引文见第二十章第八节。要了解《论语》中这三个美德之间的联系，可以见《论语·子罕》第二十九章，《论语·宪问》第二十八章；还可注意《孟子·梁惠王下》第三章，其中包含了相似的连接。刘殿爵（1985）包含了对早期儒家传统中勇敢的论述，它不同于这里所提出的看法。

的那种勇敢是否只适合于艰难严酷的时代，它是否是对真正的英雄主义的一种误解。孟子对这一问题的反应是扩展勇敢的意义，将真正的勇敢同它的假象区别开来。因此，像阿奎那，他重新解释真正的勇敢，集中注意它同它的假象是怎样的不同，并且把它扩展到宗教境界。他的重新解释的一些说法（就像我们将要看到的）同阿奎那的某些认识十分相像，如阿奎那对信心的意义、控制恐惧、赴死的意愿的定位以及忍耐的作用的认识。然而，孟子甚至比阿奎那更少肯定军人的勇敢典范的重要地位。阿奎那所借助的传统仍然集中注意勇敢的军事意义，这种传统甚至在亚里士多德自己对英雄主义的勇敢的重新解释中表现得十分明显。尽管阿奎那对这种传统作了许多改造，它的观念对于他来说仍然很重要，从某种意义上说，对于孟子来说是重要的那种传统在这一方面与阿奎那的传统无相似之处。这意味着孟子在某些情况下比阿奎那更容易、更彻底地推进阿奎那更深刻的意思的一些方面。①

虽然孟子没有把勇敢描写成他的四个基本美德之一，他仍然明确地认为勇敢是美好的生活中关键成分。使用阿奎那更广泛地表达勇敢的意义的词语来说，从某一层面来看，孟子集中注意勇敢作为坚定的品质的重要性。这样规定勇敢是加强自我修养的因素，它使一个人有能力克服任何一个追求美德的人都会遇到的无数困难。事实上孟子雄辩地主张一切美德的最高形式只有通过勇敢地战胜种种苦难才会产生，这些苦难或是由一个人的自我造成的，或是由外部事件引起的。正如他所说：

> 故天将降大任于是人也，必先苦其心志，劳其筋骨，饿其体肤，空乏其身，行拂乱其所为，所以动心忍性，曾益其所不能。……然后知生于忧患而死于安乐也。②

因此，勇敢地战胜苦难是任何一种人道的高度实现的基础。

而且，一个圣人的突出的标志就是“力”（strength）。虽然孟子从来

① 要了解对作为一种美德的勇敢的分析，见本书第一章第五节。

② 《孟子·告子下》第十五章；《孟子·尽心上》第十八章表达了同样的思想，但没有提到天。正如 P. J. 伊凡胡向我指出的，在这一段和别的篇章中用“动”字使《孟子·公孙丑上》第二章中“不动心”的用法显得有趣，这一理念我将在后面加以考察。

没有对人们能够在一段时间内忍耐的各种做法精确地加以区分，这种力像阿奎那所说的坚持不懈，而不是他说的克制。这就是说，圣人有能力在困境中坚持到底，始终把握住那种会激发人的生命活力的方面。正如他在一篇讨论各种各样的卓越的文字中所说：

> 始条理者，智之事也；终条理者，圣之事也。智，譬则巧也；圣，譬则力也。由射于百步之外也，其至，尔力也；其中，非尔力也。①

孟子认为，任何一种对理想的追求都意味着处于冲突中的人必须做到勇敢。而且，就像我们将要看到的，他经常注意这样的情境：其中正确的行为需要相当大的牺牲，也许甚至要牺牲一个人的生命。

所有这些冲突和可能的牺牲的背后，以及孟子对勇敢的认识，都有这样的问题：是什么规定了真正的荣誉，什么构成了真正的自尊。孟子将他的讨论勇敢的重心从克服有形恐惧转移到克服获得真正的自尊的障碍。因而，他将讨论从一种语境转到另一种语境，即从其中相关的情感常常可以客观地理解的语境，转到这样的语境：其中情感得以产生的环境以及其强度决定于人和他们的文化给予它的解释。这种语境上的变化也使孟子能够主张，大多数人不能了解自尊的真正基础。他认为，天所赋予的品性的实现构成了真正的自尊的基础；只有少数人才能真正体认和珍视这种品性。

这样，孟子所做的事与阿奎那致力的那种研究相像。亚里士多德改变了真正的荣誉的标准，把传统认为可敬的、常常是军人所推崇的标准改变为好人所推崇的标准。接着阿奎那把它改变为上帝所注重（并最终据以判决）的标准。他争辩说，好人的判断反映了、但有时却歪曲了最终的标准。孟子缺少这样一种次要理论：它引起并阐明了阿奎那所做的改变，但是，他确实将人给予的荣誉与天赋予的荣誉加以对比。此外，他们关于这些改变的实践理论包含了某些引人注目的相似之处。例如，阿奎那对信心的论述所分析的许多问题，与孟子论述合适的自尊时出现的问题相同。与此相似，阿奎那对勇敢的一个部分即宏伟的考察常常转变为回答关于荣誉的合适的根据的问题。这样，让我们来考察孟子对这样一个问题的论

① 《孟子·万章下》第一章；要了解阿奎那对坚持不懈与克制的区分，见本书本章第四节。

述：这个问题用阿奎那的术语来说就是，**勇敢的**几个主要**部分**是什么，或者说构成勇敢的基础的那些成分是什么？①

我们不应当用关于自尊的重要性的现代观念来解读孟子的文化。与大多数现代人相比，在那种文化中人们不太重视个体人格尊严的理念，更注重根据他们扮演所规定的社会的角色来评价人。但是，当人们进入了角色，又在变换种种角色、因而不会为单一的角色所支配的时候，他们应当成为什么样的人，应当做什么，应当允许对他们做什么，对于这些问题任何一种文化都包含了种种复杂的看法，虽然有些只是未明言的看法。这些看法是自尊的思想基础，是关于一个人应当尊重其自我和他人中什么品质的想法的基础。实际上，依据这些看法而产生的禁止或赞许的手段（诸如惩罚，威望，财富和权力）是一切文化中大部分思想家关切的问题。在某种文化中如果对人性昌盛的歧异看法相互冲突，或同普遍接受的关于规诫的思想发生冲突，或同富有革新精神的思想家提出的新看法发生冲突，那么，这种关切就变得特别明显。孟子面对的就是这种情况。关于真正的自尊的基础的各种主张处于冲突之中。每一种主张对于勇敢的行动应当追求的目标都有不同的想法，因此对于勇敢的品质都有不同的判断。

从孟子的著作可以推知有五种这样的主张，对于他来说，它们可以说构成了真正勇敢的假象。其中几个将在后面详细考察，但是可以对这五种主张概略地勾画如下。一个群体中一个人被公认为武士典范，他不顾生命危险，能够勇敢地站出来回击对他自己或对他的社群的真实的、或心中感到的侮辱。而在另外一群人中，人们以为自尊来自有权势的人所给予的赞扬和地位，并且相信每一个人都应当奋力追求它们。还有一群人是由循规蹈矩的、古板的、重道德的人组成的，这些人固守对于社会常规的未加分析的看法；他们会英勇地护卫应当改变的规则和习俗。这三类人中的后两

---

① 考察这些改变的具有启发性的方法是集中注意这样的问题：人们应当追求什么样的目标以便使自我牺牲变得可以理解。例如，基督教神学家争辩说，只有认识到超越的价值才能充分地说明亚里士多德在 N. E. 1169a26—36 中所描绘的那种自我牺牲。这就是说，优秀和光荣（*kalos*）只有被置于不同于亚里士多德自己所提供的那种框架中才能提供合理的动机。可以说相似的一类观点在孟子那里也有，虽然关于天给予四端的说法大概提供了标准。当然，在这两个事例中，判断是建立在有争议的基础之上，比如合理的动机所包含的必须多于只是在社会上追求他人的尊敬。关于这个时期主观性在中国人思想中的作用的一般问题，见葛瑞汉（1989），第 95—105 页。

种是孟子所说的“乡愿”的变种，这三类人往往为了达到有问题的目标而危害他们自己或别人。

最后两种主张在哲学上更加精致。其中一种主张表现在墨子学派中，它的信奉者认为那种产生规则的理性思考构成了人的真正卓越之处，因此是真正的自尊的基础。勇敢的作用是维护这种思考，促进人们遵循理性产生的这些规则。还有一种主张（可以肯定，这种主张在早期道家、很可能还有杨朱学派的一部分人中表现得很明显）的信奉者提出一种“高尚的胆怯”，人们只是以此达到保护他们自己的目的。这些思想家认为，几乎没有一种事物如此宝贵，以至于为了它人们应当去死或使他们自己陷于危险。勇敢是有能力抵制牺牲的要求，伦理、宗教、或社会等方面的许多指导者提出了这样的要求，除非这种抵制本身有导致毁灭的危险。①

虽然处于根本不同的语境之中，所有这五个假象都是勇敢的一般假象的变种，阿奎那认为，当人们对人性的卓越缺乏足够全面的认识时这些假象就产生了。阿奎那所说的对世俗关切的忧虑，以及这种忧虑所显示的对生活的终极目标缺少一种更一般的眼光，这两方面在孟子所揭示的假象中都有表现。然而，阿奎那的五个假象没有一个能够同孟子的五个假象毫不勉强地对应。可是，值得简略地指出孟子与阿奎那的假象怎样相互联系。

阿奎那以情绪激烈为基础的假象有对应者，也许是最接近的对应；即同孟子所说的推崇武士典范的假象最相似。以感知到的好处为基础的假象特别像孟子说的这样一种假象：人们追求有权势的人的赞扬。虽然不太明显，它也像这样的假象：人们维护社会习俗。在这两种情况下，尤其是在第一种情况下，人们对他们误认为可比的美好事物加以权衡比较。最后，习得的本领的假象同在高尚的胆怯中所看到的隐约相似，性情乐观［的假象］与孟子所说的过分依靠维护那种产生规则的思虑的假象这两者之间的相似更加隐约。这就是说，本领使人们能够逃避危险，而性情乐观则是产生于对于一个人的做法的有效性的信念。然而，不论有什么相似之处，区别同样是突出的，特别是除了前

① 我在考察孟子关于完美的勇敢的主张时将更详细地论述其中某些主张；我们在前面对美德的假象的考察也曾经论及它们。

面二种以外的所有假象。在这个问题上，孟子分析的目的和方式同阿奎那成为截然对照，除非论题是一个人对人道的昌盛的总观点怎样支配特殊的判断。

孟子批判了这五种主张，质疑它们关于自尊或荣誉的看法。他相信，天所赋予的四端，即美德之胚芽构成了人所独有的东西，它是真正的尊严的基础。每一个人都具有远远超出任何纯然人的因素可给予他们的那些东西，但是，大多数人认识不到它们，因为他们没有像他们应当做的那样注视它们。正如孟子所说："欲贵者，人之同心也。人人有贵于己者，弗思耳矣。人之所贵者，非良贵也。"孟子的主张依靠清楚地区分源于天与源于人的东西，他使用这种区分对尊严的基础加以重新解释。他以追求政治荣誉（我们所说的第二种假象）的人作为他的实例，他这样说：

> 有天爵者，有人爵者。仁义忠信，乐善不倦，此天爵也；公卿大夫，此人爵也。古之人修其天爵，而人爵从之。今之人修其天爵，以要人爵；既得人爵，而弃其天爵，则惑之甚者也，终亦必亡而已矣。①

孟子认为大多数人用他们对于自尊的欲望、发展良能（Heaven—given capacities 直译是"天赋予的能力"），只是为了维护传统的社会典范。然而，他希望对于这种欲望和良能中显示出来的动力加以控制，把它转到这样的方向：即引导人们以正确的方式尊重他们自己。

他认为，这项任务是要让人们相信，对自我的真正关心来自重视和培育良能。实际上，这些良能的实现需要勇敢，但是，所需要的勇敢有别于大多数人认为的那种勇敢。因此，孟子的目的是纠正人们关于什么是可贵的思想，因而也要重新解释勇敢，改变那些流行的看法，他的办法是指明勇敢是那种使人们能够达到人性的完全卓越的美德。勇敢究竟是怎样帮助

---

① 《孟子·告子上》第十六章；第一段引文见《孟子·告子上》第十七章；关于一般问题，也见《孟子·告子上》第十一至十四章。另外一些人把自尊看成是不受辱。就像大致同时代的著作《墨子》所说："争一言以相杀，是义贵于其身也"；见葛瑞汉，1967，第239页。（中译者按：引文见《墨子·贵义》）

人们展示他们的良能的真正发展，他对这一问题的认识是我们下面的论题，我们现在就转到这个论题。

7　孟子对完美的勇敢的认识：他的分析的特点

我将考察孟子论述或阐明勇敢的那些特定的文本、观念、甚至争论，由此开始讨论他关于完美的勇敢的论述。然后，我在下一节中将转向孟子关于完美的勇敢的品性和作用的认识，作出更具有理论性的论述，把它同阿奎那所说的**天赐勇敢**稍加比较。在最后一节中我将考察孟子怎样扩展勇敢的观念，怎样使它加强一种宗教态度，以恰当地对待那些合乎情理地产生挫折感和悲伤的原因，以此结束本章。这种扩展同在阿奎那论述**坚忍**中看到的那些说法相像，我也将讨论这种相像。现在让我们开始考察表现孟子对于勇敢的认识的若干关键的问题与观念。

孟子对完美的勇敢的论述起于他对勇敢的流行观念的再思索，在他看来这些观念只是勇敢的假象，他的时代的大多数人都肯定这些观念。就像已经说过的那样，与阿奎那相比，孟子对那些把勇士视为勇敢的典范的人甚至更不重视。可是，他仍然受益于他重新解释过的观念，包括那些勇士的典范所反映的那些观念。（顺便说一下，这种受益关系有助于解释孟子思想中何以缺少分事的概念。）有一些品质，像忍耐，决心，忠诚，活力，本领，迅速地适应变化中的环境等，这些特殊的品质是战士和圣人都有的特征。此外，军人典范和孟子的圣人典范具有另外一些不太明显的联系。代表了这两种典范的那些人是在一个显示了英勇精神的环境中发挥作用。他们经常发现，世俗对于微不足道之物的关切，谨小慎微地迁就那些令人讨厌、不道德的行为，这些真是趣味低下。激烈的冲突而不是乖巧的顺应，是这两种典范都有的特征，就像这样一种看法所显示的：投入战斗的人们不是可能获得一切有价值的东西，就是可能会失去它们。所追求的目标的重要，所遇到的事情的困难，［对于这两种典范来说］是相似的。这两方面的特征把这两种典范同一味妥协、顺应、谨小慎微的世人区分开来了。

虽然有这些联系，仍然有一个关键的差别将完美的勇敢与其他较低形式的勇敢区分开来。唯有完美的勇敢依靠体认、发展和遵循那些规定人性的所有的美德。孟子在他同齐宣王讨论时提到了这种差别，那时他区分了大勇与小勇。(这个讨论也表明孟子认识到，当勇敢的扩展性表明有一种需要战争的政治判断时，这种扩张性是怎样导致灾难性的结果的。)齐宣王指出了自己的不足之处，表示孟子的话是重要的，但是说他好勇，因而孟子回答说："王请无好小勇。夫抚剑疾视曰：'彼恶敢当我哉！'此匹夫之勇，敌一人者也。王请大之。"对于孟子来说，文王与武王这两个圣王体现了大勇，他们"一怒而安天下之民。"这就是说，他们以强有力的对内与对外的举措造成了良好的社会秩序。他们战胜了侵犯者，维护了应有的正义，使人民得到教育，进而使强横霸道者——即把勇敢引向邪道的人——不能得逞。①

在一篇很长的、主要由箴言警句构成的文字中，孟子以复杂得多的方式考察了相似的差别。这篇相关部分文字过于精练，甚至意义隐晦不明，但是其中出现的各种看法对于理解孟子关于勇敢的论述极其重要，而另外一些篇章则可以用来说明这些看法。在这篇文字的开头有人问孟子，如果他不能改变一个国王的行为，他是否会"动心"，即引起他的痛苦。② 孟子回答说："否，我四十不动心。"③ 这个问题所触发的、涉及范围广泛的讨论以勇敢作为其首要的实例。总是存在着破坏所想望的平静的心态，在要求勇敢的那些情境中尤其如此。而且，许多人想必是将具有不动心与卷入战事的人们所显示的那种勇敢相等同。孟子的目的是要表明，大多数这样的行动所表现的只是勇敢的假象。他们误解了自尊真正的基础。因而他们感到放心的事情，他们害怕的事情，以及他们的勇敢都是有问题的。

---

① 《孟子·梁惠王下》第三章。

② 译者按：这里对原文的译述与原意有歧异。原文如下：公孙丑问曰："夫子加齐之卿相，得行道焉，虽由此霸王，不异矣。如此则动心否乎？"原文的意思是：公孙丑问："老师如果被任为齐国的卿相，能够实行儒道，即使由此而成霸王之业，也不足怪。如果这样，您是否会有所疑惧动心呢？"

③ 《孟子·公孙丑上》第二章。在这里以及在后面部分我使用里格尔（1979）译本，并且受到他对原文卓越的研究的很大影响。然而，我把他翻译"义"为 propriety，改变为 righteousness，把他翻译"志"为 inclination，改变为 will，并且按照尼维森（1973）来解释"言"。

"志"是指心灵的命令、方向，能够涵盖一个人的人生的总目的，偶尔又包含更加具体的意图；见《孟子·公孙丑下》第十二、十四章；《孟子·离娄上》第十章；《孟子·告子下》第八、九章；《孟子·尽心上》第二十四章。意志（will）在阿奎那使用的一般意义上说很可能是［"志"］的适当的、好的同义词，不会像里格尔所说的那样容易造成困难，见里格尔这本书第441页以及第454页注27。

这段文字指出有一个人叫北宫黝，不论是谁给他的侮辱他都予以回击；另一个人叫孟施舍，他关心的既不是胜利，也不是失败，而只是无惧。虽然方式不同，这两个人却都不能正确地表现美德的品质。他们没有智的指导；他们的回应都是由准则来支配的，并为他人所支配，甚至是由恒定的反应所支配。此外，义与仁在他们的行动中几乎没有发挥作用，似乎完全抛弃了产生礼的辞让。这两个人都没有表现出孔子对他的一个弟子所描绘的那种堪称典范的勇敢：

> 吾尝闻大勇于夫子焉：自反而不缩，虽褐宽博，吾不惴焉；自反而缩，虽千万人，吾往矣。①

不幸的是，我们对于“缩”的准确的含义没有把握。然而，它很可能是指镇静和信心，它们产生于对来自天、并规定了人性的那些道德倾向的体认。不过，十分清楚的是，在这段文字中描绘的那种伦理状态使一个人同“气”相贯通，这种贯通极端重要。

在下面我不翻译“气”这个字。**心理—生理上的动力**（psychophysical energy）很可能是翻译它的最好的单一同义词，但是，寻找任何一个同义词和一组同义词表明，要在真正不同的思想体系之间确立可比性是非常困难的。（就像我将要讨论的，这个词语也很好地说明了次要理论何以能够决定实践理论。）气作为中国早期宇宙论的基本用语是指到处弥漫的、连续的物质—能量，它以或粗或细的形式构造整个宇宙，包括动物和无生命的物体。孟子对气的表述利用了物理学话语，其中气被描绘为流动的气体。但是他又认为气具有潜在的精神性；它在一个完美的人的身上发挥作用时，能够成为一种精神活力。这个概念显然可以置于机体论的框架中，根据这种理论，没有一样事物从根本上说是超越任何一种别的事物

---

① 《孟子·公孙丑上》第二章。要了解对北宫黝和孟施舍所表现的这两种勇敢的描绘，见《孟子·公孙丑上》第二章开头部分。

赵志（译音）将“缩”理解为意指道德上正直，信广来采用他的说法（1986，第 243 页注 18）。但是，里格尔把它理解为（虽然有些犹豫）意指“紧张（既是生理上的，又是精神上的），不是由于神经紧张，而是由于没有神经紧张引起的颤抖或焦虑……（这依靠）一个人自己内心的坚定和自我满意的感情”（1979，第 438—439 页）。这个字在《孟子》的其他部分没有使用过，此外，在《论语》或《墨子》中也没有用过。

的，但是气的精神性使人们能够超越他们的普通的存在和行动的方式。[①]

孟子所说的“**浩然之气**”特别重要，他说他在养浩然之气方面胜过他人。这种气

> 至大至刚，以直养而无害，则塞于天地之间。其为气也，配义与道；无是，馁也。是集义所生者，非义袭而取之也。行有不慊于心，则馁矣。[②]

孟子可以说把气的概念“道德化”了，因为他宣布，它的最宏伟的形态，即浩然之气的呈现依靠正确的道德行动。除非气与义结合，否则它就将萎缩。孟子可能是在这里批判那些主张我称之为高尚的胆怯的人，即那些希望通过避世、以沉思养气来达到得道的境界。然而，他提出人们必须以正确的方式求义，他这样说的时候肯定是在反对告子所代表的一种主张。孟子说，人们必须将天然倾向引导到义，而不只是把天然倾向引导到遵循准则，如若这样，就可能会产生正义行动。

告子在精神修养方面卓有成就，以至于达到不动心的程度。根据孟子所说，告子以义为外，认为要做到义就要遵从人们之间的关系这种客观现实。不仅如此，告子相信，义表现于坚持正确的准则和学说（“言”）。对于他来说，心没有这样一种自然倾向：即顺其本性发展就会导致义。但是，心确实具有这样的能力：分辨一个情境的客观方面，对它作出真实虽然并不周详的描绘，并且使行为符合特定的信条或准则。孟子与告子之间

---

① ［在英语中］发现“气”的同义词是在真正不同的思想体系中确立可比性所牵涉的问题的经典实例。要了解对于它的精辟的、虽然各异的论述，见里格尔（1979），第453—454页；沃利（1934），第28、46—49、57—58页；史华兹（1986），第179—184页、270—274页；葛瑞汉（1989），第101—104、117—119页；伊凡胡（1990），第155、160页；刘殿爵（1970）的《孟子》英译本，第24—25页。葛瑞汉对后来的思想家著作中的气的研究很好地说明了寻找适当的同义词引起的许多一般问题；见葛瑞汉（1958），第31—43页。

孟子对这个词的使用（尤其是在《孟子·公孙丑上》第二章，但是也要注意《孟子·告子下》第八章）中出现的关键问题是要找到这样的表述：它保留了关于气是到处弥漫的、连续的物质的思想，然而又表明人的气的最充分的表现不同于又超越于气的大部分常见表现。我将在这一章第九节中讨论这一问题的某些方面。

② 《孟子·公孙丑上》第二章；里格尔译本（1979）；也可注意伊凡胡（1990）另一种译法，第76页。

的区别，同强调准则或责任的进路与强调美德的进路之间的区别相类似。（用他们的语言来说，问题就是义究竟是“外在的”，还是“内在的”。）这个根本的差别造成了孟子拒绝告子这样的说法：“不得于言，勿求于心。”这就是说，孟子认为心具有向义的天然倾向，而告子忽视这一点是因为他拒绝求助于心，代之以注重准则。

在考虑这种分歧时对于我们来说特别重要的是孟子这方面的思想：气怎样同活动、特别是勇敢的行动相关联，它怎样加强了活动、特别是勇敢的行动。他赞同告子这样的说法：不得于心，勿求于气。但是，孟子认为，志，即心灵的命令、方向，是“气之帅”。如果志没有得到支持，气将枯竭，就不能最充分地加强行动。此外，孟子还主张，一个人只有在遵循向义的天然倾向而行动时，浩然之气才被充分地激发出来。告子的义只是通过遵循准则而产生的，它不可能同气恰当地结合。正如孟子所说，气“非义袭而取之也”。

阐述孟子关于这个论题的思想把我们带到了围绕着气的概念产生的专业难题，我们只是不完全地了解那个时代关于气的不同理论。可是，孟子的立场许多重要特征还是清楚的，即使专业上的细微含义仍然难以弄清。孟子断言，气必定依附于它能表现的志与义。气注定于要遵循这些天然倾向，如果它只同准则相连，就会枯竭。

这样，产生于美德的行动就将具有不同于实行准则而产生的行动的特点。最值得注意的是，合乎美德的行动与出于责任感的行动相比，释放出更大的能量，产生更多有功效的结果，更充分地感觉到宁静和信心。由衷地自觉自愿，喜悦，泰然自若，它们伴随着道德行动，甚至帮助确认和加强这些行动。气的观念在次要理论的层面为孟子提供了一种解释，说明为何会出现这些特点。这就是说，浩然之气产生了巨大的效果，比如对于一个人的目标充满信心，努力达到这些目标的力量倍增，甚至在行动中显得喜悦欢欣。就像我将要讨论的，在实践理论层面的一种解释也能够说明为什么会出现这些特点，这种说明使我们比较孟子与阿奎那的思想能够更有成效。①

① 要了解对这个问题的更深入的讨论，见本书第五章第三节。虽然我们只能推测，孟子的气与阿奎那所说的情绪激烈（spiritedness）以及此词的古希腊词源 thumos 之间可能存在有趣的相似之处，特别是当勇敢成为论题的时候（见本章注 16 译者按：即第 150 页注 1）。

然而这里更重要的是孟子这样的思想：在要求作出勇敢的行动的时候，气的这些表现尤其必要。由于担心丧失真正美好的东西而产生的恐惧，不是阻止人们采取勇敢的行动，就是妨碍它的施行。然而气的显现有助于确保战胜合乎情理的恐惧在心中引起的慌乱盲动的力量。此外，这些显现使行动者确信道德倾向［在自身中］是存在的。它们有助于通过确认勇敢行动的目标的正确性，来维持一个人合理的信心。孟子说明了完美的勇敢种种表现，例如，在道德上的得当所显示的镇静和信心（“缩”），气能显示的精神力量，以及同真正的义所表现的人的天赋本性这一真正的根源的关联。然而，这里最重要的是，气的最充分的显现，连同它所形成的力量以及信心，怎样依靠正确的道德回应。

当一个完美的人面对要求作出勇敢行动的情境的时候，会有什么考虑，孟子对此作出了引人注目的描绘，它出现于孟子对比生存的欲望与行义的欲望的一段文字之中。

> 生亦我所欲也，义亦我所欲也；二者不可得兼，舍生而取义者也。生亦我所欲，所欲有甚于生者，故不为苟得也；死亦我所恶，所恶有甚于死者，故患有所不辟也。……非独贤者有是心也，人皆有之，贤者能勿丧耳。一箪食，一豆羹，得之则生，弗得则死，嘑尔而与之，……乞人不屑也；万钟则不辨礼义而受之。……乡为身死而不受，今为宫室之美为之；乡为身死而不受，今为妻妾之奉为之；乡为身死而不受，今为所识穷乏者得我而为之，是亦不可以已乎？此之谓失其本心。①

在这一章中孟子运用了相似推理（reasoning by resemblances），我们在考察他的美德理论时曾讨论过这种推理形式。在这里他用它来说明义对于人们的要求，以及勇敢在帮助人们实行这种要求中的作用。他首先假设了一个情境，在那种情况下人们在两种做法中容易选择一个，放弃另一

① 《孟子·告子上》第十章；尼维森英译本 1986b，第 751—752 页。《孟子·告子上》第十一至十四章包含了相似推论的实例，我们曾在本书第二章中详细地讨论了它的一般形式。还可注意《孟子·离娄上》第二十七章，其中对道德行动产生的喜悦所做的描绘引人注目，虽然意义有些隐晦不明。

个，并且表现出按照这种选择来行动所需要的勇敢，然后他力图表明人同样自然地更想要某种东西，胜过他们生存的欲望。

孟子的辩才令人折服，在这里他不是企图对思虑过程给我们作一个细致的描绘。这段文字描述了完美的勇敢的发生过程。在需要勇敢的时候，如果人们利用同“思”、“充”和“智”相结合的相似思维，那么，正确的倾向就容易取胜。这样的思维依靠体认天赋予的倾向，激发浩然之气，使表面上困难、甚至不可能的事变得容易。

对完美的勇敢的描绘，还有孟子所展示的与不动心相关的思想，都表达了一种崇高的完美的状态或理想目标。我认为，它像在阿奎那描绘天赐勇敢中所看到的那种说法，虽然这种相像的特征是既有差别中的相似，又有相似中的差别。现在让我们考察那种状态，并且简要地说明它同阿奎那的关系。在这种考察中，我将要在比孟子所论述的更抽象的层面上展示这种完美的勇敢的发生过程。这就是说，我将致力于一项危险的、但是能给人启示的任务，即构造一个关于完美的勇敢的状态的实践理论，这种理论比我们在孟子的著作中所见的要更明晰。

8　孟子对完美的勇敢的认识：对天赐勇敢的假象的理论解说与简短考察

孟子对完美的勇敢的表述似乎是描绘了这样一种状态：在这种状态中真正勇敢的人对于会引起反对的后果、对于真正美好的东西的丧失并不感到恐惧。许多当代西方思想家会把这称为无畏（fearlessness）或过于自信（overconfidence），而不是勇敢，这种判断显露了不少东西，既有关于孟子的思想，又有关于当代西方思想家的看法。然而，我认为，最富创意的做法是假定，我们在这里看到的是完美的勇敢，它像阿奎那描绘为产生于天赐勇敢的那种状态。这两者都是以宗教精神为基础的人性的高度实现。这样，考察这种状态怎样发生作用使我们能够探索勇敢所达到的最高的精神境界的一个特征，孟子认为这种境界规定了最高的德性。

就像在前一章中所说，孟子认为像羞耻和某些种类的恐惧这样的情感具有三个成分。认知成分是关于对象的价值的判断，欲望成分是导致行动的倾向，最后一个成分表现于各种生理变化之中。这就是说，一个常人相信某个事物是危险的，因而倾向于逃避它，这两个成分将产生生理变化，比如脉搏跳动加快了。

然而，按照孟子的理解，真正勇敢的人知道某个事物是危险的，但是既不倾向于逃离它，也没有出现正常的生理反应。因此，这样一个人同缺少所有这三种成分的无畏的人以及同表现了所有这三种成分的人都不相同。当这个人看到一个明显精神错乱的人将要攻击一个小孩的时候，她知道这个人精神错乱，不正常，此人可能是危险的，这个精神错乱的人将伤害小孩，也可能伤害任何一个管这件事的人。正确的认知判断出现了，但是，通常伴随这个判断的其他成分却不见了；她没有要逃离的欲望，也没有许多生理反应。这些非认知的反应确实出现了，它们是来自另一个判断，并且导致道德行为。这就是说，她感觉到的欲望只是帮助这个孩子，并且伴随有生理反应。因此，激发出来的欲望，即可能作出的两种行动：逃离或向前，成为截然对照，虽然某些生理反应如肾上腺素的分泌可能是相同的。

简明扼要地说，道德完美的人的心中存在着两种不同的判断。一个判断是一个精神错乱的人马上就要攻击，此人可能伤害到行动者和小孩这两方面。另一个判断是小孩处于危险之中，应当受到救助。通常由第一个判断，即恐惧引起的判断所产生的两种反应（欲望和生理反应）同第一种判断脱离联系了。但是，通常由第二个判断产生的这两种反应依然存在，一个表现了勇敢的仁爱行动发生了。构成了人的真正本性的那些美德充分地发挥了作用。但是关于对象的危险性的认知判断仍然有效。用［孟子关于］推的理论的语言来说，由于有美德，智识和情感上的推发生了。然而，由于恐惧，只发生智识上的推，一个人只是将对象即精神错乱的人置于适当的范畴之中；他是一个可怕的对象，而不是一个慈祥善良的人。

达到这种完美的状态需要直接和间接的自我修养的工夫，即在上一章中讨论过的那种一般做法。例如孟子认为，仁与义可能会受到诸如杨朱和墨子的“异端”这样的迷误的思想观念的阻碍①，因此，人们必须确保他们的伦理观念是正确的，得到了很好的理解，并且被坚定地坚持了。不仅

① 《孟子·滕文公下》第九章论述了不正确的思想怎样阻碍了仁与义；关于错误的伦理的和一般的信念的作用，见《孟子·公孙丑上》第二章，《孟子·告子上》第一章，又见里格尔 1979，第 442 页。本书第三章注 56（即第 111 页注①）更充分地讨论了讲到过失的原因的那些文本。

如此，他们应当运用相似思维加以推广和推论（可能还需要运用另外一些神秘的沉思默想的技术，虽然使用这种技术的迹象我们所知不多）。诸如此类的修习使人们能够分离一种情感的三个成分之间的联系。这使他们能够作出一些判断，但是既感觉不到伴随它们出现的那种欲望，也没有伴随它们出现的那种生理反应。

正像已经说过的那样，孟子相信能够从根本上改变他们自己，或从根本上被改变。因此，他们所受到的培育或他们自己的修习是极其重要的，因为错误的修习可能引起的分离不是造成人性的昌盛，而是使它变形。①（不动心的培育显示了这样一个潜在的问题：告子和孟子关于不动心的说法上的差别，可能由他们培育什么样的分离来决定的。）例如，人们应当改变像恐惧这样的情感，它们可能引起问题，除非情感的成分分离了。但是他们应当增进，而不是改变另外一些联系，因为它们是天然的，来自天，导致浩然之气沛然而出。学习如何正确地推广，意味着能够加强仁爱的判断与伴随它发生的倾向和生理反应之间的关系。不仅如此，它还意味着人们要训练自己这样的能力：把这样一些联系在一起的反应从它们容易发生作用的地方扩充到它们不容易发生作用的地方。

这种训练的结果是，在美德的情感反应中的三个成分都在发生作用，尽管只有认知的成分在可能使人丧失活力的情感，如恐惧中发生作用。在合乎美德的反应中所有三个成分都发挥强有力的作用，这时关于危险的判断同通常伴随它的［诉诸行动的］倾向和生理反应分离开来了。就是在感觉到危险的对象出现时，毫不犹豫的道德行动发生了。这表明在大多数情况下，完美的人既不过多地考虑勇敢的其他目的，也不感觉到［思想］冲突。正确的行为是清楚明确的，而完全与之相联系的反应加强了它，并且容易克服差不多是无能为力的、分离了的恐惧反应。

这样，在孟子看来，完美的人并不只是调整情感。他们以一种情感代替另一种情感，意思是适当的情感将不适当的情感一扫而光。在某些情况下，这种改变实际上摧毁了被替代的情感。当我通过推广将我对于我受苦的朋友的烦难之感改变为仁爱的态度，我的烦难之感的存在就只是微弱空

---

① 见前面第三章第2、3、4节中对修习和意向的作用的分析，又见第三章第7节对过失的论述。这一节的讨论的某些方面可以说对人们的过失原因的所作出的论述，比孟子自己提出的更加细致，但是，正如已经指出的，我是以孟子自己未曾使用的方法来展示孟子的实践理论。

乏的判断，只是看待情境和对情境作出反应的一种可能有的方式。

而在另外一些事例中——这是一些显示勇敢的事例——被替代的情感某些方面必定持续存在。关于对象的危险性的判断必定仍然牢固地存在于意识之中。我必须认识到我面对的那个精神错乱的人是危险的，而且我必须看出这种认识的含义。可是，充分发挥作用的激情只有一种，那就是产生于我的道德冲动的激情。我知道这个人是危险的，但是我却没有那些通常伴随这种判断的行动欲望和生理反应。因此，只有那些倾向性美德才会始终作为动力在完美的人身上持续存在，甚至在要求勇敢的情境中也是如此。这样，完美的勇敢达到了道德修养能够提供的最高境界。唯一的冲突产生于对象是可怕的这样的认知判断。唯一的反应是在这样的情况下发生的：一个人将道德意向转变为立场，这个过程是前意识的，几乎是瞬间完成的。[①]

孟子对完美勇敢的作用的描述所显现的许多特点，与在阿奎那对天赐勇敢如何作用的描绘中所看到的那些特点很相像。然而差别也是存在的。当然，两个思想家的次要理论是极其不同的，这些理论在有些地方影响了那些相当突出的特点，就像阿奎那聚焦于对永世奖赏的信心时那样。此外，孟子唯意志论更多，关于人们何以不能成为有道德的人他有不同的看法，这两方面使［本书］这样的分析更贴切地适合于他的立场，而不是阿奎那的立场。孟子也可能认为有更多的人、更经常地达到完美的状态。

可是，相似之处是突出的。这两个思想家关于情感的看法使他们能够条理分明地分析这种完美的勇敢。（甚至有理由提出，情感反应中成分之间的分离对于孟子的论述是至关重要的，对于这种分离的另一种说法也在阿奎那的论述中发生作用，并且帮助我们理解所发生的过程。）而且，两人都描绘了这样一种状态：其中相互斗争的情感的性质改变了，以至于只有激发出来的倾向存在，而大部分冲突和实施的控制都停止了。此外，他们两人也都说到了这样的信心，它排除了恐惧的许多常见特征，并且产生

---

① 见前面第三章第9节结束处对孟子的唯意志论的论述。我认为只是对于一个不成熟的人、或面对新的、困难的情境的某个人来说推才是自我意识的过程。孟子叙述和强调了这个过程是有意的这一特点，主要是为了向才开始做的人说明这个过程，或者是为了证明行动的有理。他的理想人物的行动是出于明智的意向，而不是出于完全有意推广、这一纯粹靠意志来激发的过程。（孟子要排斥墨家对“利”的算计和对准则的运用，这也使他尽力避免以过多的唯意志论的方式来谈论问题。）

了非凡的平静。最后两人都认为这种信心部分产生于那种超越凡俗的状态，它依靠的那种认识有别于多种普通推理。他们争辩说，这种状态部分通过道德行动来体认，它使人们能够克服恐惧引起的常见反应，因而使所有的道德行动与倾向性美德的行动相像。

我们对于这两个思想家每一方描绘的这种状态的理解有明显的疏漏。天赐勇敢究竟怎样发生作用，阿奎那说得相当少；圣人、或者甚至超越了圣人的神，他们的非常完美的状态，孟子往往说得极其简略。不仅如此，他们的次要理论中同这个论题相关的某些方面之间的区别十分明显，足以引起谨慎。尽管如此，我们必须看到两个思想家都相信人们是能够转变的，可以转变得如此彻底，以至于使人们根本不同于他们日常的表现。此外，转变后的状态的某些特点［两人所做的描述］显示了异常的相像，就像说明这种状态的实践理论的一些重要特征所表明的那样。

现在让我们转向孟子关于勇敢的论述另外一个方面，它也同阿奎那的论述相似；也就是说，它显示了差别中的相似和相似中的差别。这个论题是孟子这方面的思想：对于命和天意的信念怎样影响人们对悲伤作出反应的方式。在这里次要理论中的差别也是决定性的，但是我认为，在孟子的分析中我们看到对勇敢的扩充在一些重要方面可以同阿奎那关于坚忍的思想相比，这种相似很有趣味。

9　孟子对勇敢的扩充：对命和天的正确态度，简短考察与阿奎那的坚忍类似的说法

与阿奎那相像，孟子力图扩充勇敢的概念。如前面所说，他借用了、但又根本改变了这样的说法：勇士的行为提供了勇敢行为的典范。我认为，他甚至相信，一种特殊类型的宗教态度是勇敢的极端重要的表现。这种态度同阿奎那所说的坚忍美德部分相似，它包含了显然不同的两种状态的结合。一方面由于自我中的缺点，触及世界上的不公正以及其中的苦难，这些合乎情理地产生了忧伤。而在另一方面，确信美好事物的性质和力量又产生了信心和平静。

然而，与把握阿奎那的坚忍的品性相比，把握孟子所推崇的那种状态的本质要困难得多。要理解它就需要解释《孟子》中某些更加难以理解的思想和篇章。不仅如此，这些解释常常依靠这样的决定：怎样最好地理

解孟子对那些超越自然的力量和使人们能够分有这种力量的卓越人性所作的论述。我在前面讨论过影响这些解释的几个一般问题，我将在结论那一章中回到这些问题。然而，在这里，我们的重点是在孟子的实践理论，而不是在次要理论，是在孟子可能从未给予名称或甚至强调的那些态度或曰美德，但是它们对于理解他关于宗教精神的充分昌盛的认识极端重要。①

孟子的分析是从一个简单的看法开始的：大多数欲望在它们得到满足时［人们］就会满意，在它们得不到满足时［人们］就会焦虑不安。一个人可以通过限制欲望来减少焦虑不安，孟子承认在某些情况下这样的限制是明智的。然而，他拒绝在他的时代很可能正开始盛行的一种思想：人们可以通过减少欲望、甚至消灭一切欲望来达到人的完全的平静。他认为，不满足（用阿奎那的话来说是沮丧）的两个相关的根源必定始终存在。一个是希望看到别人不至于遭受毫无道理的苦难。就像前面说过的，孟子的机体论的宇宙论引导他将许多罪恶看做是整体必有的部分。

可是，不忍心看到别人受苦的欲望产生于仁之端，并且同义之端相联系。因此，非正义的苦难始终存在于世界，它既产生了悲伤，又产生了克服这种苦难的企图。不满足的第二个根源来自这样的事实：几乎所有完美的人都始终不断地致力于他们的自我修养。平常有道德的人始终不断作出强评价，这样，他们对于自己应当做什么有再三考虑的欲望。对于孟子来说，平静必须与焦虑不安共存，这种焦虑不安是由世界上明显存在的苦难和自我中明显存在的缺点产生的。焦虑不安与平静的每一种结合都需要考察，我们可以从对自我修养的需要中产生的那种结合开始。

孟子认为，平静，即自信沉着的平和心情，或曰信心，表现了有美德的人生活的特征。然而，它起于他们知道自己沿着正确的道路前进的认识，而不是由于他们意识到已经达到他们的目的。在他的发展型人性模型中，关键性的因素（除了对于很少的完美的人来说的那些以外）是：发展是一种应当有的过程；那种应当加强的能力在增强。因此，孟子关于完美的观念同对于过程的认识紧密相连。（这种联系有助于解释他的著作中何以缺少后悔或悔恨的美德，这种美德却出现于阿奎那的著作之中。）

① 尤其见本书第二章第5节中关于开放型和定位型的宗教的讨论。

他对孔子的卓越品性所作的描绘说明了这种看法。孟子说，孔子的卓越在于这样的事实："学不厌而教不倦。"① 学是对己，教是对人，这些活动必须看做是持续进行的努力，实行的过程可能有好有坏，但是，要达到一种终极的完美状态是不可能的。此外，它们是这样一些过程：其中挫折不可避免地会发生，但是这些过程对于一个人来说也产生了满足，并且出现了对于他人的帮助，如果这些过程保持了完整性的话。

孟子赞同这种关于人的卓越的发展型概念，这意味着他像阿奎那，从不怀疑在有道德的人的心中始终存在一种忧患。某种忧患（就像我将要讨论的）产生于看到别人遭受不应当有的痛苦。然而，这里最重要的是孟子对下述忧患之间的差别的一种认识：即由那些有追求的人和有第二意志（见72页注4译者按）而产生的忧患，同由外部事件的后果所引起的忧患之间的不同。他说：

> 是故君子有终身之忧，无一朝之患也。乃若所忧则有之：舜，人也，我亦人也；……是则可忧也……若夫君子所患则亡矣。非仁无为也，非礼无行也；如有一朝之患，则君子不患矣。

终身之忧将存在下去；有道德的人希望像圣人所做的那样，体认他们的本性的真正倾向。但是，他没有任何一样事情可以当作不幸，当作烦恼之事。他们关心的是他们怎样体道求道，关心对他们的气质之性的认识和摆脱，以及圣人确立了什么样的社会规范。正如他所说：

> 君子深造之以道，欲其自得之也。自得之，则居之安；居之安，则资之深；资之深，则取之左右逢其原，故君子欲其自得之也。②

---

① 《孟子·公孙丑上》第二章。这段话继续指出，子贡说："学不厌，智也；教不倦，仁也。"这段话不完整的说法见《论语·述而》第三十三章。

② 《孟子·离娄下》第十四章。第一段引文取自《孟子·离娄下》第二十八章；对刘殿爵的英译本做了一些改动；又见葛瑞汉的翻译，1967，第268页。《孟子·离娄下》第十四章中，"自得"这个用语包含了"getting it one's self"的意思，（中译者按：正文中作者所使用的译法是"to find it in himself"）"资之深"的能力可能同能够相信它相关；见塞尔曼（Sellmann，1987）的著作论自得。要了解对于汉代以前另一个儒家关于平静的思想、即荀子这方面的思想的考察，见李耶理1980。

人们在感觉到在他们自身实现了美德或看到它们在他人身上蓬勃成长之时，心中产生了愉快，这就是这种“安”的根源。孟子说看到这些方面导致人们满怀喜悦地作出反应，以至于“足之蹈之手之舞之”。这种安也产生了平静，接着，平静产生了坚定的目的。影响了大多数人的恐惧和诱惑既不能促使有道德的人去行动，也不能使他们陷入烦恼。（就像前面所说，这些诱惑是粗俗的、而不是隐蔽的扭曲。）正如孟子所说：大丈夫“富贵不能淫，贫贱不能移，威武不能屈。”[①] 这样，平静产生于认知和情感上的自信。它依靠一种对于自我确认倾向（self—validating inclinations）的信念和体认，孟子认为这些倾向产生于天，并使天在人间呈现。但是，这种平静同这样一种焦虑不安共存：它产生于克服自我中的缺点和追求极其完美的道德境界的需要。

另外一种自信和平静可能更难以捉摸，它影响了不满足的第二个根源，即由世界上明显存在的苦难所引起的忧患。这种状态主要依靠的是关于天的信念，而不是这样一种认识：它产生于体认对于人来说是自然的那些美德。它也反映了孟子的一个论点：人们应当在他们能够影响的事物同他们不能影响的事物之间作出清楚的区分。用他的话来说，“求则得之”，在这种情况下人们总是必须追求，特别是要追求那些能够成为美德的能力。但是，他们也必须意识到，许多事情不是他们能够支配的，明显的有他们的行动是否会成功，或他们的行动的后果会是怎样，这些就不是他们能够支配的。

因此，在这里孟子关注这样一个棘手的问题：道德行动带来什么好处，给谁带来好处。他说明了他自己的一句话的意义：“祸福无不自己求之者。”[②] 就像已经说过的那样，较早时期关于道德的效用的思想仍然在孟子的著作中徘徊，有时他讲话的意思好像是美德对有道德的人和社会这两方面总是都会带来明显的好处。但是，关于美德的好处的另一个更清醒的看法在他的著作中更常见。这一看法可能是他自己不能改变人和政策的结果，它肯定反映了对生活的更加现实主义的认识。他意识到，道德行动并不总是给他人带来所想望的好处，因而，不应当有的苦难将存在于世

① 《孟子·滕文公下》第二章；对刘殿爵的译文稍作变动；还可注意《孟子·尽心上》第九章，《孟子·告子上》第十章。第一段引文取自《孟子·离娄上》第二十七章。

② 《孟子·公孙丑上》第四章；这句话的上下文是引用早期的美德观念。

界。这种苦难必定影响到有道德的人，但是，它对他们的影响不至于摧毁他们的自信和他们的平静。

心灵为何能够达到这样的状态，对这个问题的认识需要考察孟子使用的两个更加复杂的术语："天"和"命"。这两个字很明显都是他的次要理论的一部分，但是它们每一个也都深刻地影响了他的实践理论的一个部分：在这一部分适当的平静是一个首要关切。命最好翻译为"fate"或"destiny"，但是它的基本意义是命令或天意。孟子用它既指在事件中显示出来伦理道德的适当性，又指行动不是人完全能够控制的。这样，它包含了两个明显不同的意思。一个是由人所不可及的力量决定的意思；另外一个意思是完全属于人的范围的事，甚至包括一个人的特殊的机遇。孟子说，对于命的这两个方面采取正确的态度是要避免三心二意："夭寿不贰，修身以俟之，所以立命也。"① 对寿命长短的预期不应当让人三心二意。人们应当只按照其道德倾向而行，他们不应当因为可能长寿的缘故而作出一些打算或特别的决定。表现为正确的道德行为的命，应当引导他们，但是他们也必须进行自我修养以等待，不论命给他们带来什么，因为它在人力所能控制的范围之外。

天像命，既指构成人的正确行为的基础、或这种行为所显示的那种品质，又指不完全处于人力控制范围以内的那种因素。人内在的可发展为美德的潜在可能来自天；天是美德的根源，虽然人必须体悟和培育他们所具有的这种潜在的能力。不仅如此，人的行动能够表现天意和天的某种威力这两方面。但是，天也是支配一切的力量，它所造成的后果非人力所及。天在这个方面所具有的品格类似人的品质，它同人的某些强烈欲望相关联，尽管它并不总是必定要满足它们。例如，天能够具有欲望，赋予责任感，是政治权力的来源；而且人们会畏天，事天，向天推荐统治者。

---

① 《孟子·尽心上》第一章；信广来（1986）英译本，第50—51页。围绕孟子怎样看待命的问题有一些争论；对于不同的立场的概要介绍见信广来此书的184—188页。然而，很明显，《孟子·尽心上》第三章中意指在人力控制范围之外，而在《孟子·尽心上》第二章中它被说成是在人的行动之中。在《孟子·万章上》第八章中它同礼与义想联系："孔子进以礼，退以义，得之不得曰'有命'。"

有迹象、特别是《墨子》中看到的争论有证据表明，某些儒家是命定论者，他们很少努力改善社会或自我，只把他们的精力集中于礼乐。孟子既强调命的重要地位，又强调需要人的行动，他这样做可能就是对这种人作出反应；见《墨子》第48篇；史华兹1986，第138—142、122—127页；也可注意蒙罗1969，第85—88页。

尽管具有这些品格，无论什么时候，只要天的能动作用在不是人力能够有力控制的范围之内出现的时候，它就同命紧密相连。天与命的结合只是在孟子引用早期的著作的时候才在《孟子》中出现。在许多这些早期著作中，天命是指一个重要的神话，按照这种神话，天选择一个好人和他的一家为统治者，并帮助他们获得天下。然而，这两个字在另外一种语境中结合在一起是指人不能造成的事情。例如，孟子说："莫之为而为者，天也；莫之致而致者，命也。"[①] 在所有这些情况下，天是那些不在人力控制之内的事物背后的神秘的存在，它的目的常常是不可知的，它在历史上的作用尤其如此。例如，它赋予一个宗族世系、而不是赋予个体以天命，但是，一个宗族世系是好的，并不意味着个人都是好的。不仅如此，它对于人的苦难经常显得无动于衷，甚至似乎违反它自己关于它怎样、何时发生作用的明确规定。

当孟子在次要理论层面分析时，对天的品格和行为的说明充其量也是不清楚的。但是，在他的实践理论中出现了比较一致、富有说服力的描绘。孟子以一种复杂的态度对待把握天意的明显困难，他对这种态度作了很好的表述，但是看起来似乎前后不一致。在一个国家（译者按：指齐国）推行主张基本失败之后，孟子离开此国，他似乎不悦，有人问他：

> "夫子若有不豫色然。前日虞闻诸夫子曰'君子不怨天，不尤人。'"曰："彼一时，此一时也。五百年必有王者兴，其间必有名世者。由周而来，七百有余岁矣。以其数，则过矣；以其时考之，则可矣。夫天未欲平治天下也，如欲平治天下，当今之世，舍我其谁也？

---

① 《孟子·万章上》第六章。要了解"天命"的用法，见《孟子·离娄上》第七、八章。天命的观念反映了早期的一个神话，根据这种神话，"上帝"以一个好的统治者取代腐败的统治者；见顾立雅 1970，第 82—87、93—100、493—506 页。

论天的欲望，见《孟子·公孙丑下》第十三章；论天赋予责任，见《孟子·告子下》第十五章；论作为政治权利的来源的天，见《孟子·万章上》第 5 章；论人们畏天，事天和向天推荐统治者，见《孟子·梁惠王下》第三章，《孟子·尽心上》第十一章；《孟子·万章上》第六章；论天造成的事情非人力所能为，见《孟子·梁惠王下》第十四、十六章；要了解提到天的其他重要的篇章，见《孟子·公孙丑上》第七章，《孟子·滕文公上》第五章，《孟子·告子上》第六、十五、十六章，《孟子·尽心上》第一章，《孟子·尽心下》第二十四章。论"天"与"命"在《论语》中的用法，见刘殿爵 1979，第 29 页。

吾何为不豫哉？”①

天没有像孟子期望的那样做，我们根据他最初的说法可能以为他会困惑或苦恼。但是孟子并没有不满。他安慰自己，如果天想做的话，他就可能成为它的工具。他既不怀疑天的意图或意志，也不怀疑他是天选定的代理者这样的事实。（此外，他继续相信儒家传统的效用和价值，虽然对于他的时代许多人来说，它似乎既没有说服力，又陈旧过时。）然而，他仍然看到，这个世界的苦难是严重的，而天却没有出现采取行动来减轻它们。

因此，孟子肯定，不论事件给他造成多大的困惑和苦恼，在参与天的活动之中总是有喜悦的，尽管天的活动是不可思议的。对待天的这种态度与对待命的正确态度相像。人们不应当为他们控制范围之外的事件而困惑，相反，他们应当关心自己应做的自我修养和行动。然而，这两种态度在一个重要的方面有差异。就天而言，人们应当认定存在一个合理的目的，而就命而言，他们不应当作这样的认定。

面对这种态度，我们可以认为，孟子的进路令人惋惜，是不成熟的，或者说甚至表现了有宗教精神的人常有的那种自欺欺人。然而，在评价我们的反应时，我们必须看到孟子是以不容易分开的两个观念，即超越与内在这两个观念来进行论述的。天与人各支配什么，这整个问题对于他来说，缺少一定的明晰性是理所当然的。（相似的情况存在于命的观念中，它既指人的卓越，又指残忍的力量，但是如前面指出的，就命的残忍的表现而言，不假定有明智的目的在其中起作用。）孟子认为，人类的重要活动的因果关系常常是不可知的。可是，他仍然相信，所发生的一切是天和人两方面艰辛努力的结果。我认为，这里最重要的是，他所表达的主张反映了一种深邃的、崇高的态度。这种态度与在阿奎那的坚忍的观念中看到的那种态度相像。他们的次要理论大相径庭，（虽然我们需要小心，对于阿奎那的一种看法不要作出过于简单的描述：这就是他关于人能够知道多少有关事件的神的原因的看法。）但是这种态度和他们所表达的实践理论包含了一些重要的相似之处。

---

① 《孟子·公孙丑下》第十三章；见尼维森 1980c 对此的讨论，第 107—108 页。朱熹在注释这一章时精辟地讲了类似的观点：“盖圣贤忧世之志，乐天之诚有并行而不悖者，于此见矣。”伊凡胡 1988 对这一章有一详尽的、很有趣味的分析。

孟子对于人既不能控制、又不能理解的事物表现了一种敏锐的意识。但是，他也认为人们能够知道和控制某些具有非凡价值的东西：天赋予的美德的胚芽，人们为了他们自身和他人之善必须培育它们。在命的概念、尤其是在天的概念之中，这些潜在的美德的价值，由于人能控制的事物与人不能控制的事物之间的连接而变得突出，这种连接似乎矛盾，其实可行。潜在的美德的呈现，与我们通常认为是人力所致的大多数事物相比，看起来显然不同，就像诸如地震或洪水这样的事件的出现与我们通常认为是人力所致的大多数事物那样完全不同，这些事件也显示了天或命［的作用］。孟子在想，人成为有道德的人的可能性，同那种显示了非人力的致动力的事件一样，引起了我们同样的敬畏、惊异之心。这些潜在的可能性是不可思议的实在，是极有趣味的、神圣的神秘之物。因此，孟子使用了充满宗教精神的语汇来描绘自我中这样一个部分：它应当是人们最害怕丧失的东西；来描绘他们的存在中这样一个部分：丧失它应当会合乎情理地产生恨自己的情感。①

这里最重要的是，孟子认为如果人们把这些潜在的可能性看成是天赐，他们将能更好地理解人类最重大的任务的复杂性。人们必须培育和表现美德，但是，他们在承担这项任务时必须意识到［实现］天［意］的过程是不可测知的。看到美德的根源在于命、特别是在于天，就是要懂得它的品性为何是超越凡俗的。要认识命和天对于世界所产生的作用是多么巨大和不可思议，就是要明白处于人力控制范围之外的事有多大的重要性。弄懂这些问题应当会引导人们意识到他们的行动的后果以及他们遭遇的许多事情，是在他们能够控制的范围之外的。但是这也应当使他们意识到，他们具有一些宗教理由来继续依美德而行，继续相信天的仁慈的、虽然又是神秘的目的。如前面所指出的，这种态度是他说明他对天意的认识的基础。它也出现于一个更清醒，但是平静的表述中，这一表述同将美德说成是表达性的看法相呼应："君子创业垂统，为可继也。若夫成功，则天也。……强为善而已矣。"②

---

① 关于这一方面的宗教性，见李耶理 1975a。福特同弗兰克纳（Frankena）的争论中讨论了人最害怕丧失什么的问题，他没有提到宗教；见福特 1978，第 157—189 页。也可注意后来这样一种看法：孟子的善的观念是赞赏的表达；见葛瑞汉 1958，第 45 页。

② 《孟子·梁惠王下》第十四章。这段引文取自孟子同滕文公的讨论，［这一章中］出现的创业垂统的思想可能会修正总的观点。

而且，这种眼光加强了孟子关于人们为何应当集中他们的注意力的说法。他以一种精练的语言来表述这个观点：

> 求则得之，舍则失之，是求有益于得也。求之有道，得之有命，是求无益于得也，求在外者也。[①]

人们能够寻求和支配对他们本性的认识，能够寻求和支配他们的本性的发展。因此，自我修养和依德而行既是可能的，又是义不容辞的。但是，如果人力能够控制范围之外的事件来决定成功，就像它们常常这样决定的，追求将会带来人们既不希望要甚至又不应当有的结果。这样，人们必须意识到，外在的力量将要决定发生的许多事情，他们必须只能集中力量于他们能够控制的事情。

这种态度在孟子那里，就像在阿奎那那里一样，并不意味着要漠视日常的、精明的考虑。正如孟子所说："莫非命也，顺受其正；是故知命者不立乎岩墙之下。尽其道而死者，正命也；桎梏死者，非正命也。"[②] 人们首要的事情是培育天给予他们的潜在的美德。然而，这个过程应当同适当的谨慎相结合，要认识到许多事件和行动的后果必须加以接受，要把它们看做是注定会发生的。

孟子所推崇的这种态度可能看起来差不多等于这样一种产生于常识的态度：谋事在人，成事在天。然而，所要求的远不止于这些。孟子实际上区别了"已知"的天命与"未知"的天命。他主张，人们应当集中注意于人性所表现的已知天命，因为它提供了人们所需要的所有指导。他们不应当寻求了解未知天命，例如企图弄清为何不公正的事情会盛行。这种做法使注意的中心错位，耗尽了精力，不能从事自我发展的重大任务。

然而，要接受未知的天命，并非只是假定没有别的选择，只能接受必然性。有道德的人应当相信，未知的天命的作用贯穿了有意义的目的，即使他们不能理解这种命。因此，孟子要求人们在事件中无论是否看到意

---

① 《孟子·尽心上》第三章；对信广来的译文（1986，第185—186页）稍做变动；也可注意《孟子·梁惠王下》第十四章，《孟子·万章上》第八章，《孟子·尽心上》第一、二、二十一章；和《孟子·尽心下》第二十四章。

② 《孟子·尽心上》第二章；见葛瑞汉1967第256页对这一章的翻译。

义，他们采取的态度都要不同于普通的态度。人们应当相信，许多事件表现了目的，即使这种目的深不可测，难以弄清，探寻它会滥用人的有限精力。这种双重态度产生了孟子所称赞的那种独特的坚定和满足。

它也表现了一种特殊的思想类型，虽然它是一种宗教思想，在这种思想中实践理论的几个特征尤其重要。这就是说，一个人在考虑要分析什么内容以及怎样深入地分析它时，要对问题是否服从于宗教精神昌盛这一目的以及此问题对于宗教精神昌盛是否重要作出决定。此外，（也更有争议的是），就某些问题而言，智识上问题的解决没有下面这件事那样重要：即指导人们如何思考它以便产生适当的态度和行动。①

我认为，孟子所推崇的态度以及说明它的理由，同阿奎那对坚忍美德的阐述的特征颇为相像。在这两个思想家看来，在人们同时保持两种不同的眼光时候，勇敢才达到它的最高的、完美的宗教精神境界。一方面，他们必须清楚地感知到世界上存在的不公正以及他们自身中存在的缺陷，并且为它们感觉到悲伤。但是另一方面，他们必须追求美好的事物，保持他们对最高的善的信念、希望、甚至分有它。当然，［他们的］次要理论存在着巨大的差别，他们关于这种态度的实践理论中的相似之处也显示了巨大的差别。正如前面说过的，阿奎那论述了一种超越的上界，孟子提出了一种更高的境界，在这两者之间几乎没有明显的一致。此外，规定阿奎那的开放型宗教的那些构造，没有一个在孟子的定位型宗教中发生作用。最后，也是同这些差别相关的是，他们对人无德的习性的认识，也显示出重要的差异。

可是，正像他们的美德系列表明的，在孟子思想中人性的卓越使人们能够触及这样一些实在：它们超越了所有那些日常能够、或应当加以相信、寄以希望或热爱的东西。（而且，确认这种卓越说明了比较研究的进路怎样帮助人们认清那些否则会忽略的那些成分。）两个思想家都相信神圣的力量使人不仅对目标、原则和行动的一种特殊的认识成为可能，而且促进了这种认识。［神圣力量的］这种参与是这样一种因素：它使人们能

① 这一立场反映了那种可以称之为孟子的实用型宗教思想的认识。见李耶理 1975c，尽管我在那篇文章中并没有区分孟子著作中表现出来的三种理论。也可注意信广来（1986，第 185—186 页）这样的论点：关于人性的已选定的定义也发挥一种作用（第 183—193 页）。《孟子·尽心下》第二十四章和《孟子·尽心上》第二十一章对于这里的论述是十分重要的文本。

够为他们自己或世界上的状况而忧伤，然而又继续追求和坚持最有价值的目标。

因此，我们在勇敢的扩展中发现了明显的相似之处，发现了相似中的差别，就像我们在考察他们对勇敢的其他分析时所发现的那样，譬如，他们对完美的勇敢的作用的分析。让我们在最后一章中考察两个相互关联的论题。一个是在他们对美德的论述中真正的相似之处怎样同两个思想家之间的明显的不一致相联系，这种情况可以通过进一步分析在他们的思想中起作用的不同理论而得到说明。另一个论题是对宗教精神的昌盛作比较哲学的研究最好方法是什么，这个论题需要理论讨论，使用从已经作出的对比中所取得的实例。

第五章　结论

我的最后一章包含了两个相关的论题，我（在第 1—3 节中）简要地纵览这一探索的最引人注目的、也可能是令人不安的结果：在这种纵览中我将提供的解释比以前给出的要更抽象，说明我怎样进行以及为何那样进行我的研究。然后，我在这一章的大部分内容（第 4—6 节）中讨论我们怎样才能最好地从事关于人道昌盛的比较哲学研究。我论证一种普遍的方法，但是使用从这本书的分析中获得的实例。

这样，我从纵览所做的对比的那些结果开始，我认为这些结果使我们处于一种令人困惑的境地。我们既看到了阿奎那与孟子的许多观念之间无法掩盖的不一致或细微的相似，然而，我们还看到了在他们的美德理论和对某些特定的美德的论述之间的真正的相似之处。我解释这种情况的办法是考察三个不同类型的理论：基本的、实践的和次要的理论，它们既在这些思想家中、也在其他大部分思想家中发生作用。如果我们在这些理论的特性与成果之间作出区分，我们就能够理解为何真正的相似出现于某些领域，而不一致或细微的相似出现于另外一些领域。

然后我转向更一般的讨论，论述怎样才能最好地从事对于人道的昌盛的比较哲学研究。我提出，只要我们意识到阿奎那的目的与我们的目的本质上是不同的，我们需要考察他的成功和失误以弄清他的方法中的问题和可能性，那么我们就能够运用阿奎那的进路的某些特有做法。此后我将仔细地考察在我们看来是阿奎那进路的最重要的特有做法：即那些由分析和运用类比的表达方式而产生的做法，尤其是那些我们要用以构造和连接核心的和从属的术语的做法。对差别中的相似和相似中的差别的探寻依靠类比想象的作用。在结束的时候我将考察这些作用，并且提出我们必须运用想象的能力，以便对人道的昌盛成功地进行彻底的比较哲学研究。

1　孟子与阿奎那之间的不同以及细微的相似

在孟子和阿奎那思想中各人明显地表现出来的总的眼光、抽象的观念、总的方法和文化环境通常极其不同。① 支配他们的研究的总眼光显得截然不同。例如，孟子的儒学是定位型宗教的突出的典范，就像阿奎那的基督教是开放型宗教的突出的典范。不仅如此，阿奎那的宇宙论以规范的形式表现了这样一种神学：按照这种神学，神创造和维护了这个世界，但是始终与它根本不同。与此成为对照，孟子的宇宙论是机体论的，或者说甚至是“家庭式”的：所有的成分相互密切联系；它们只是通过同其他成分的关系以及它们在整体中的地位而成为它们自己。

在我们注视他们每一方许多更加根本、抽象的概念时，明显的对立又出现了。与孟子关于心理—生理的动力，即可能是神秘的精神力量（“气”）的概念相当的东西，在阿奎那思想中是不存在的，而阿奎那的恩典（*gratia*）与孟子思想中任何一个概念都不相像。确实，这两个概念似乎只有在每一个思想家的更一般的框架中才有意义。孟子的心理—生理动力（的概念）需要一个机体论框架，这同阿奎那的恩典需要一个神学框架一样清楚。

而且，孟子和阿奎那发展和分析他们的总眼光和抽象的概念的方法本身是相当不同的。孟子使用了专门的语汇，作出区分，进行辩论。然而，这些分析的程序和工具是他的方法中不重要的部分。与之成为对照，它们处于阿奎那的方法的核心。而且，孟子似乎并不同阿奎那一样相信分析的过程或其结果的重要性。自我修养的过程导致正确的认识和良好的成长，对于孟子来说，这一过程是一项太微妙、太难以协调的事情，以至于不能通过这种分析来做好它。

最后，他们每个人的生活方式、所处的文化环境显然大不一样。例如，约定俗成的社会准则和社会职责对于孟子比对于阿奎那来说重要得多，家庭关系对于阿奎那比对于孟子来说重要性要小一些。甚至关于一个思想家的社会作用他们各自的看法也常常显然不同。两人都认为他们在表

---

① 这些差别有许多在前面几章中已经简要地指出了，而我更早的三篇文章详细地考察了这些差别的某些方面：见李耶理 1982，1983a 和 1985c。

达一种正确的主张，因而必须反对各种各样的虚妄错误的观点以捍卫它。然而，孟子尖锐地批驳对立的观点。而阿奎那把他的任务（除了少数例外）看成是协调种种主张，他认为这些主张只是在表面上对立或不同。此外，孟子花费了相当多的时间和精力来劝说统治者。阿奎那有时同当权者打交道，但是对于他来说，他们很少像对于孟子那样成为行动和思想的对象。

因此，在孟子和阿奎那的总的眼光、抽象的概念、总的方法和文化环境中的突出的差别是显而易见的。当然，相似也出现于某些领域。它们当中有许多是**真实的**，但却是**细微的**，就是说，这种相似是很不重要的。它们出现的领域被限定得如此狭小，或者说它们出现的层次如此抽象，以至于它们向我们提供的、用来研究的材料既不翔实，又不全面。

例如，孟子与阿奎那对于规诫的作用的论述就表现出相似。他们每人都认为人是由无条件禁止的强制规定来限制的，譬如，一个人如果没有令人信服的理由，就不应当过无所用心的生活。他们甚至对这些强制规定起作用的一些领域的看法也有一致；例如，任何一个统治者都不应当为了满足他们自己对更精美的饮食的欲望而让人民挨饿。可是，当我们离开这些清楚的事例，探寻他们每人怎样理解关键的词语的意义的时候，重要的差别就出现了；这就是说，他们每人决定一个"无所用心的"人是怎样的一个人，甚至决定"人"是什么，是什么构成令人信服的理由。孟子和阿奎那在回答这些问题上的不同源于他们的一般的框架和文化环境之间的差异。

甚至更加重要的是，孟子和阿奎那两人都认为，规诫只涵盖少数几种情况。两人都以为产生于规诫的指示不能运用于对于人道的完全昌盛极其重要的许多生活领域。这就是说，他们在规诫的领域与美德的领域之间作出了清楚的区分，他们相信尽管规诫是重要的，美德的领域却包含了大部分决定性的东西。在规诫的领域他们之间不论存在什么样的相似，大部分关键性的东西仍然没有触及。

关于人性精微特性的论题向我们显示了另外一种不同的相似，这种相似是真实的，但是仍然是细微的。这两个思想家都同意人具有给定的本性；两人都相信那些可能实现或可能不会实现的能力规定了人性；两人都认为有一种更高层面的力量以某种方式决定了人性的特点。然而，在我们考察他们更细致的论述时，根本的歧异就出现了。例如，关于这种更高层面的力量过去怎样对人性发生作用或现在怎样对它发生作用的问题，他们的思想是有分歧的。同样，人的天生的能力怎样脆弱，如果这些能力加以实现的话必定会产生的究竟是什么，关于这样的问题他们的看法也不一样。

如果我们注视总框架、抽象的概念、分析的方法和文化环境，那么我们就看到了孟子和阿奎那之间的根本区别。真实的、值得注意的相似也是存在的，但它们常常只是细微的。这样，我们似乎陷于这样的情境：我们既看到真实的相似的细微表现，又感觉到歧异的明显。确实，他们对美德总体和各种美德的论述的某些方面反映了这种矛盾的现象。

阿奎那和孟子关于美德的理论之间的少数相似之处是真实的，但又是细微的；例如，他们有一种看法是，存在着这样的能力：它们加以发展，积以时日，就能够获得实现，或曰变为美德。这方面的相似是真实的，这把他们同［人性的］发现模式的信奉者区别开来，后者相信人们能够豁然大悟，发现和实现人性中所蕴藏的超越人的东西，这能够彻底地转变人的品性。但是这种相似也是细微的。更加细致的考察显示了他们各人对下述问题的认识之间值得注意的区别：这些问题是这些能力是否坚强，实现它们需要做些什么，为何人们往往不能实现它们。

与此相似，在我们考察他们各人对真实的美德的翔实论述的时候，我们有时只看到差异。阿奎那论述了美德的许多不同种类，但是孟子几乎没有这样做。更重要的是，孟子和阿奎那所说的美德明显一致之处似乎很少，而那些有一致之处的美德在我们更加仔细地考察它们、并把它们妥帖地置于他们的思想体系之中的时候，常常显示出差别。例如，孟子的仁似乎像阿奎那的仁爱（*benevolentia*），但是，这个美德处于孟子思想的核心，却处于阿奎那思想的边缘。实际上，对于阿奎那来说，博爱（*caritas*）经常发挥类似于仁在孟子思想中发挥的作用，而博爱同［孟子的］仁根本不同。

当我们考察他们对美德的周详的论述时，另外一些更一般的差别似乎也十分明显。宗教美德在阿奎那思想中非常重要，这与它们在孟子思想中表面上的无足轻重成为对照，这是一个明显的差别。另外一个值得注意的差别是美德同身份在孟子思想中紧密联系，这种联系在阿奎那思想中相对而言却不那样重要。此外，他们的论述所显示出来的这些特征不仅影响到他们对几乎每个美德的考察，而且影响到他们确立和维护［某种美德］

在所有美德中的首要地位。

如果我们对于宗教精神的昌盛作比较哲学研究时聚焦于美德，就会产生一些富有成果的联系，然而鉴于以上所说，我这方面的一些大胆主张似乎就所剩无几了。我们好像只是落到了我在第一章中所描绘的那种不幸的困境。一方面，对于规诫领域的考察产生了真实的、但毫无启发性可言的相似。另一方面，考察生活方式所产生的周密的论述通常只是显示出复杂的差异。

2 孟子与阿奎那对美德的认识的真实相似处

我坚定地认为，在比较孟子和阿奎那关于美德总体和各种美德的思想时，我们在更具有理论性的层次发现的相似并非只是细微的，而是真实的，而且在更加具体地描述的层次发现了相互关联的、但是多样的差异。而且，我以为我们发现了一系列复杂的相互作用，它们给我们显示了诸如此类的对照比较为何需要我们找出差别中的相似和相似中的差别。让我们从纵览前面几章中详细讨论的某些成果开始，因为这确立了所需要的背景。我将再一次考察孟子和阿奎那对于美德更具理论性的分析，然后转向他们对具体的美德的论述。

然而，在进行这样的纵览之前，作一个总的观察是适当的。我认为，这种考察表明，研究每一个思想家的论述的细节是重要的。在我们聚焦于特殊的论题和周密的表述的时候，从杰出的思想家入手，就能最好地展开对人道的昌盛的比较哲学的研究。当然，对思想家或传统作总的比较论述自有其重要性，而所有的比较研究工作也必须探寻总的背景。可是，我们只有兼顾对于细节的细致考察，正确的、富有启发性的对照一般才会出现。

下述事例能够很好地说明我的观点。阿奎那和孟子好像是以判然不同的方式将美德与社会身份联系在一起。对于孟子来说，与对于阿奎那相比，这两方面的联系要紧密得多，这导致孟子作出一些阿奎那会不赞成的判断；例如，一个猎场看守人宁愿冒处死的危险，也不愿对不合乎礼制规定的召见作出回应，孟子肯定这样的行为。可是，在他们更加细致的分析中，这两个思想家都使用了美德假象的概念，以至于我们不想在他们之间作出任何简单的区分。孟子的乡愿的概念表现了他对于将身份与美德简单地联系所产生的各种问题的认识。同样，阿奎那对于某些事例的论述，比如对法官的责任的论述，表明他相信美德与身份是可能密切关联的。因此，我们可能发现，当我们转向每一个思想家的细致的、周密的论述的时候，表面上显著的区别［实际上］并不像它们所显现的那样清楚；因此，在我作对照的时候，我们必须集中注意这些论述。在记住这些以后，就让我们转向主要的论题吧。

在我们考察孟子和阿奎那关于美德的理论的时候，我们看到了一些突出的相似之处，在自我概念之中尤其如此，这一概念是两人的理论基础。对于实践理性、情感和意向的性质与相互作用，他们提出了相似的主张。而且，两个思想家也都注意美德的假象和扩充的思想，他们运用这些思想常常产生相似的结果。譬如，他们两人都辨明了勇敢的假象，将勇敢扩展到宗教境界，他们的做法产生了富有启示的相像之处。这样，孟子和阿奎那关于美德的理论的重要部分、自我的概念和关于美德的假象与扩充的思想表现了真实的、条贯分明的相似。①

当我们企图在更加具体的层次、在这两个思想家之间建立富有成果的关系的时候，问题就有点复杂了。更仔细的分析能够揭示在那些显然有相似之处的实例中有差别，就像在仁爱美德上那样。与此相似，一种细致周到的、富有想象力的论述能够揭示最初被人忽略的相像之处。例如，更仔细的考察向我们显示，尽管在孟子思想中表面上明显缺乏任何一种同阿奎那的神学美德或是他的超自然的坚忍美德相一致的美德，然而具有重大意义的相似还是存在的。确实，突出这些相似之处可以显示孟子思想的一些有趣的方面，也使我们能够以一种新的眼光来看阿奎那。②

当然，可以对所有的美德进行详细的分析，但是，我只是以必要的谨慎态度论述勇敢的美德。（也充分地考察了“实践理性”，但是，集中注意它怎样造成勇敢，这意味着它的一些重要的方面只是简要地加以讨论。）孟子和阿奎那两人都同意勇敢对于人性的完善具有重大的意义，他们对于勇敢的抽象的结构的认识显示出引人注目的相似。不仅如此，他们

① 要了解他们关于美德的理论，见第 3 章尤其是第 2—6 节；要了解在自我概念中的相似，见第 8、9 节。要了解他们关于美德的假象和美德的扩充，见第 1 章第 5 节，第 3 章第 5、6 节以及第 4 章第 5、7、9 节。

② 对这一论题的考察见第 2 章第 4 节，第 4 章第 9 节。

对于勇敢的假象的性质与含义的论述在总体上、有时在特定的细节上彼此相像。最后，他们对于勇敢的宗教方面的讨论是他们对勇敢的扩展的突出部分，这种讨论在关于极其完美的勇敢的品性和适当的忍耐的作用的论题上表现了具有重要意义的相似。①

因此，总而言之，我们在孟子和阿奎那关于美德的概念和勇敢的美德这两方面的认识之间发现了真实的、条贯分明的相似。（此外，就像我们后面将要更充分表明的，对他们加以比较加深了我们对于每一个思想家的认识，并且引导我们作出某些规范性的结论。）如果我们集中注意他们总的眼光、抽象的观念、总的方法或文化环境，那么他们对美德的理解所显示出的相似就会几乎全部被忽略。

在他们对于各个美德和美德总体的论述中明显地表现出来的那种相似，在他们对许多更抽象的论题的论述中却没有出现，这一现象特别引人注目。我认为，这种差别提出了一个重要的问题：即每一个思想家的由文化所给定的观念性语汇、尤其是他们所使用的最具理论性的概念［在各自思想中］处于什么样的地位。在这方面很少显示出相似之处。但是，在另外一种情况下，孟子和阿奎那聚焦于更具体的问题，意在对行动者的状态作出比较“中性的”描述，并且以一种比他们擅长的术语较少专门性的语汇来操作，这个时候相似之处就出现了。

这种情况导致我发生这样的疑问：每一个思想家的更具理论性的观念和概念工具是否总是很好地为他们服务，至少是在他们论述美德的时候。这两个思想家所关注的现象、观念、价值，借助不同于他们自己所提出的那些观念，能够获得更好的理解与说明，至少对于我们来说是这样。甚至在以下这种情况下也依然如此：我们通过艰苦地研究他们对这些论题的阐述，通过认真地领会他们更抽象的区分对比，尤其是那些同他们对美德的论述关系最密切的部分，我们对这些论题就有了更好的理解。

我将使用几种方法来分析这个问题，考察它的含义。我将在此书的最后一节提出，使用那种依靠类比想象的比较研究的方法，既有助于我们讨论这一问题，更重要的是又帮助我们从事对于宗教精神昌盛的真正富有成效的比较哲学研究。然而，在着手进行这种更一般的探索之前，我想更直接地考察这个问题。我这样做的办法是聚焦于这样一种关系：即更具有理

① 见第4章第3、6、8、9节对勇敢的论述；论实践理性见第3章第8节。

论性、或抽象性的观念同更多地反映常识的那些观念之间的关系。我已经在几个地方简要地讨论了这一论题，在那些地方我们需要理清各种不同种类的理论之间的关系，以便认识和比较我们这两位思想家。然而，题目是十分重要的，因为我们需要更仔细地考察的，既有一般的论题，又有这样的问题：对这个论题的理解如何影响到我们对孟子和阿奎那的对比。

3　关于宗教精神昌盛的比较哲学中基本的、实践的和次要的理论

阐述比较抽象的观念与那些似乎是反映常识的观念之间的关系有一种很有影响、又极富成效的方法，它出现于人类学家罗宾·霍顿（Robin Horton）的著作中。他在他所说的**基本理论**和**次要理论**的术语和结构之间作出区分，他自己以此来纠正他以前在“日常话语”与“理论话语”之间所做的区分。霍顿的分析以及它所引起的争论通常集中注意对于自然的或曰物质的现象的解释。因此，这种讨论常常以科学认识的性质为中心，或甚至更狭窄，以医学认识的本质为中心。可是，霍顿的框架是有助益的。①

基本理论在帮助人们解释、预见和控制大部分常见的情境方面极其有效。这些理论不会随着文化的不同而发生大变化，虽然它们的某些特征在任何一个特殊的文化中都会或多或少得到很好的发展。农业文化的一个民族生活于热带低地，畜牧文化的一个民族生活于山区，他们共有的一些观念和实践是他们关于诸如重物的特点，常见的季节变化等现象的基本理论的产物。然而他们的不同的情境也将引导各个文化中的人们把某些领域中的基本理论发展得比其他领域中的更充分；例如，关于过多的雨水和过高的气温对于谷物的生长所造成的长期后果的知识，关于什么样的云的形成预示气候会有突然、严重的转变的知识。

基本理论是人们对付世界上出现的平常问题的能力的基础。它们提供的解释使人们能够预见、筹划因而经常控制生活的一些重要的方面。不仅如此，它们对于一种文化之内的人们、甚至对于这个文化之外的许多人来

① 见霍顿 1982 年，尤其是第 216—217、227—238 页；霍顿修正他自己的表述在很大程度上要归功于 M. Hesse 的著作。这篇文章讨论了他自己以前的著作和随之产生的争论。

说，通常看起来明显的真实。因此，这些理论可以说具有一种普遍性；就是说它们经常以一种声音说话，它们在性质和内容上是相似的。

与之成为对照，**次要理论**随着文化的不同而迥然相异。它们可以说具有多义性；就是说它们以各种各样的声音说话，它们在性质和内容上是不一致的。而且，它们对于几乎所有的人来说，甚至对于某个文化的内部的人来说，通常表现出是熟悉的东西和陌生的东西的混合。这些理论的来源和功用有助于解释它们的特性的某些方面。人们按照基本理论建立了次要理论，用以解释独特的、奇怪的、或令人烦恼的事情。它们发展了关于像仁慈的神灵这样一群神怪、这样一类事物的观念，它们明显地不同于有目共睹的现象，用以解释、或说明基本理论不可能正确地说清的那些非凡的、或甚至常见的事物。例如，疾病的莫名其妙的爆发，或一个人非凡的治疗能力，这些都会成为引导人们创立次要理论的现象。

人类企图解释、预见、控制生活的一切领域中的事件。对基本理论和次要理论作出区分有助于我们作为解释者认识做这些事情的不同方式。（当论题是“自然的”事件时尤其如此；而当论题是人道的昌盛时，就像我们将要看到的，事情就变得复杂得多。）这两种理论之间的区别帮助我们弄清楚孟子和阿奎那的论述的一些不同方面。这又使我们能够更清楚地认识为什么我们会在对美德的论述中发现相似之处，相似的判定，而在其他领域只发现细微的相似，或差别，多义的判定。

孟子和阿奎那的某些重要观念牢固地扎根于次要理论之中，例如，心理—生理动力“气”或“恩典”（*gratia*）就是这样的观念。这些观念依靠这样一些概念：它们是关于那些明显不同于清楚地显示出来的东西、某一领域的力或事物的概念，这些观念有助于解释常见的和不常见的情境。他们的另外一些观念很容易归入基本理论；例如，他们关于人的欲望的大部分基本理念，即关于人的单纯的食色之欲、或避免那些威胁到生命、引起恐惧的事物的欲望的理念，就是属于那种容易归入基本理论的观念。

然而，一旦这两个思想家开始仔细地考察后面那些观念，它们就会呈现出更加复杂的概念化形式。例如，当阿奎那仔细地讨论人的简单的欲望的论题时，他对冲动与相互斗争的欲望加以区分；孟子讨论这个论题的时候，他对“思”与恒定的反应加以区分。当这两个思想家思考欲望的何种对象带来真正的满足的时候，一种更明显的变化就发生了。对于威胁生命的事物的天然的恐惧，或者是发泄性欲的强烈冲动不再被视为人性中不可改变的、不可改善的部分。这就是说，他们对于理性、情感和意向的相互作用的认识，导致他们在这样一个问题上、即什么样的东西能够和应当成为人们的动机的问题上，提出的主张同在他们的最简单的基本理论中出现的看法非常不同。因此，这两个思想家所作出的理论解释同关于人的基本欲望或恐惧的基本理论不同，然而，他们这样做的时候仍然没有用“气”或恩典这样的术语来表述这些解释，这些解释十分明显是他们的次要理论的一部分。

这一类理论解释引导我提出，孟子和阿奎那（以及思考人道昌盛问题的大多数别的卓越的思想家）不是使用两种、而是使用三种理论。确实，当人道的昌盛成为论题的时候，大部分重要的理论思维的层次常常处于霍顿所说的**基本理论**和**次要理论**之间。对人道的昌盛作理论说明的那些人，是依靠由基本理论——例如，关于人的普通的内驱力和恐惧的理论——产生的那些材料来工作的，他们常常能够把他们的理论说明同充分发展了的次要理论所产生的那些观念，如“气”和恩典，联系在一起。就是说，他们的目的在于对人的经验加以精确的整理，比基本理论所做的更要精确；但是，他们所处的位置与次要理论相比，比特殊的、常常是模糊不清的现象要近得多，而这些现象构成了人们生活的大部分。这种理论的实行者将运用概念，甚至运用专门的术语。但是，他们的目的是整理人的常常是混乱的、动荡不定的经验，造成这样的认识形式：它们将更好地指导鉴赏与行动。

我把这第三种理论称为**实践理论**，因为目的是解释人的活动，以指导人的实践，因而引导他们达到更充分的兴盛。（这种理论说明在一些重要的方面像亚里士多德所使用的方法，即他在其伦理学著作中企图保存而又整理现象时所使用的导致“行动”的方法。①）有一个简单的例子显示了这种理论说明的一些重要特征。一个未经训练的人观看篮球比赛，他的眼睛只看到十个人在受到限制的场地上奔跑，力图把一个球投到篮筐中。看到的情景只不过是一场混战，不时被哨声打断，还有欢呼喝彩声。然而一

① 要了解亚里士多德的一般的方法，见 N. E. 1094b13—1095 全部，1095b1—14，和 1145b3—9。然而也要注意这样一些地方：在那里我称之为好人标准改进了这种方法；例如，1168a25—1169b2，和 1179a33—1180a6。当然，像伽达默尔（1986）这样的当代思想家已经发展了这样方法的某些方面，并把它运用到广泛的领域，我认为，在我们分析实践理论的特性的时候，实践理论与亚里士多德的方法之间的差别就会变得十分清楚。

个人如果受过关于篮球的实践理论中所获得的观念的训练，就会看到某些不同的情况。如果懂得什么是两个人夹击，看得出区域防守与人盯人防守的区别，那么对于发生的事情就会出现不同的认识。理论以及作为其一部分的术语，使受过训练的观察者能够在以前只看见混战的地方看到打球的方法，运动员的精神状态和进攻防守的路数。它们也使观察者能够知道谁球打得好，谁打得不好，甚至会使他们——作为教练、运动员或赌球者——比他们没有这种理论武装时更成功。这样，实践理论产生了一种解释、预见和控制的方式。

当然，篮球是一种体育运动比赛项目，它所具有的确定的特点是人生所没有的。因而这个比喻是有缺陷的，不能显示人道的昌盛所牵连到的所有错综复杂的问题。然而，正如麦金太尔等人所说，游戏比赛一类的活动是道德生活中具有重要意义的部分，对于怎样最好地理解和度过人生的问题，它们给我们提供了重要的信息。[①] 可是，甚至更加重要的是，游戏比赛的事例就其只关涉到整理感官印象、观察材料而言，它也会误导人。

孟子和阿奎那的实践理论的目的是整理感官印象。但是，他们作为实践理论家所研究的对象也包括信仰、解释以及被认为是神圣的经典的语言。所有这些材料对于实践理论来说都是极其重要的，需要使用它们说明这种理论为什么处于基本理论和次要理论之间。在他们对简单的、可观察的材料加以理论说明的时候，他们非常接近基本理论。在他们对信仰或宗教性语言中显现的现象加以理论说明的时候，他们接近次要理论。

这样，在道德的和宗教的现象成为论题的时候，同次要理论的联系特别密切，但是，这两种理论说明之间的区别可以借助于一个实例加以描述。这两个思想家都仔细地考察了赋予能力（empowerment）的现象，对于他们来说这是一个重要的现象，即那种能够容易地、出色地做以前只能艰难地、笨拙地做的事情的状态。这一现象对于他们所使用的话语来说极其重要，出现于他们所研究的那些人物和文本中，并且又似乎曾是他们自己的经验的一个重要部分。他们的次要理论的目的是要把握它，办法是借助于这样一些思想：在孟子那里是义与浩然之气的关联，而在阿奎那那里则是日常的坚忍与灌输的美德坚忍之间、或者是勇敢与天赐勇敢之间的区别。

---

① 见麦金太尔 1984a，第 187—191 页，以及麦克伦顿 1986，第 162—177 页。

但是，他们也在他们的实践理论中考察了这一现象，常常不用在他们的次要理论中的术语，或是设法使我们能够把他们这些术语的用法同他们所考察的现象区别看来。例如，这些论述使我们不用常常提到他们的次要理论中的术语，就能够描绘这两个思想家所说的完美的勇敢、或像坚忍这样的态度的作用过程。这就是说，我们也不用聚焦于他们对诸如天、命、上帝和灌输的美德这样的概念更具理论性的论述，我们就能够考察那些作用过程和态度。结果是这使我们能够作出一种对比，假如他们的次要理论的术语被置于最重要的地位，这样的对比就不可能作出。这样，集中注意于实践理论就使我们能够对他们进行否则就不可能作出的那种比较。[①]

然而，这种方法也包含了危险：我们可能不仅忽略他们的次要理论的重要性，而且也可能忽略在这些理论中出现的宗教意义。对他们的论述加以修剪，把那些引人注目的宗教主张从它们当中清除出去，这种诱惑始终存在，因为这些宗教主张常常不合乎我们常见的预设假定。防止这种诱惑的最好的实际的办法，就像对待别的许多智识上的诱惑一样，是说起来容易，做起来难。我们需要经常保持警惕，总是要意识到顺从这种诱惑的事是可能发生的。例如，我们必须继续突出那种赋予能力的现象的重要性，即使我们是根据他们的实践理论、而不是他们的次要理论来从事研究工作。

就像我在后面要研究的，我认为我们以实际行动保持这种警惕的最好办法是，总是突出类比谓项（analogical predication）[②] 在他们的实践理论思维中的作用。然而，在这里我们需要考察另外一个问题：即当论题是美德的时候，这两个思想家的次要理论中出现的观念和术语通常是否很好地表达了他们的思想。所有的思想家往往喜欢把观念加以实体化，甚至加以物化。他们对难以理解的实在加以抽象，把它们变成实体的存在，这种存在似乎能够更好地加以理解。就最伟大的思想家而言，通常这只是在他们

---

① 见本书第 2 章第 5 节，第 4 章第 9 节，特别是第 8 节；还可注意第 3 章第 7 节中所论述的实践理论和次要理论在解释不能有德的现象中的作用。

② 译者按：类比谓项是阿奎那使用的哲学、神学术语，他在其《神学大全》第一篇中阐述这一概念时提出“好的”（good）这个词可以用来形容上帝，也可以用来形容其创造物，如说“上帝是好的”，“人是好的”，但是它既不是以完全一样的意义（即阿奎那所说的“单义”）来形容这两个主语，也不是以完全不同的意义（即阿奎那所说的“多义”）来形容这两个主语，他提出这个词是以第三种方式即“类比的”方式形容主语，因此这里“好的”这个词就是“类比谓项”。

的才能没有得到充分发挥的情况下才会出现；然而，他们的不太机敏的信徒（不幸的是常常也包括我们）在这方面可能是十足的内行。阿奎那，特别是孟子，他们在最佳状态的时候，敏锐地意识到这一问题。就像前面已经说过的，他们所运用的次要理论渗透了一种不可知论。这种不可知论的思想基础是：他们对神圣事物的神秘性和复杂性的敏锐意识，他们以为某些观念会创造虚构的、破坏性的实在的信念，以及他们这样一种看法：人类认识有局限性，总是需要承认这种局限性，从而归于一个人的本性，保持心灵的宁静。[①]

作为孟子和阿奎那思想的解释者，我们必须始终要意识到他们思想中的这一倾向和其中包含的真理。我们始终必须认真地对待他们的次要理论，然而又要了解他们的实践理论为何包含了比这些次要理论更适当、虽然也更模糊的认识，而当论题是美德的时候尤其如此。他们的次要理论有时会妨碍他们对人道昌盛问题作出更精微的分析，就像它们也会妨碍我们在他们之间作出合适的对比。

因此，实践理论对于孟子和阿奎那关于人道的昌盛的论述至关重要。处于简单的基本理论与充分发展的次要理论之间，它不同于这两种理论，但是又同它们紧密地联系在一起，有时则是非常紧密地联系在一起。我们经常集中注意于他们的实践理论，而这种聚焦使我们能够进行对比，这种对比在性质上就是类比。它使我们能够往来于以下两方面而游刃有余，即我们在他们的基本理论中发现的相似之处或单义性与我们在他们的次要理论中发现的差异、或多义性这两方面之间游刃有余。

意向的概念是实践理论的一部分，它向我们提供了特别好的说明，显示我们比较研究是怎样进行的（当然，概念本身总是容易实体化，我们必须记住意向不是某种实体；我不可能拥有两个某种特殊的意向，也不能将其中一个给另外一个人。）意向的观念是实践理论的一部分，而实践理论在阿奎那的论述中比在孟子的论述中更加突出。确实，这一观念对于阿奎那的理论具有头等重要的意义，但是，在孟子的理论中似乎几乎没有出现；它被纳入实践理论之中，阿奎那发展了它，而孟子的论述隐含这个观念，但从未加以发展。在我们看出这一事实并明白了它的含义的时候，我们就能够作出那些否则我们会忽视的对比，在这两个思想家那里看到新的

① 见第2章第1节、第3章第4、5节、第4章第9节中我的论述。

特征，并探寻具有建设性的重要目标。

可是，认为孟子具有、但是从未发展他的实践理论的这一方面这个判断确实好像有问题。这一类判断总是有争议的，无论什么时候我们提出实践理论的某些方面被一个思想家发展了，而只是隐含于另外一个思想家的论述中，我们都必须十分小心。然而，这样的判断也能够引导我们进行一些最富成果的探索和系统的阐述。例如，运用阿奎那关于意向具有不同形式的思想，使我能够更加清楚地、具体地说明孟子关于道德的假象的主张。不仅如此，我想解释对意向的一种看法何以能够、甚至应当会在孟子的实践理论中发挥作用，这引导我对人性的发展模式与发现模式加以区分。这种区分又帮助我明确地阐述孟子思想中一个重要的基本点：他否认美德能够一下子被完全发现，他肯定美德能够和必须加以发展。

最后，孟子对自我修养过程的某些方面的细致入微的论述，同他对某些类型的恒定回应的深沉的、合乎情理的担忧一样，给我提供了丰富的材料，我使用这些材料来检验阿奎那发展得更充分的实践理论中的观念的正确性。这种检验也在这项工作的富有建设性的部分产生了成果。例如，它引导我对意向回应（dispositional responses）加以区分，我认为，这种区分提供了对［阿奎那的］观念的更丰富的论述。这一建设性的工作回过头来又揭示了阿奎那的实践理论中的长处和弱点，加深了对这两人的理解，并使我能够对他们展开更细致的对比。①

我认为，意向的实例表明，如果我们集中注意于孟子与阿奎那的实践理论，那么，富有成果的对比就会出现。依靠他们的次要理论，我们可能只看到差异，或是真实的、但却是细微的相似。然而，依靠他们的实践理论，我们能够探索真实的、富有启发性的关系。集中注意于这一方面有助于我们更好地理解他们每一个思想家和他们所代表的传统，还有助于我们发展关于美德整体和各种美德的特性的更正确的、富有建设性的主张。

这样，看到思想家们的实践理论的存在和重要性，对于从比较哲学的角度研究人道昌盛来说极端重要，这种比较研究聚焦于不同思想家关于美德的观念。当然，另外一些成分对于成功地从事这一工作也具有决定性意

① 要了解孟子为何没有发展出意向的观念，见第 3 章第 6 节末尾部分。要了解对人性的发展模式和发现模式的讨论，见第 3 章第 2、5 节。要了解对意向的富有建设性的分析，见第 3 章第 9 节；要了解意向观念与孟子，见第 3 章第 2、4、7 节。

义，现在我想来考察它们。到现在为止，我的方法（尽管有少数突出的例外）一直是作出一些实际的对比，并让对方法的说明和对它的评论出现于那种语境之中。然而，在这本书的剩下的部分我将集中注意于关于方法的一般问题。

从事比较研究工作有许多模式。但是，我认为我们是在一个初看似乎是非常奇怪的地方，即在阿奎那关于美德有部分的理念、更重要的是在他关于类比表达的思想中，发现了这样一些思想：它们指向一种富有成效的模式，用以对人道的昌盛作比较哲学研究。大致相似的思想和方法存在于理学和别的传统之中，甚至也以不成熟的形式存在于孟子思想中。然而，我将从阿奎那的思想开始，因为对于我来说它们是再清楚不过了，我们已经考察过它们的一些特征。①

在从阿奎那开始的时候，我不是在主张，解决比较美德的问题的任何一种传统的进路，能够给作为现代人的我们提供一种完全令人满意的方法。可是，我确实相信，我们在阿奎那的著作中发现了极其有用的思想。而且，考察它们既把我们同一个重要的传统联系在一起，又向我们显示我们同它怎样不同。因此，在下一节中，我考察阿奎那的模式的成效和局限性。在最后两节中我大步越过阿奎那的思想，思考这样一些一般的做法：它们应当能够显示我们对于人道的昌盛进行比较哲学研究的进路。

4 比较明显不同的美德观念：阿奎那模式的问题与潜在价值

阿奎那回应并企图综合的思想家学派多种多样，多得惊人；例如，他们有古希腊哲学家，新柏拉图主义神学家，罗马伦理学家，以及依次从古代近东宗教各个派系获得材料的《圣经》作者。他的目的是协调他们不同的美德系列、美德观和对特殊的美德的认识。这个企图的基础是他的一个设想：（至少是就这些不同的话语的大部分特征而言）他能够根据他们

① 例如，就孟子而言，就像我在各个地方所说，可以注意他对儒家同墨家和杨朱学派的关系的论述，以及他对四端通过家庭关系表现的论述中他使用的那些分析类型。（顺便说一下，另外一些综合性的传统，例如吠檀多，对付明显的差别的方法，我认为，是非常富有成果的探索领域。）

自己的说法同情地赞赏他们，并且又重新塑造他们，从而产生一个综合性的整体。这个设想同常见的现代设想相当不同。大多数思想成熟的现代人认为，以迥然不同的文化为基础的明显不同的话语，不可能调和，除非某个人径直强加一种从一个话语获得的范畴系统。

某些当代的思想家，也许最著名的是阿拉斯代·麦金太尔，已经批判了这种现代设想。在他们看来，任何一个健康的传统都包含了多种多样的、经常是冲突的理想，而更重要的是它具有强有力的手段裁决各种各样的冲突。他们论证说，现代思想家聚焦于不可沟通的那种多样性这种倾向产生于认识上的一个失误。他们不能把握下述主张的力量：少数充满生机的传统在它们的内部具有的一些资源和传统做法，使伟大的思想家们能够协调显然歧异的主张。据说在这些充满生机的传统中的思想家们能够对付那种多样性提出的挑战。他们能够吸收不同的主张，他们的做法保存了批判的洞见或对这些主张的系统阐述，也解决了这些主张中的内在问题，弥补了它们的缺陷。①

我们必须认真地对待这一思想：在充满生机的传统中思想家们能够求助于有生命力的资源和传统做法。可是，我们仍然有很好的理由怀疑像阿奎那那样的企图。现代很少有人赞同阿奎那关于世界具有明显的理性的结构的看法和他的严格的神学信仰。他的思想这两个特征是他协调明显不同的话语的抱负的基础，它们促进了他对于他的努力将会成功的乐观态度。不仅如此，几乎所有的思想成熟的现代人都不会［同阿奎那］共有一种非历史的眼光，对一些观念的社会定位都不会［与阿奎那同样］不敏感，而这种非历史的眼光和不敏感为阿奎那的企图提供了另外的动机上和智识上的重大的支持。

我们同阿奎那并不共有、也不应当共有激励了阿奎那的某些信仰和假设。可是，我们也必须小心，不要把支持他的事业那些观念看得过于简单。我在前面谈到了这个问题的某些方面，但是有三点值得再说几句。第一点是我们在将阿奎那常常仔细地区分的两个方面结合在一起的时候必须谨慎。其一是独立存在的、理性的本体论法则这一“事实”；其二是这样一些问题：它们困扰着人类，使他们不能充分地、或清楚地认识这种法则

① 见麦金太尔 1988 中的论述，譬如第 164—208、401—403 页。麦金太尔强调纽曼论述这一论题的著作的重要性；关于纽曼，也可见李耶理 1978。

的性质。第二点是我们必须小心，不要过分夸大阿奎那缺乏历史的和文化的认识。例如，他对旧律法（Old Law）的论述有时显示了敏锐的、虽然是不成熟的历史的和文化的意识。最后一点是，我们必须要记住，阿奎那所面对的许多明显的不协调出现于经典文本之中，内容和观点上的不同是十分明显的。在阿奎那世界，文字书写的传统已经取代了口述传统；由口述传统产生的微妙的、隐蔽的变化不能减轻他的任务。无论是同人的记忆的脆弱机制相关的失误，还是在阿奎那看来人们对于协调的需要所产生的那些欲望，都不能减少他的文化的历史过程中的变化和分歧。而且，阿奎那面对他的时代的奥古斯丁信徒，这些人坚持认为西方的历史的特点就是突然的转变和分裂，坚持认为异教徒的美德充其量也只是炫目的邪恶。①

因此，协调不同的美德系列、美德观以及对于特殊的美德的论述，阿奎那这方面的努力是一项困难的任务，而不是一件简单的事情。这里最重要的是，这一努力主要是依靠他利用两个相关的思想。第一是美德能够分为部分。第二是对类比表达（analogical expressions）的分析加强了所有那些协调、或对比显然不同的美德的企图。由于这两种思想，我们理解了这些分析步骤和理论构造：我认为它们在对人道的昌盛作比较哲学的研究中大有助益。

通常运用这两种思想来协调显然歧异的理念，可是，与之成为对照，我却运用它们做比较来发现相似和差别这两方面。因此，一般情况下阿奎那的目的是要发现相似之处，或者要创造一种构造，在这种构造中各个部分相互以等级样式连接在一起。与此不同，我将运用同样的思想和步骤，来确定差别和相似这两方面；进而我将运用它们置疑阿奎那自己的某些结论。

毫无疑问，阿奎那关于类比表达的思想是这两个思想中更重要的、更基本的思想，考察它将成为我的主要关切。然而，美德有部分的思想在比较分析中也能够发挥关键作用，因而我需要思考它。我在前面已经详细地讨论了这一思想，在这里我只需要对它稍加回顾，而集中注意于它为何能

---

① 我在本书中第 2 章第 1 节，第 3 章第 5 节讨论了这些问题。论口述传统与书写传统的区别，见霍顿 1982（第 206、250—256 页）所使用的华特（Watt）与古迪（Goody）的著作。

论阿奎那的历史的认识，见他如何论述这样一个事例，即小山羊被放在其母奶中烧煮（2—1.102.6.4）并注意波尔克（Bourke）对《神学大全》第 29 卷，XVⅢ中他的历史意识的分析。关于阿奎那同现代人的区别的一般问题，见罗纳尔甘 1985，第 35—54 页。

够帮助我们比较不同的思想家关于美德的思想。① 阿奎那提出美德可分为三部分。第一个是品质，即组成部分，它们帮助造成一个单一美德的行动；例如，深谋远虑中的记忆和预见。第二是这样一些独特的、关联的美德：它们同基本美德共有本质的特点，但是不能充分地表达它，即使它们能够比基本美德更充分地表达它的别的品质；例如，判断的智慧（*gnome*），它判断准则有例外，何时需要作出变通。第三是美德这样一些可加以分开的、本质上不同的活动，即一种美德的各个类型，它们是在这种美德在生活的特别的领域中发挥作用时出现出来的；例如，军事和政治上的深谋远虑。

阿奎那运用这些思想将他继承的关于美德整体和特殊美德的看法组成了一个结构完整、各个部分有机地联系在一起的统一体。例如，奥古斯丁的坚忍的观念可以视为勇敢的成分、或关联的部分，即使勇敢主要是以亚里士多德的用语定义的；西塞罗和亚里士多德对于高尚的不同的论述能够加以“综合”，并纳入到勇敢的等级结构中。在这里我不必回顾我对阿奎那论述特殊美德中显示的洞见和曲解所做的讨论。

重要的是要看到一般的理念如何使我们能够比较那些对美德的不同论述，它们似乎很少有共同之处。在比较孟子和阿奎那不同的美德系列和对可能相似的美德的不同表述时，我经常面临一个问题。鉴于他们的论述有明显的分歧，我一定要找到一种方法把一个单一的美德所涵盖的一系列可能发生的活动，与这个美德相关联的那些行为和意向系统地联系起来。例如，孟子从来没有像阿奎那那样分析勇敢。然而，他确实考察了各种各样值得赞美的品质，譬如真正的自尊或对待命的正确的态度这样一些品德，我们能够把它们视为勇敢的部分。我们能够把孟子关于对待命的正确态度的看法与阿奎那关于坚忍的看法加以联系，把孟子关于恰当的自尊的看法同阿奎那对于崇高、虚荣、怯懦的看法加以联系。这样，孟子似乎缺少在阿奎那著作中占据突出地位的那种论述。但是，利用美德有部分的思想，就像前面详细说过的，我们就能够富有成效地比较这两个思想家的论述，并且确立了那些保留了相似和差别的条理分明的关系。②

孟子思想中有一些美德在阿奎那思想中好像没有与之相似的，当我从

① 见此 2 章第 3 节的讨论。

② 见第 4 章第 6、9 节的讨论。

这种美德开始讨论的时候，同样的情况也出现了；例如，孟子关于辞让以及它在礼中达到最完美的实现的思想就是这样。然而，如果我们在孟子的思想中寻找孟子的礼的关联的美德，我们会发现各种各样的候选的美德。例如，其中之一是所有涵盖了这样一些关系的关联的美德：由于这种关系，人们负有难以报答的恩情，譬如，他们对他们的父母的关系。不仅如此，阿奎那所说的社交美德对于他来说是一系列重要的品质，它们也可以视为孟子的礼的组成部分。因此，认为美德有部分的理念提供了一个概念框架，可以帮助确立各种品质或美德之间的关系。它使我们能够对这两个思想家加以对比，又突出了每一个思想家的特征，不然我们可能会忽略它们。①

认为美德有部分的看法，同阿奎那努力协调不同思想家的美德观念的其他做法一样，其主要基础是分析类比谓项所需要的理论程序或做法。在最后两节中，我将把这些做法的一般含义加以展开。我在前面也考察过阿奎那在他分析特殊的美德、发展关于美德的扩展和假象［的思想］时如何运用这些做法的。然而在这里，我希望集中注意于少数特别富有启发性的事例，它们显示了阿奎那怎样恰恰在他似乎面临对立的表述的地方利用类比分析。他的目的是协调而不是比较。可是，评价他的成功与失败有助于我们更好地理解他的进路，明白我们为什么既能够运用他的方法，又必须改变它。②

让我们从两个简短的例子开始，它们很好地说明了阿奎那是怎样操作的，他的进路的问题和潜在价值。在一个地方阿奎那接受了奥古斯丁对美德的定义（它实际上是波伊提尔的彼得［Peter of Pointier］的定义），其中突出了这样的思想："上帝无须我们在我们之中造成（美德）。"阿奎那深深地服膺这一原理：恩典并不取代本性，就像这一定义所主张的，毋宁说，恩典预设和完善了它。然而，他能够利用这一定义，办法是阐明这个

---

① 见第 2 章第 5 节。

② 要了解这一讨论，尤其见第 3 章第 1、6 节，第 4 章第 3、5 节。要了解关于阿奎那的类比思想的大量文献，见第 3 章注 5（即第 67 页注①）。我特别受益于布莱尔的著作（1973，1979）和他一个加以强调的解释，即阿奎那为什么不提出一种类比的学说或理论，而是显示一种哲学思维活动和做法；见布莱尔 1979，第 55—67 页。也可注意法尔勒（Farrer，1972 第 69—81 页）关于需要将这一概念扩展到超出传统用法的范围的富有启发性的讨论，以及特拉西（1981）的考察，第 405—456 页。

定义的不同表述所回应的语境，它所表现的效验意识（senses of efficacy），以及与它关联的美德的诸方面。而在另一个地方，阿奎那接受了亚里士多德这样的理念：勇敢首先同战争中的死亡相关。阿奎那充分意识到，在实际的战斗中为了保卫城邦国家面对可能的死亡，与为了侍奉上帝在殉道中面对可能的死亡这两者之间存在着重要的差别。但是，他能够接受这一理念，办法是扩大死亡和战争的日常含义。在上述这两种情况下，阿奎那综合的努力的思想基础是，他企图具体说明明显的差别为何能够包含相似，明显的相似为何包含差别。这样，他的做法是致力于探寻关键性的术语的类比特性，它们的核心意义和次要意义发挥作用的语境，以及它们怎样才能井井有条地连接起来。①

当然，他在每一个例子中所作出的分析包含了问题，但是，这些问题有多种类型，大小也不一样。美德的那个定义只是在以下这种情况下才同阿奎那的总眼光相一致：我们忽略它的相当清楚的意义，并且将它视为表述上帝作为全部美德的终极原因的作用。与此相似，阿奎那的分析同亚里士多德的分析并不严格相符。但是，那种分析可以说是忠实地遵循、甚至发展了亚里士多德的论述的含义。因此，在第一个例子中，我们能够说，阿奎那使用类比充其量也只是使他能够为对比确立最低限度的基础，即使他并未带来他所寻求的观点协调。而在第二个例子中，他使用类比产生了真正的、富有启发性的相似。

还有一些例子向我们显示了这种问题和潜在价值的其他方面，它们同阿奎那运用那些考察类比表达所需要的步骤并存。在阿奎那对之作出回应的那些思想家之中，圣保罗和亚里士多德大概是最重要的、观点最明显不同的两位，当阿奎那企图把他们联系在一起的时候，许多最富有启发性的实例就出现了。（我在这本书中已经比较了两种关于美德的话语，它们之间的差异，有时也不会超过这两个思想家话语之间的不同。）阿奎那在把他们结合在一起时常常取得非凡的、甚至是令人惊异的成功。例如，亚里士多德所说的崇高的人对他的卓越有自信，并且远远超过了大部分其他的人。他说的这种人好像几乎不能被选中用以同圣保罗所提出的这样的理想人格相协调和比较：这种人体现了谦恭的美德，为他人服务。可是，阿奎

① 要了解美德的定义见1—2.55.4；关于死亡的分析，见第4章，特别是第四节，但也可读第三节。

那的分析向我们显示了某些引人注目的相似之处。①

尽管如此，阿奎那的论述的一些方面仍然不能让我们信服。我们看到了亚里士多德的崇高与圣保罗的谦恭之间的紧张，对此阿奎那不是没有予以关注，就是太轻易地把它放过。不仅如此，在另外一些实例中，我们可能看到的就不仅仅是紧张了。例如，阿奎那以亚里士多德的方式解读圣保罗在［《圣经·新约》的］《罗马书》中这样一种说法：他不能做他希望做的好事，也不能避免他希望避免的坏事，这种解读可能很少令人信服之处，第一眼的感觉尤其如此。看出这种紧张或失误给人一种启示。这有助于我们看到这样一些地方：在那里观察角度上的真正的差别使阿奎那所追求的那一种协调成为不可能。然而，在接受这种启示的时候，我们必须记住，阿奎那自己确实相信某些观点是不可能协调的。例如，他经常强调斯多葛派和基督教关于完美的人的情感的作用的观点之间的区别。可是，阿奎那的目的往往是协调，对于他的论述不令人信服、或不是十分令人信服的地方，我们必须保持警觉。协调虽然不成功，但协调的企图对于我们这些做比较研究的人来说，能够显示很多重要的意义。②

然而，更富有启示的是这样一种认识：最初好像是完全的失败，而实际上可能是部分的成功。在这些事例中我们看到阿奎那所使用的过程为何能够揭示一些联系，因而使那些似乎难以想象的对比成为可能。例如，阿奎那在比较圣保罗和亚里士多德［推崇］的典范时突出了诸如**崇高**和**谦恭**这样一些术语的相似的性质。这既帮助我们理解崇高的人为何必须重视关于更高境界的美好的某些理念，又有助于我们看到自信和人格高尚的意识为何不仅同谦恭相一致，甚至是它的必要部分。这样，我们就能够正确地理解阿奎那没有看到的那种紧张。但是，他的事业能够帮助我们辨析我们忽略了的、差别中的相似之处。

---

① 要了解他对崇高的这一方面的论述的好的实例，见 2—2. 129. 3。要了解亚里士多德对崇高的论述，见 N. E. 第 4 卷第 3 章。

正像前面所指出的，阿奎那从来没有充分地分析这样一个说法：某些美德在一个人的人生中是不能［与不同的美德］协调的；例如，做正派的市民所需要的美德与革命家的人生所需要的美德就是如此。可是，就像我们在他对不同的宗教使命和修行的论述中所看到，他的总眼光的某些方面似乎允许有这样的可能性。

② 就像在第 3 章第 7 节中讨论的，阿奎那自己是否一以贯之地使用修改过的知善即行善的原理存在着很大的问题。

考察阿奎那的做法中的紧张、失败和部分成功也导致我们认识了另外一个具有重要意义的问题。它们给我们提供了一些很好的实例，说明阿奎那协调、而不仅仅是比较这种愿望怎样导致他并不完美地从事这样一种哲学思维活动：即形成了他对类比谓项的分析的那种思维活动。他对亚里士多德的思想和圣保罗关于一个人不能像他希望做的那样做的主张这两方面的分析，很好地说明了这一点。（在我讨论阿奎那对人不能有德的原因的认识时，我以另外一种眼光、即强调他的思想中的紧张的眼光考察了这一点。）如果我们不是像阿奎那那样使用他自己关于恩典的手段（grace's instrumentality）的思想，我们就能够说，阿奎那不应当简单地假定在以下两方面之间有相似之处：即在亚里士多德有保留地接受关于知善即行善的说法与圣保罗拒绝这一说法之间有相似之处。确切地说，他本应当展示差别中的相似和相似中的差别。聚焦于诸如**意志**、**知识**和**才能**这样一些词语的类比的性质，寻找类比谓项所涉及的、对因果关系（也许甚至还有各种层次的存在）的不同看法之间的联系，运用这些做法他本来是能够揭示两个明显相异的思想家之间的联系，即使他不能把他们加以协调。这就是说，更加彻底地运用阿奎那自己的做法会显示它们为何能够使我们作出比较，否则我们就不能够，即使它们不能够产生阿奎那企图造成的那些相似。①

在考察美德的时候，阿奎那几乎总是在心中怀有一两个目标来分析类比表达。他的目的不是揭示相似之处，就是建立一个构造，各个部分在其中以等级样式相互联系在一起。这样，阿奎那通常总是过于乐意聚焦于相似之处，即构成相似的、差别中的相似的方面。这导致他有时不能突出一些具有重要意义的不同之处，忽略微妙的差别，从而为对比（如果说不是相似的话）确立的基础是不完全的。

可是，看到了阿奎那的惊人的成功，弄清了成功和失败的原因，明白了表面的失败为何能够转变为部分的成功，这些向我们显示了他的进路的非凡的成效。我认为，他关于类比谓项的思想，以及它产生的分析步骤，指明了对人道的昌盛作比较哲学研究的极好的方法。让我们从对阿奎那的

---

① 要了解对圣保罗这样的解读，见 2—1. 10. 3；还可注意 2—2. 156 中对无节制的论述。要了解亚里士多德的论述的实例，见 N. E. 1145b8—1148b14。关于斯多葛派的情感观问题，见 2—1. 59. 2 和 3。

考察转向对这一过程的主要特征作一般讨论。

5 类比表达，核心的和次要的术语与关于人性卓越的比较哲学

我相信，我们需要使用从考察和运用类比表达中产生的那些做法来开展比较研究。通过分析类比术语之间的条理分明的关系，我们就能够保持明晰和井然有序的多样性这两方面，从而充分而明确地说出差别中的相似和相似中的差别。这样，我们不用牺牲多样性和相似的代价，就能够揭示不同现象之间的相像。①

这种进路需要不断地努力，坚持到底，这一点极端重要。它不是依靠将不变的构造或固定的理论应用到材料之上，因此，它不可能产生像机械的器具会造成的那种想象的结果。某些比较研究的方法就像这样一些机械器具，所有的东西往往都以这种方式加以使用。就是说，运用它们的方式可以像使用一台机器将未加工的材料变成想要的结果。与之成为对照，[我们的] 这种进路需要利用想象的过程，巧妙的技术和其他个人的品质或卓越的人格。确切地说，就像我将在最后一节所论述的，这些才性的特点，辩明它们的效果，要以某些人所要求的那种准确性来加以具体说明，这是非常困难的。

我在这一节要做的事情主要是用从我的分析所获得的实例，集中力量确定核心意义和次要意义及其联系，来考察这一进路、或曰方法。然而，在这样做以前，我们需要弄清这一进路怎样利用两个相关的进路，但是同它们又是怎样的不同。以类比为基础的进路运行于两极之间，这两极是由比较研究的两种进路为代表：它们所依靠的不是单义（the univocal）的首要地位，就是多义（the equivocal ）的首要地位，即或是以单一的声音说话，只产生相似，或是以许多声音说话，只产生差别。一头是主张完全的

① 我从特拉西（1981）论类比想象的概念的著作受益颇多，但是，我在下面运用这一概念目的同他常常不一样；例如，我的关注较少神学内容，我也不突出参与和批判的观念。（也可注意 W. 林奇论述这一概念的著作，虽然他聚焦于文学，经常使用非常传统的托马斯派的形而上学；见林奇 1980，第 118—193 页，特别是第 136—160 页。）就像前面指出的，布莱尔的论类比表达的著作（1973，1979）也给了我们很大的帮助，虽然我在这里用其著作的目的经常有别于他所注意的那些。

恰当，这是单义谓项的特点。弗洛伊德学派的研究只聚焦于恋母情结，或者是一种神学研究只聚焦于怜悯，它们体现了这种进路。在比较研究中，这种做法牺牲了多样性，并使所研究的现象的丰富内容变得贫乏。而在另一头，是主张几乎是彻底的多样性，这是多义谓项的特点。这种主张的信奉者目的是要开发丰富、翔实的细节，它们之间的关系是由对立、甚至是不可比性加以规定的。一种人类学的研究聚焦于文字出现以前的某种文化的独特性，或者是一种按照神学作出的分析阐明个别宗教所假定的独有的含义，它们体现了这种进路。

在我看来，无论是多义的选择，还是单义的选择，如果是只此一法，都不能为比较研究美德、大概也不能为任何一种富有启发性的交叉文化研究提供令人满意的基础。前面的那种选择，即多义性，使这些研究变得实际上不可能。没有某种共同的参照系统，我们甚至都不能知道对比什么，更不用说比较了。而后一种选择，即单义性，能够帮助我们弄清具有重要意义的共同特征，但是，它也产生了千篇一律，常常是贫乏的千篇一律，它为实际的对比留下了很小的空间，通常给我们展示一些抽象的杂乱的观念。

多义谓项和单义谓项的概念在进行对比时是可以发挥重要作用的。然而，它们应当作为对类比谓项的考察的辅助成分，甚至是作为这种考察的某些方面发挥作用。这就是说，在我们比较的时候，多义谓项和单义谓项的候选概念总是会出现的。这些候选的概念必须受到重视，加以仔细的考察，因为它们帮助我们确立了适合的语境，以便在其中进行比较。每当我们比较迥然不同的人物或文化，多义谓项的候选概念就会出现。孟子理论中的心理—生理的动力“气”和阿奎那思想中的上帝（*Deus*）就是这些候选概念的很好的例子，在它们作为次要理论的部分出现的时候尤其如此。由于有这些或其他的候选概念，我们能够发现作对照的最低限度的基础。但是，我们必须始终记住，这些基础是多么薄弱，多么脆弱；某些对照最好描绘为并不非常多义。确实，如果［像“气”、上帝］这样一些概念处于所要研究的论题的绝对中心地位，那么，我们就不可能发现差别中的相似和相似中的差别。然而，如果它们只是帮助规定语境，而这语境中还有别的成分，那么，我们就能够富有成效地比较这些别的成分。不过，我们仍然必须继续回到语境的多义的特征，它们总是会引起我们谨慎，引导我们尝试。我认为，把孟子与阿奎那关于完美的勇敢与宗教的坚忍品质的思想加以对照，就说明了在这样的情况下怎样进行比较。[①]

单义的候选概念也会在任何一种对比中出现。而且，意见或表达的意思的某种独一性是任何一种对比的基础。然而，大部分这样的候选概念都属于我在前面所说的**真实的、但是细微的**相似的范畴，如在规诫的领域中出现的那些。共同的特点是存在的，但是，只聚焦于它们就会忽略具有重要意义的那类多样性和结构。伦理学上的义务概念在孟子和阿奎那两人著作中都有，但是，它被置于极其不同的文化环境之中，并且同一些有重大意义的不同种类的观念相联系、甚至相结合。

找出多义的和单义的谓项的候选概念是重要的。但是，更重要的是很好地处理这些候选概念。就那些多义候选概念而言，我们必须探寻可能有的关系，但是不要忽略差别。最重要的是，我们必须决定它们对我们聚焦的对比的影响究竟有多深，究竟以什么方式产生影响。在美德是论题的时候，次要理论与实践理论之间的区别常常对这些决定产生重大的影响。（例如，我在前面提出，在我们集中注意于阿奎那和孟子的实践理论大部分方面的时候，无论是“气”还是“上帝”，它们作为各自次要理论的概念部分都不是那样绝对重要。）就单义的候选概念而言，我们必须记住，它们是我们做的所有的对比的基础，可是，它们仍然往往只产生微小的、最终常常是意义贫乏的成果。

然而，我们的主要关注始终应当是巧妙地运用类比谓项所需要的那些过程。最明显的是阐明差别之中的条理分明的相似。通过这一过程我们能够“解决”、或者准确地说，仔细地、持续不断地奋力研究比较研究中这样一个最重要的、棘手的问题：在我们做对比的时候选择什么样的范畴加以运用，以及怎样最好地使用它们。认为类比的术语具有核心的意义和次要的意义，这些意义条理井然地联系在一起，这种认识给我们提供了研究这个问题的卓有成效的进路。

确定核心的和次要的术语并把它们连接在一起，几乎总是一项困难的事情。人们会争论：这些意义是否能井然有序地连接在一起，甚至会问它们是否能真正地联系在一起；就是说，他们会争论：我们是否真的没有类似，而只有模糊性、甚至多义性。许多人会赞同这种看法：“健康”的理念以独有的方式、从其核心意义上而言属于人类的观念，健康的食品指明

① 尤其见第4章第8、9节。

了人健康的一个原因，而健康的尿液则是指人健康的一个迹象。然而，另外一些看法将产生巨大的分歧。例如，有些人会提出，“爱”即使被规定为人的行为，要么是没有明显的核心意义，要么是它的各种用法不能显示明显的关系。他们会问，什么［意义］把我对我的妻子、我的孩子、我的国家、莎士比亚以及美酒的爱联系在一起。其中有什么可以合理地称为核心的意义，什么是次要的，有什么根据？

也许在这个研究中我面临的最基本的问题是：在我对付这些与我的20世纪的英语、孟子的公元前4世纪的中文、和阿奎那的13世纪的拉丁文一样不同的话语的时候，怎样展示核心的和次要的意义。这是一个实质性的问题，但是，我认为我最初从当代英语的用法获得大部分关键术语的核心意义这种做法是有很好的理由的；就是说，就像我将要讨论的，从我对这些术语的理解出发，随着比较的进行，我必须调整这些已选定的核心术语。但是，首先让我指出为什么我作出这样的最初选择，结果从它产生了什么样的含义。

我最熟悉我的母语、即当代英语的风格和微妙之处。这是这样的话语：通过使用它，通过我真正一贯地、极其仔细地阅读的哲学家和神学家的著作，我终于能够欣赏它的精深复杂之处。此外，我的大多数读者将能最好地理解它，因为他们的体验与我的相似。然而，选择它对于我的比较研究确实会有一个不可避免的、重要的后果。我的核心术语，至少是最初的，几乎总是更接近阿奎那的术语，而不是更接近孟子的术语。假如我的母语是汉语，尤其是假如我是为以汉语为母语的读者而写，那么情况就正好相反。例如，我就有同样好的理由从诸如“气”或“心”这样的观念获得我的核心意义。在那样的情况下，我的最初的核心术语会更接近孟子，而不是更接近阿奎那。①

我认为，我最初有极好的理由从我和我的读者感到最熟悉的话语选择我的核心意义。不过，危险、甚至巨大的诱惑仍然伴随着这一选择。它们是不可避免的。但是，对于它们的性质的自觉意识提高了我的警觉性，增

① 当然，人们能够在不同的语言之间工作；例如，见信广来（1986）使用现代西方的观念和柯雄文（1978，第72—76页）使用“经权”的概念。还可注意这样一个问题：选择核心术语怎样造成了一个等级体系，但是，在所使用的标准改变了以后，等级体系也会变化；见第2章第3节中我对阿奎那著作中这一论题的论述。

强了我的同情态度，改善了我的分析。其中最具有决定意义的是我的讨论的最初论题，然后利用这本书的材料，我能够对分析核心的和次要的意义的过程的一般性质加以考察。

从母语选择核心术语可能是合理的，但是，对类比谓项所需要的过程不清楚的那些人，可能从这种选择中看到简单地强加范畴。实际上，从不同的文化、甚至是从亚文化出发所作的比较在互动（或是互相交谈，或是互相阅读对方的著作）时所出现的困难，之所以会产生是因为所使用的核心术语通常取自做比较研究的人的母语。在大多数不利的情况下，这导致一个群体的人认为另外一个群体的人只是将外来的范畴强加于他们的文化。反过来说，另外一个群体可能认为前面说的群体的观念显示出幼稚、文化沙文主义、甚至不假思索的迷信。这样，对立的群体可能会使用一些伤害人情感的范畴或核心术语［称呼对方］，其做法只是加深憎恨和误解。可能会使用像帝国主义这样的简单的标签。“气”被宣布为原始科学的实例；而恩典则是西方殖民主义的实例。

这种情况在开始时可能像是《镜中世界》中爱丽丝与汉普蒂·邓普蒂之间的交谈，它极为某些分析哲学家所喜爱。汉普蒂·邓普蒂说：

> “这对你多光荣呀！”
>
> “我不懂你说的‘光荣’的意思，”爱丽丝说，
>
> 汉普蒂·邓普蒂轻蔑地笑了：“你当然不懂，等我告诉你。我的意思是你在争论中彻底失败了。”
>
> “但是‘光荣’的意思并不是‘争论中彻底失败’呀，”爱丽丝反驳说。
>
> “我用一个词，总是同我想要说的恰如其分，既不重，也不轻。”汉普蒂·邓普蒂相当傲慢地说。
>
> “问题是你怎么能造出一些词，它可以包含许多不同的意思呢？”
>
> “问题是哪个是主宰的——关键就在这里。”汉普蒂·邓普蒂说。①

---

① 见L. 卡罗尔1971，第163页（这段文字取自《镜中世界》第6章）。皮切尔（1971）的文章说明了哲学家是这样使用这一段话的；见第395—398页。

汉普蒂·邓普蒂认为意义总是、或者必须是法律规定的，而这样的立法决定于谁有权力。当我们讨论某些语言形式和共同拥有的话语内的许多语言形式的时候，这一说法从哲学上看是令人困惑的。但是，当我们在重大的文化差别十分明显和有待解决的地方讨论思想的交流，它颇具启发性。谁有权利确定核心术语，这似乎是关键性问题。

看到这一点能够引导某些人采取比较温和的、更加息事宁人的态度，但是它仍然不能令人满意。他们在谈话或写作中不是［对不同的文化］敬而远之，就是允许使用未经讨论的所有的核心术语。这两种做法在实践中以牺牲实质性的思想交流来换取平静。不仅如此，每一种态度都同依靠多义的或单义的谓项的态度相像，因而受害于伴随这种依靠而产生的问题。后面那种态度，即允许使用所有的术语，就像这样一种主张：它认为多义谓项是我们能够希望的最好做法；而前面那种态度，即保持敬而远之的做法，常常以接受单义谓项为基础。这两种态度都无助于推进比较研究的事业，或者说，无助于在不同文化的民族之间开展更加富有成效的对话。

所有这些困难由于任何人都不能加以控制的一些历史条件的作用而变得严重了，这些困难使得汉普蒂·邓普蒂关于谁是主宰的问题同我们相关，令人烦恼。我们甘冒风险把我们共同的历史的一些做法忽略了；例如，在不远的过去存在着殖民主义和反殖民主义的运动，以及在西方出现了一种特殊类型的批判性的反思，它受到了许多人的赞扬，也遭到了某些人的斥责。然而，即使不存在这些障碍，我们仍然会面临巨大的困难。这样的文化之间的交流所牵连到的思想上和个人的问题，既数量太多，又太复杂，以至于我们不能够希望有容易的解决办法。

尽管如此，我认为通过更好地理解类比谓项的过程是怎样进行的，特定的智识上的问题（甚至某些别的问题）就可以减轻。特别重要的是，要弄清这些过程怎样依靠运用那些有条理地连接在一起的核心的和次要的意义，我们必须看到核心术语有正当理由在最初取自解释者的母语，就像前面指出的。更重要的是，我们也必须认识到以这些过程为基础的分析将会改进已选定的核心术语，将促进对比，并要求有一种建设性的或规范性的意义。这样，掌握这种过程的能动性我们就能够更好地理解为何在不同的观念、文化、和民族之间能够开展对比（弄得好的话还有对话）。进而言之，它也有助于我们认识到这样的过程具有建设的含义。我认为，从前面几章获得的实例能够很好地说明这个过程的重要的特征。

我运用意向的观念、实践理性的观念来说明，比较分析为何能够极大地改进已选定的核心术语。意向这一术语确实不同于阿奎那的 *habitus*，但是，它肯定更容易置入阿奎那的概念世界，而不是孟子的概念世界，在孟子那里找不到明显相当的观念。尽管如此，正像前面所说，意向的观念使我们能够更充分地理解孟子思想中一系列理念，并且更好地掌握他的美德理论。不仅如此，理解孟子对于某种机械反应的合理的忧虑，导致我建设性地重新阐述意向观念，把智识的意向、习惯、习性和恒定的反应区别开来。继而这种规范性的重新阐述既确立了这个术语的核心的和次要的意义，又引导我以一种新的眼光来理解阿奎那的思想。①

发展实践理性的观念可能会更清楚地显示，对孟子的观念的考察怎样影响到分析最初取自当代英语用法的一个核心术语。我对这一思想的富有创意的发展在很大程度上受益于我对孟子的“智”的研究。此外，利用孟子的思想发展核心的和次要的意义，也导致我更生动地理解当代关于实践理性的思想同阿奎那的实践智慧（*prudentia*）怎样不同。这样，孟子的“智”的观念帮助我从事我的建设性的事业，影响了我对阿奎那思想的解释，并且使我能够看到这两个思想家同当代对实践理性的认识的相像与不同之处。②

另外一个实例，即我对勇敢的分析，说明了确立核心的和次要的意义怎样有助于促进对比。几乎所有的人都同意，勇敢既是人类的一般美德，又是儒家传统中意义重大的术语。然而，勇敢在西方思想中受到的理论分析，远多于在中国思想中受到的分析，就像在前面所说，这一事实显露了有关这两种文化中尚武精神、或勇士典范的作用的某些重要认识。不论怎么说，孟子和阿奎那对勇敢的论述肯定是有差别的。勇敢是阿奎那的四个原德之一，他对它做了复杂的、充分的分析。勇敢既没有受到孟子的充分分析，也没有被当作他的四个核心美德之一发挥作用。我认为，我对这个问题的回应弄清了使用这种方法为何能够促进我们所做的对比。

---

① 我在这一章第 3 节考察了这一观念的次要用法；要了解更充分的讨论，见第 3 章第 4 节，要了解更多的参考材料，见这一章注 10（即第 71 页注①）。关于意向怎样不同于阿奎那的 habitus 的分析，以及与之相联系的术语，见《神学大全》第 22 卷中的肯尼的讨论。德阿西在对 19 卷和 20 卷的导论中讨论了阿奎那的语言与当代语言之间的其他区别。

② 尤其见第 3 章第 4、5、8 节的讨论。

我最初是通过西方的分析、包括在阿奎那著作中看到的分析来确定勇敢的核心意义。然后，我运用关于次要意义（甚至关于勇敢的部分）的思想来解释孟子的论述，这使我能够把诸如对自尊和命具有正确的态度这样一些品质同勇敢相联系。然而，比较分析的过程并不停留在这一点上。对于勇敢和阿奎那的分析这两方面，孟子的论述都显露了一些重要的东西。孟子不像阿奎那那样全神贯注于勇敢，但可以说更清楚地把它的各个方面分离出来。最值得注意的是，他突出了勇敢从军事上的美德向一般的和宗教上的重要美德的转化，而这种转化在阿奎那思想中也是有的，但是不像在孟子思想中那样明显。当我们看到孟子怎样把勇敢扩充到宗教精神境界，并且坚持不懈地关注勇敢的假象的时候，我们就能更充分地理解勇敢，也能更好地把握阿奎那论述的一些重要特征。此外，利用阿奎那著作中对于勇敢的复杂的、充分的分析，继而使我们能够更进一步探索孟子的论述。①

运用分析类比谓项所关涉的过程来比较对勇敢的这两种论述，我们就能够达到几个目标。虽然最初好像充其量只为对比提供最低限度的基础，然而我发现我能够以一种富有启发性的方式来比较它们。不仅如此，比较它们也有助于我更清楚地看到这两个思想家每一方论述的一些重要特征。最后，整个过程引导我对于勇敢观念作出更适当的论述。这样，这些实例（一方面是意向和实践理性，另一方面是勇敢）说明了发展和连接核心的和次要的术语怎样帮助我们对美德做比较研究。

不仅如此，纵览这些实例也突出了这个过程的一个侧面，到现在为止对于它我说得很少。当我根据影响我的对比的那些材料来重新确定我的最初的核心意义的时候，一种建设性的或曰规范性的方面就出现了。这样，在我发展核心意义的时候，一种建设性的、理论上的探索就发生了。做比较研究的人他们的工作既依靠对那些观念的当代认识，又依靠加以比较的那些人物所提供的、关于那些观念的认识。

就像这三种实例所显示的，做比较研究的人的目的是给出一种可靠的论述。然而，这种论述不只是产生于对于一个人自己的语言、观念和经验的反思，就像大多数现代西方哲学所做的那样。它也产生于对于一个人所研究的、来自不同文化的思想家的语言、观念和经验的思索。宗教比较哲

---

① 见第4章，特别是第1、6、8和9节。

学家如果只是企图提出富有说服力的理论观点，他们可能不考察（通常是出于对篇幅和体裁方面的原因的考虑）他们想要考察的所有问题。可是，他们的目的是要作出可靠的论述，他们要使用取自与他们自己的传统极其不同的传统和思想家的材料。一种进路，即以关于类比表达的看法为基础，因而也就以对于核心的和次要的意义的认识为基础的进路，具有建设性方面，因而也就有规范性方面。

这一进路也提供了一些手段，以运行于两极之间，即由依靠简单的单义性或多义性的眼光所表现的两极之间。就像前面所说，我们既要利用，又要协调这两种眼光。然而，这样做是非常困难的。（进而言之，这种探索的另外一个规范性特征包含了发展一些优点，以便我们能够把它做好。）要寻求那种探索差别中的相似和相似中的差别的理想做法，就要努力从事艰难繁重的协调平衡的工作。按照这种进路做的人总是面临一种危险：容易滑入、几乎是不知不觉地滑入其中一极，他们本来企图运行于这两极之间。

多种原因造成了转到清一色的无差别和空虚的多样性的倾向。原因将因人而异，因学科而异，因文化而异，因历史时期而异。我在下一节中将重点考察这种倾向怎样从以下这样一些问题中产生：它们是许多现代人所具有的，是意识到要采取那种依靠想象过程的做法方面的问题。然而，让我在这里先简单地指出一种压力的另外两个当代来源：这种压力迫使人们放弃分析类比谓项所需要的那些做法。

今天我们所有的人都面临着一些巨大的压力，要按照空虚的多义的多样性来看待交叉文化研究。在知识界这些压力通常是在社会科学、或一些更激进的人文主义的解释学学派中产生的，它们常常有强有力的政治行为相伴随。这些压力通常由于大多数人的一些合理愿望而加强，这些欲望是既要描述那些在规范的论述中经常被忽略的文化经验，又要按照那些反映了他们的独特性的看法来描述这些经验。这些压力也许会有所减弱，因为越来越清楚的是，只关注极端的多样性不仅使比较研究成为不可能，甚至使得对任何一种与一个人自己的文化不同、或与据说是主导文化不同的文化的研究大都成为不可能。不过，由于智识的和社会的原因，多义性的牵引力仍然强大。

还存在一些隐蔽的压力，迫使比较研究倾向平淡的相似所显示的单纯的共性，倾向简单的协调，甚至贫乏的一致。这种倾向的某些拥护者只作出通俗的论述，对于除了他们自己所属的传统之外的那些传统，他们所知甚少。还有一些压力来自另外的群体，它们更有效力，与这些压力并存的不仅有执著地坚持的宗教信念，还有与之相伴的、值得称赞的一种愿望，即拒绝把世界分为两部分：获救者与未获救者。

所有的人都会赞同这样一种欲望：拒绝［把人类］简单地划分为宗教精神昌盛的人与宗教精神不昌盛的人这两部分。不过，在成熟的宗教研究者当中，很少有人由于前面所指出的理由会提出这样的主张：一般地说在比较研究中，更具体地说在比较宗教哲学中，单义的进路能够很好地发挥作用。单义的进路的一个变种，即全神贯注于特定的宗教体验、也许是全神贯注于对神圣事物的阐述，可能在起作用。然而，即使对此我也仍然有疑虑，如果关注的是抽象的形而上的阐述则尤其如此。对比这些阐述，就像前面所说，通常是不能产生坚实的相似，而这样的对比常常不能极其认真地研究次要理论中的差别。①

来自各种文化的许多现代西方知识分子和某些传统的学者有一种倾向，即在做比较研究的时候，拒绝类比的进路，取而代之的不是采用单义的进路，就是采取多义的进路，在我们看来，最重要的是这一倾向另有原因。这一原因就在于对于一些想象过程的担心、甚至绝对不信任，而这些过程却是全神贯注于类比谓项这种做法的基础。因此，让我们来思考想象在对人性的昌盛的比较哲学研究中的作用。这个论题对于结束本书特别有利，因为它也使我们能够思考其他几个意义重大的、一般的问题。

6　类比的想象与宗教比较哲学

对类比做具体的说明在很大的程度上是想象的工作。把相似点装到不相似的东西中，又把不相似点装到相似的东西中，这种能力是想象的标志。不仅如此，使我们能够发展这种识见的成果的能力大部分依靠想象。不错，我们能够阐明这些想象过程的形态；我们甚至能够显示它们怎样同普通的理性过程相联系，同这种理性过程如何相像。但是，它们仍然是想象过程。

① 就我所知，对以极端的多样性为基础的进路中的问题的分析，最成熟的是出现于霍里斯（Hollis）与卢克斯（Lukes）1982 的文章之中。我认为，当代实际上所有造诣深的学者对神秘主义的论述都以实例说明，为何几乎所有的人都同意，简单的单义判定是不适当的。

西方学者，尤其是那些不轻易动感情的西方学者，对于遵循想象的过程常常表现得十分谨慎。至少他们提防不要过分依赖它们。即使在以下情况下这种谨慎仍然存在：清除了想象的概念中许多更加激动人心的浪漫主义内涵，以及那些谨慎的学者并没有被强加一种过分简单的人文主义研究模式。这种不满也在来自西方之外文化的许多学者那里出现，虽然表现不同，他们代表了他们的文化中的传统学术。（当然，在某些领域，这些传统学术模式也已经深深地影响了西方学者。）虽然在这里我只关注西方学者，但是给出的分析稍作修改还是能应用到这些传统的学者身上的。进而言之，当不同文化之间的理解、甚至对话中出现了问题的时候，想象的作用就常常成为一个关键的问题。①

西方学者不满意依靠想象常常是以他们关于以下问题的判断为基础的：即怎样最好地理解现代人文主义学术的使命。尤其重要的是他们关于应当实行什么样的证实规则的判断。怎样最好地证明解释是正确的，或者说怎样最好地裁决不同的解释，近年来在这个问题上出现了严重的分歧。真理的概念，或参照的概念在真正的人文主义学术中是否能够占有一席之地，这样一些问题常常成为核心问题，而想象的适当的作用经常成为具有重大意义的题目。这些分歧的许多表现是西方诗人与哲学家之间由来已久的论战（它可以追溯到柏拉图，但是在不同的时代采取不同的形式）的现代翻版。比较传统的学者经常承接哲学家的衣钵和好辩。因此，他们对于依赖想象的疑虑常常是以关于智识上的探索的性质、甚至它所必须服务的道德目的的信念为基础的。这些信念，以及它们所产生的专一的执著精神都是可以理解的，也是值得称赞的。

尽管如此，我认为十分清楚的是，对于人道昌盛的比较研究必须参与这样的过程：它必定需要我们采用某种形式的想象，即利用类比想象。说

---

① 我的“想象”概念的用法同阿奎那的某些用法相关，但是，我在这里并不是在更加专门的意义上使用它，阿奎那在吸取亚里士多德的《论灵魂》的思想时曾在这种意义上使用它。要了解对于阿奎那思想的批评性的评价，见肯尼 1980，第 77—79 页；要了解对它的某些更一般的含义的富有启发性的表述，见怀特（White）1961，第 125—157 页，特别是第 142 页。

当然，想象在文学、哲学、和基督教神学中的作用得到了充分的讨论。然而，对于它在比较宗教中的作用却讨论很少；这一领域中有一部著作我从中学到不少，它就是史密斯 1982。还可以注意赖尔 1949，它对可以归为想象的概念的各种活动作了更富有启发性的说明，见第 245—279 页；又见罗维本德（Lovibond）1983，特别是第 190—200 页。最后，李耶理 1990b 展示了把想象这样一种智识上的卓越置于其中的总的环境：

我们必须使用想象并非也就是说标准瓦解了；这不是要把一种强制的力量同某些更加极端的人文主义学术形式结合在一起。想象的过程需要判断解释和准则的标准，这些准则得到很好的或者不适当的遵守。犯错误的可能性仍然存在，（就像我将要讨论的）说明错误为何会发生的理论是能够建立起来的。

不过，[比较研究] 需要的这些过程仍然是想象的过程。例如，它们依靠解释者的感悟能力，它们能够发生联想而不是论证，并且它们产生了创造。这样，想象的作用过程是支配规则的，容易发生能加以具体说明的错误，但是，它们产生了那种由个人造成的、引起联想的创造。不仅如此，这些创造有能力赋予我们的经验以新的条理和形式。想象所产生的新描绘，对我们关于我们生活于其中的当代世界以及我们所研究的、那些常常是遥远的世界的普通经验构成了挑战。

我们不应当低估这些挑战，它引起了恐慌，想象造成的这种新描绘能够产生对于我们这样一些认识的挑战：即对我们关于我们自己的世界的认识，对我们关于我们企图理解的那些民族的世界的认识的挑战。随着我的比较分析的进行，对于我来说，孟子和阿奎那变得好像非常不一样。这样一个过程可能是令人苦恼的，当一个人的学术身份在一定程度上同一种对特定的人物或文化的正确认识相联系的时候，情况尤其如此。在我进行研究的过程中，当我对人的卓越的认识、甚至是对我使用的范畴（像意向）的理解发生改变或受到怀疑的时候，这就更加令人苦恼了。我想，也许我受我的文化的束缚比我以前所估计的更大，比如说，我感到实践理性必定需要算计，又如我还认为勇敢必定至少包含某种尚武的方面。也许，我曾经不知不觉地按我的思想改造阿奎那和孟子对这样一个问题的看法：为什么需要超越人类的力量，如果想求得人性的卓越的话。按照从比较研究的过程中产生的成果来弄清问题，因而也就是要重新阐述我自己的想法，这种创造冲动成了我整个事业的必不可少的部分。但是，它常常是令人烦恼的、甚至痛苦的过程。

对一个人关于他的自我和别人的认识的这样一些挑战的出现，能够使单义的和多义的表述所提供的安全港显得很有吸引力。这种吸引力有助于解释我们所有的人都有这样一种倾向：即滑回到那种更舒服的理性操作，在这种操作中，所突出的不是只有相似之处，就是只有差别。当相似之处被突出了，就没有真正的挑战出现。当差别被突出了，挑战就好像太遥远了，以至于不会真的遇到。这些挑战如此的陌生，以至于我们认识到我们不可能真正地对付它们，我们依然老样子。因此，类比想象所产生的那些经验的新构造可能会令人烦恼，我们可能由于这个缘故而避开它们。它们把我们卷入到使熟悉的东西变得陌生的过程，它们迫使我们成为我们自己国家内的探险者，而这是一个极端困难的过程。然而，它们也把具有无可估量的价值的礼品赠给我们。我们能够以新的眼光，甚至以一系列新的、变化中的眼光，来观看我们自己和我们所研究的一切。①

然而，[类比想象] 所产生的眼光是由我们自己造成的，而且某些人可能发现这种认识是难以接受的。如果这项工作的创造性方面得到实行，那么这种认识不是必定会产生一些实质性的问题，除非一个人接受了理论家们提出的、对他们所做研究毫无助益的主张。我的愿望是使用我自己的文化所塑造的理念以及在阿奎那和孟子思想中发现的那些理念，对概念作出更好的论述，这必定会使我完全参加到那个过程中去。但是，在这项工作要对孟子和阿奎那的思想作出精确的对比的时候，那种认识理所当然地使人们感到不安。不过，如果我们使用类比想象，那么对比的关键必定在学者心中，而不是在研究的对象中。这一事实，它发生的原因，以及它的含义必须加以接受。

孟子和阿奎那既不互相认识，又没有读过对方的书。不仅如此，这两个思想家甚至想象不到对方著作的样式和大部分内容。而且，当两个思想家的观念的代表者最终相遇的时候，他们常常发现理解另一方的主张极端困难；例如，选择核心术语的问题就很多。这就是说，早期天主教传教士和儒家之间的误解有时是喜剧性的，偶尔是悲剧性的，虽然理学所包含的与天主教的基督教的相似之处比古典儒学更多。②

进而言之，即使假设孟子和阿奎那相遇，他们的解释同在我们作为比较研究者把他们拉到一起的时候所介绍的也大不相同。例如，在考察阿奎那协调歧异的观点的做法中，我们看到他的做法（虽然对我们是有帮助

---

① 维特根斯坦等人对这类探索的困难写得很充分，见《哲学研究》1968，第 208 页。又见本书第 1 章第 1 节，以及第 1 章注 10（即第 12 页注①）中关于真实的观念冲突的讨论。

② 理学家与罗马天主教徒之间的相遇，见罗马天主教的回应，尤其见利玛窦详细地考察过的那些部分，但是也可注意谢和耐（1986）所描绘的中国人对他们所遇到的第一批天主教徒的回应。理雅各的《孟子》英译本导言（第 56—73 页）如前面所说（第 3 章第 7 节）也包含了后来的接触的很有趣味的事例。

的）的目的并不在于对比，而在于发现相似之处或达到等级式的协调。他的努力的结果同我们力图分析、比较、甚至协调来自极其不同的文化的思想家们的不同观点所得到的结果，很不一样。比如，不像孟子或是阿奎那所做，我看到了他们各自的次要理论中的根本区别，因而集中注意于他们的实践理论。

当然，强调对比的关键存在于学者的心中，这不是说我们不应当密切地注意所研究的对象。确切地说，我们始终必须尽力理解每一方，既要在最初的时候这样做，又要随着我们研究的前进按照其所说来理解他。这种研究工作有助于我们避免比较研究工作可能会引起的曲解。不过，“按照其所说”来理解每一个思想家这种看法本身由于对比过程而发生变化，甚至遭到富有意义的挑战。例如，确立核心的和次要的意义深刻地影响了描绘和分析一个思想家的术语。

仔细地察看每一个思想家的思想结构是非常重要的，但是，我们决不能忘记对比本身是想象力的创造。我们作为比较研究者在我们工作的时候处理不同点和共同点。我们决定突出什么，忽略什么，而且我们决定什么时候把它们联系起来。我们的工作必须从相似之处出发，否则我们所确立的只是对立，甚至是不可比性。但是即使那样，我们的工作也是要发现变异，而不是满足于寻求共同点。相似始终不过是相像而已；它们处于迥然相异的环境中，并且通常是完全由这样的环境所形成的。然而，如果对比要不变为只是同义反复的文字游戏，我们也必须寻求差别。如果对比要有趣味，具有启发性，因而也就不可避免地会引起争论，那么差别就必须加以强调。无论是多义性，还是单义性，都不能忽略；集中注意于类比，就是始终既要借助于它们中的每一方做研究，又要处于它们之间开展工作。

怀特海曾经说过，在任何一种精致的哲学中，都能找到实际上所有相同的成分；而差别可以用什么成分处于前景、什么成分处于背景来加以解释。这句话如果理解为说明一种传统的特性，那么它就可以视为近似真理的夸张。（正如他的一句著名的话所说，西方哲学是一系列对柏拉图的注释。）实际上，传统之所以是传统，正是因为他这一看法的某种表述是合乎真理的。

然而，如果我们考察来自截然不同的文化的思想家，那么怀特海的说法极其容易引起误解。无论是在前景、还是在背景中都能够发现一些相似的成分，但是对它们的认识是不一致的，除非我们是在这样一种抽象的层面来规定这些成分：这种抽象如此的一般化，以至于它很少显示出重要性。就那些真正不同的文化而言，人们认为需要提出的十分重要的问题，他们认为他们必须要解决的争议，或者是他们相信他们必须使用的概念和次要理论，可能是全然而又根本不同。确实，这些差别的根本特性引导我主张，在宗教比较哲学中必须使用类比想象。

因此，我们必须使用想象来考察和构造相似，来确定和重新确定核心的和次要的意义，并阐明它们的关系。有些人可能会希望，心灵的想象功能显示这样一种能力：它揭示关于世界的更深刻的普遍真理，只有这种能力使这些功能发挥作用，才能获得这些真理。这种希望吸收了浪漫主义对于想象的特性和用处的一些精辟的、又有争议的看法。我对类比想象的依靠、对它的期望相当有节制。不过，我认为它显示了一种制作、安排的能力，这种能力使解释者能够看到一些关系，它们把看起来只有歧异的方面结合在一起、甚至统一起来。

我把这种想象看成是包含了各种各样的活动，我们假定某种事态就在这种活动中显现。我们认定、料想、甚至随便提出、或自以为是地认为某些经验的建构是可靠的。这些“假定”表现了成熟的智识的一些能力，而要接受或者坚持它们常常是困难的。难以接受它们是因为它们常常同始终存在的盲目崇拜的倾向发生冲突。同它们特别对立的是这样一种盲目崇拜：由于这种崇拜我们依靠那些按照我们自己的意象造成的观念，来理解和控制我们的环境。因此，要接受这样一些假定，我们就必须克服一种要控制的意向，必须使我们的世界变得适宜居住，而这就需要相当大的灵活性和勇气。

这些“假定”也显示了一系列非常复杂的心智作用。例如，它们包括了各种各样的智识能力。一个特别值得注意的能力是废弃那些设想一个人的自我和论题的常规方法，以便创造对于生活于其中的世界的新意象。诸如此类的过程在写作和阅读文学作品中、在创造或观看艺术品中是共同的。然而，它们也有更普遍的形式，其中有一些对于道德生活来说极其重要。我想了解他人，以便帮助他们，同他们交朋友，与他们一起工作，我的这种欲望和需要常常要求利用这一能力。我必须弄清某个人行动和作出反应的方式为什么同我的行动和作出反应的方式显著不同。要获得这样的了解常常依靠我这样的能力：即能废弃我对于我、甚至对于我所知道的人通常的行事方式的大部分常有看法。然后我才能充满想象力，产生和进入另一个情境。

就比较研究而言，促进这些想象活动的因素有许多不同的来源，采取许多不同的形式。在某些事例中，这种促进因素同刚才指出的那些日常的情境中所显示的东西相像；就是说，我们意识到我们不能真正弄清我们研究的那些人为什么像他们那样行动和作出反应。例如，我们看到，我们确实不理解一个思想家为什么始终坚持这样的看法：所有的人必定具有一种完善他们自己的能力，尽管他所提出的所有的论据都否定了这一看法。在另外一些时候，促进因素来自这样一群人的观察、挑战和建议，我们同这些人交谈，读他们的著作。例如，同事或文章引导我们意识到，一个思想家相信坚持遵循身份的行为标准的重要性，要远甚于我们曾经以为这个思想家所相信的。

还有另外一些事例，其中那种促进因素是同初期的、但却是迫切的需要一同产生，我们感觉到需要将模糊的想法置于类比分析所要求的那种条理井然的结构中。在这样一些情境中，我们自觉地、努力地考察和检验我们的假定，给予它们以适当的结构。然而，在另外一些时候，通过总结我们对所研究的思想家的认识和评价，这种条理似乎让我们不得不接受。产生这种总结的那些能力是怎样产生的，对此我们只有模糊的了解。这些总结还引导我们认为，这样一些过程、即导致许多人谈到灵感的那些过程，和某些无意识过程，是多么的神奇，而且常常是非常重要的。

令人泄气的是往往有很多时候我们不得不承认我们的假定完全是错误的。例如，物质、甚至能量的概念完全不能成为核心的意义，而心理一生理的动力“气”则是它的次要意义，孟子的“天”也不能直接同阿奎那的上帝相联系。我所描绘的那些想象是同对于想象的结果的大部分怀疑相容的。这就是说，这些想象的结果可以加以检查，然后加以纠正或抛弃。在经过进一步的思索以后，我们终于明白：一种阐述确实遗漏了太多的重要东西，或它的语言表达可能引起误解。在经过更多的研究之后，我们终于确信，一篇关键性原文完全不能支持某种假定。（有时候我发现自己最终怀着沮丧的心情一而再、再而三地回到孟子和阿奎那两人著作的原文，它们质疑、进而摧毁了我更珍视的某些假定。）这样，由于冷静的思索、或进一步的研究之助，我们能够发现和解释在我们自己和别人基于想象的研究工作中出现的错误。

然而，我们并非只是常常发现错误。我们通常也不至于把从这些想象中产生的那些问题当成单纯的失误的论断和坏的假设加以对待。在考察这些情况的时候，我们使用另外一些判断标准。（在我看来，当我对孟子和阿奎那思想中的特定美德、或他们关于美德的基本理论的某些方面加以对比的时候，这些情况多半会产生。）我们使用一系列评价性术语，我认为，当我们对其他一些领域中想象的作用作出判断的时候，这些术语也会出现，这些领域很不一样，就像精致的文学作品与儿童的游戏那样不同。例如，我们会说，想象的构造是灵活的或笨拙的，看起来平庸乏味或令人兴奋，是肤浅的或深刻的，显得感觉敏锐或平淡无奇，或者说华丽而空虚，或实在却令人振奋。

诸如此类的标准是不确定的。精确地确定和解释为什么要把这样一种品格，而不是另外一种品格用到对比中，这可能是困难的。在一些最复杂的情况中，我们的判断甚至像以下这种情况下我们作出的那种判断：此时我们考察那些思考伟大的文学著作的高潮部分出现的不同的解释；例如，当我们问维勒船长对毕利·伯德的判决是残忍的还是公正的①，或者当我们问乔伊斯的《都柏林人·死者》中的加布里埃尔的最后状态是麻木不仁还是富有同情心时就是那样。

不仅如此，我们还意识到按照这种标准作出的判断适当与否，最终依靠观察者的感悟能力。因此，我们发现，在这里发挥作用的是“好人标准”的翻版，这种标准或是以它的亚里士多德的形式、或是以儒家的形式出现。人性充分发展的人给我们提出了一种最终的标准，来决定是什么规定所有特殊的情境中的人道昌盛。（然而，关于类比想象的活动的那些判断与审美判断相似的程度，确实甚至超过与道德判断的相似，而传统的论述聚焦于道德判断。）所有这些判断都依靠的一种看法明显是循环论证，但是我认为它不是恶性循环，而是良性循环，甚至是有道德的良性循环。就像前面所说，它依靠这样一种假定：一个人怎样认识，这决定于他认识什么；这种不确定性是一些论题的特点；因而某些判断只能是由这样一些人作出：他们对这论题有一种同情的理解。［在我即将出版的文章中］在认真地讨论戏剧以后，我将要运用这一标准最后对下述这种人所持有的观点提出疑问：这种人认为莎士比亚后期的戏剧是浅薄的，笨拙

① 中译者注：维勒船长和毕利·伯德是美国19世纪著名作家梅尔维尔的小说《毕利·伯德》中的人物。

的，不得体的，乏味的。同样，在经过相关的讨论以后，我将要对以下这种人的看法提出质疑：这种人对类比想象富有启发性的成果说三道四。这样一些判断不是必定要结束交流。我最后不得不相信，那些看起来深刻的东西是肤浅的，反之也然。但是，作出这样一些判断（假定不发生低级错误）的基础将仍然是一些可以归于想象领域的标准。①

我们在比较宗教精神昌盛的理念的时候，强调类比想象的作用的意义，这不是要让这种工作避开一些批评，比如说来自历史学、文献学以及文本方面的研究的批评。这也不是说，想象居支配地位的地方对话就结束了。这是要认识到这些对比是想象的建构，这种建构的核心是解释者在差别中创造相似，在相似中创造差别。这些建构包括克服我们盲目崇拜的倾向，它们利用智识上的灵巧的能力。不仅如此，它们有自己的标准，有它们自己的那种精致，或者说也有不精致的地方。

我希望，在我对孟子和阿奎那的解释中完全错的地方不多，我的对比符合用以评判想象的构造的那些标准，还希望这部著作能够引导我和他人更深入地探索和对话。更重要的是，我希望这本书能够显示，做这一种宗教比较哲学的研究在成果和方法这两方面都有重要意义，在这种研究中我们比较了关于人性的昌盛或曰卓越的种种看法。

我相信，我的探索产生了三个互相关联而又不同的结果。第一，也是最明显的，这种探索对这两个人物每一方和他们之间的关系做了富有启发的解释性描述。第二，它产生了关于美德的理论和对特殊的美德的分析的某些建设性的结论。第三，它表明为何对产生于不同文化的思想家加以比较本身就是一项重要的活动，这种比较既有它自己的一些充分发展的形式，也有一些不成熟的形式。

后面两种结果、也许特别是最后那个结果，具有最普遍的适用性，因而可能是最重要的。我们必须发展那些使我们能够比较不同的世界观的能力，在当今世界如果我们要繁荣昌盛的话，也许甚至可以这样说，如果我们要能够生存下去的话，我们必须从事一种这样的对比所需要的规范的分析。在我们生活的世界我们经常发现关于人道的昌盛的理念极其不同。某些理念同我们自己的差异之大，就像孟子与阿奎那的著作中出现的理念那

① 要了解对于好人标准的简短考察，以及相关的参考文献，见第3章注26（即第84页注①）。

样不同。我认为，要对付我们新的局面的挑战，抓住这样的局面所提供的机会，我们必须想要从事同我在对比孟子和阿奎那中所做的工作相像的活动。不仅如此，更重要的是，我们必须尽一切能力做好这项事业。因此，我的全部探索是以这样的信念为基础：我们需要特殊的一套智识能力和美德来对人道的昌盛进行比较哲学的研究，如果我们要对付我们面临的来自个人和社会这两方面的挑战，获得这些能力和美德是决定性的条件。

参考文献

A 《孟子》的英译本

翟楚与翟文伯（*Chai Ch'u, and Chai Winberg*）：1965，《孔子的神圣著作和其他儒家经典》（*The Sacred Books of Confucius and Other Confucian Classics*），纽约：大学书局。

多布逊（Dobson，W. A. C）：1963，《孟子新译》（*Mencius: A New Translation Arranged and Annotated for the General Reader*），多伦多：多伦多大学出版社。

刘殿爵：《孟子》1970，巴尔的摩：企鹅出版社。

理雅各（Legge，James）：1895，《孟子著作》（*The Works of Mencius*）第二版，见《中国经典》第2卷 纽约：多佛尔出版社，1970年重印。

莱阿尔，列昂纳德（Lyall，Leonard）：1932，《孟子》（*Mencius*），伦敦：隆曼斯与格林出版公司。

瓦勒，詹姆斯（Ware，James）：1960，《孟子格言》（*The Sayings of Mencius*），纽约：美国世界文学新文库。

B 托马斯·阿奎那的著作与译本

1951，《总论美德》（*On the Virtues in General*），J. P. 里德译 普罗维登斯：普罗维登斯学院出版社。

1952—1954，《论真理》（*On Truth*），R. W. 姆里甘等人译 芝加哥：亨利·勒格那利出版社。

1955—1957，《论天主教信仰的真理》，A. C. 佩基斯等人译（*On the Truth of the Catholic Faith* [*Summa Contra Gentiles*]），纽约：道布尔戴出版社。

1960，《论博爱》（*On Charity*），L. H. 肯德齐尔斯基密尔沃基：马

奎特大学。

1964年以后，《神学大全》（*Summa Theologiae*），60卷，T. 基尔比与T. C. 奥布莱恩主编伦敦：艾尔与斯波提斯沃德出版社；纽约：迈克格劳—希尔出版社。

《尼各马可伦理学解说》，C. I. 里辛格译芝加哥：亨利·勒格那利出版社，1964。

1965，《托马斯·阿奎那选集：自然原理，论存在与本质，总论美德，论自由选择》R. P. 古德文译（*Selected Writings of St. Thomas Aquinas: The Principles of Nature, On Being and Essence, On the virtues in general, On Free Choice*），印第安纳波利斯：波伯斯—梅里尔出版公司。

1966，《圣保罗致厄斐索斯人书信解说》M. L. 拉姆博译（*Commentary on Saint Paul's Epistle to the Ephesians*），阿尔巴尼：马基书局。

C 一般论著

亚当斯，罗伯特（Adams，Robret），1985，"非故意犯罪"（*Involuntary Sins*）见《哲学评论》94，第1期第3—31页，1987，《信仰的美德以及哲学神学的其他论文》，纽约：牛津大学出版社。（*The virtue of Faith and Other Essays in Philosophical Theology*）

安斯考姆，伊丽莎白（Anscombe，Elizabeth），1958，"现代道德哲学"（*Modern Moral Philosophy*）见《哲学》33，第1—19页。

亚里士多德（Aristotle），N. E. 1985，《尼各马可伦理学》，T. 伊尔文译（*Nicomachean Ethics*），印第安纳波利斯：哈其特出版社。

E. E.《犹德穆伦理学》（*E. E. Eudemian Ethics*）

C. W. 1984，《亚里士多德全集》（*The Complete Works of Aristotle: The Revised Oxford Translation*），牛津修订译本，2卷，乔纳森·邦斯编，普林斯顿大学出版社。

奥第，罗伯特（Audi，Robert）等人主编，1986，《合理性，宗教信仰和道德操守：宗教哲学新论文》（*Rationality, Religious Belief, and Moral Commitment*），康奈尔大学出版社。

贝克，理查德（Baker，Richard），1941，《托马斯关于激情的理论与激情对意志的影响》（*The Thomistic Theory of the Passions and Their Influence upon the Will*），密歇根：爱德华兄弟出版社。

巴伦，玛西亚（Baron Marcia)，1984，“论对责任行为的所谓厌恶”，(*On the Alleged Repugnance of Acting from Duty*)，见《哲学杂志》81，第4期第197—220页。

鲍威尔，沃尔夫刚（Bauer，Wolfgang)，1976，《中国与追求幸福：中国四千年文化史中反复出现的主题》(*China and the Search for Happiness: Recurring Themes in* 4000 *Years of China Cultural History*)，M. 肖翻译，纽约：西布利出版社。

倍克，劳伦斯（Becher，Lawrence)，1975，“对美德的忽视”，(*The Neglect of Virtue*) 见《伦理学》85，第110—122页，1986《相互作用》(*Reciprocity*)，伦敦：鲁特来基与可甘·保罗出版社。

伯格，彼德，1983（Berger，Peter)，“论荣誉概念的过时”，(*On the Obsolescence of the Concept of Honor*) 见S. 豪威尔斯与A. 麦金太尔主编的《修正：道德哲学中转变着的眼光》(*Revisions: Changing Perspectives in Moral Philosophy*)，第172—181页，引第安纳的南本德：圣母大学出版社。

伯恩斯坦因，理查德（Berstein，Richad)，1984，“尼采还是亚里士多德？对麦金太尔的《追寻美德：伦理理论研究》的思索”，(*Nietzsche or Aristotle?: Reflections of Alasdair MacIntyre' s After Virtue*) 见《探测》(*Soundings*)，67，第6—29页。

伯德，德克（Bodcle Derk)，1939，“中国的范畴思维的类型”，(*Types of Chinese Categorical Thinking*) 见《美国东方学会杂志》59，第200—219页。

1955，“论中国哲学术语的翻译”(*On Translating Chinese Philosophical Terms*) 见《远东季刊》14，第231—243页。

布德伯格，彼德（Boodber，Peter)，1952—53，“儒家某些基本概念的语义符号学”，(*The Semasiology of Some Primary Confucian Concepts*) 见《东西方哲学》2，第317—332页。

波斯威尔，约翰（Boswell，John)，1980，《基督教，社会容忍，同性恋：从基督教时代的开端到十四世纪西欧的男同性恋者》(*Christianity, Social Tolerance, and Homosexuality: Gay People in Western Europe from the Beginning of the Christian Era to the Fourteenth Century*)，芝加哥：芝加哥大学出版社。

包克，凡尔农（Bourke，Vernon），1966，《危机中的伦理学》（*Ethics in Crisis*），密尔沃基：布鲁斯出版公司。

布朗特，理查德（Brandt，Richard），1970，“性格特点的概念分析”（*Traits of Character*：*A Conceptual Analysis*），见《美国哲学季刊》7，第23—37页。

1981，“W. K. 弗兰克纳与美德伦理学”，（*W. K. Frankena and the Ethics of Virtue*）见《一元论者》64，第271—292页。

布恩亚特（Burnyeat，M. F.），M. F.，1980，“亚里士多德论学为善”，（*Aristotle on Learning to Be Good*），见A. 0. 罗蒂主编的《论亚里士多德的伦理学》，第69—92页，伯克利：加州大学出版社。

布莱尔，戴维（Burrell，David），CSC，1973，《类比与哲学语言》（*Analogy and Philosophical Language*），纽黑文：耶鲁大学出版社。

1973，《阿奎那：上帝与行动》（*Aquinas*：*God and Action*），伦敦：鲁特来基与可甘·保罗出版社。

卡普斯，唐纳德（Capps，Donald），1987，《七大罪与救世美德》（*Deadly Sins and Saving Virtues*），费城：福特勒斯出版社。

卡罗尔，勒维斯（carroll，lewis），1971（1896）《爱丽丝漫游奇境记》（*Alice in Wonderland*），纽约：诺顿出版公司。

卡威尔，斯坦利（Cavell，Stanley），1976，《我们所说必定是我们想说的吗?》（*Must We Mean What We Say*?），剑桥：剑桥大学出版社。

契努（Chenu，M. D.），M. D. OP，1964，《更近地认识托马斯·阿奎那》（*Toward Understanding St. Thomas*），A. 兰德利与D. 休斯译，芝加哥：亨利·勒格那利出版社。

秦家懿，1977，《儒学与基督教比较研究》（*Confucianism and Christianity*：*A Comparative Study*），纽约：科堂沙国际出版社。

西可斯基，约翰（Cikoski，John），1975，“论周朝晚期的类比推理的标准”（*On Standards of Analogical Reasoning in the Late Chou*），见《中国哲学杂志》2，第325—357页。

克拉克，斯代芬（Clark，Stephan），1975，《亚里士多德论人：对亚里士多德学派人类学的思考》（*Aristotle's Man*：*Speculations upon Aristotelian Anthropology*），牛津：克拉伦登出版社。

库帕，约翰（Cooper，John），1975，《亚里士多德论理性与人之善》

(*Reason and Human Good in Aristotle*)，马萨诸塞州坎布里奇：哈佛大学出版社。

顾立雅 Creel，H. G.，1953，《从孔子到毛泽东的中国思想》(*Chinese Thought from Confucius to Mao Tse—Dung*)，纽约：美国新书库。

1970a《中国治术的起源》(*The Origin of Statecraft in China*)，第 1 卷《西周帝国》，芝加哥：芝加哥大学出版社。

1970b《道家与中国文化史研究》(*What Is Taoism and Other Studies in Chinese Cultural History*)，芝加哥：芝加哥大学出版社。

克劳乌，弗里德利克（Crowe，Frederick），SJ，1959，“托马斯·阿奎那思想中的自满与关切”，(*Complacency and Concern in the Thought of St. Thomas Aquinas*) 见《神学研究》20，第 1—39、193—230、343—381 页。

柯雄文，1978，《道德创造性，范式，原则和典范的维度》(*Dimensions of Moral Creativity, Paradigms, Principles, and Ideals*)，宾夕法尼亚州立大学出版社。

1985，《伦理学中的辩：荀子道德认识论研究》，夏威夷大学出版社。

德阿西，M. C.（D’ Arcy，M. G.），1953，《圣托马斯·阿奎那》(*St. Thomas Aquinas*)，伦敦：彭斯、欧茨与沃西波恩出版社。

戴维森，唐纳德（Davidson，Donald），1982，“非理性的悖论”，(*Paradoxes of Irrationality*) 载于 R. 沃尔海姆与 S. 霍普金斯主编的《弗洛伊德研究论文集》，第 289—305 页，剑桥：剑桥大学出版社。

1985（1973—74）“论概念体系特有的观念”(*On the Very Idea of a Conceptual Scheme*)，载于 J. 拉基曼与 C. 威斯特主编的《后分析哲学》(*Post—Analytic Philosophy*)，第 129—144 页，纽约：哥伦比亚大学出版社。

德法尔拉利，罗伊（Deferrari，Roy），1960，《圣托马斯·阿奎那拉丁—英文词典》(*A Latin—Englishi Dictionary of St. Thomas Aquinas*)，波士顿：圣保罗之女出版社。

登特（Dent，N. J.），N. J. H.，1981，“勇敢的价值”，(*The Value of Courage*) 见《哲学》56，第 574—577 页。

1984，《美德的道德心理学》(*The Moral Psychology of the Virtues*)，剑桥：剑桥大学出版社。

多纳甘，阿兰（Donagan，Alan），1969，“经院哲学的道德律理论在现代世界”（*The Scholastic Theory of Moral Law in the Modern World*），见A. 肯尼主编的《阿奎那：批评论文集》，第325—329页，纽约加登市：道布尔戴出版社。

1977，《道德理论》（*The Theory of Morality*），芝加哥：芝加哥大学出版社。

1981，“圣托马斯·阿奎那论对人的行动的分析”（*St. Thomas Aquinas on the Analysis of Human Action*），载于N. 克莱茨曼、A. 肯尼和J. 平伯格主编的《剑桥中世纪晚期哲学史》，第642—654页，剑桥：剑桥大学出版社。

1984，“理性主义的道德体系中的连贯性”（*Consistency in Rationalist System*），《哲学杂志》81：第6期，第291—309页。

1985，《人的目的与人的行动：探索圣托马斯的论述》（*Human Ends and Human Acions: An Exploration in St. Thomas' Treatment*），密尔沃基：马奎特大学出版社。

杜波斯，荷默（Dubs，Homer），1959—60，“中国古代哲学中的一神论与自然主义”（*Theism and Naturalism in Ancient Chinese Philosophy*），《东西方哲学》9，第163—172页。

杜弗，安东尼（Duff，Anthony），1987，“亚里士多德的勇敢”（*Aristotelian Courage*），见《比例》（*Ratio*）29，第2—15页。

埃柯，乌姆别托（Eco，Umberto），1988（1970），《托马斯·阿奎那的美学》（*The Aesthetics of St. Thomas Aquinas*），H. 伯莱丁译，马萨诸塞州坎布里奇：哈佛大学出版社。

伊凡斯，唐纳德（Evans，Donald），1979，《奋斗与精神完善：宗教与道德的内在动力》（*Struggle and Fulfillment: The Inner Dynamics of Religion and Morality*），费城：福特里斯出版社。

法尔克（Falk，W. D），W. D.，1969（1963），《深谋远虑，节制与勇敢》（*Prudence, Temperance, and Courage*），载于J. 费因伯格主编的《道德概念》，第114—119页，伦敦：牛津大学出版社。

法莱尔，奥斯丁（Farrer，Austin），1972，《思索的信仰：哲学神学论文集》（*Reflective Faith: Essays in Philosophical Theology*），C. 孔提主编，伦敦：SPCK出版社。

费尔，诺阿（Fehl，Noah），1971，《文学与生活中的礼：研究中国古代文化史的一种眼光》（ *Rites and Propriety in Literature and Life*：*A Perspective for a Cultural History of Ancient China* ），香港：中文大学出版社。

冯友兰，1952，《中国哲学史》，伯德译，普林斯顿大学出版社。

芬德莱，J. N.（Findlay，J. N.），1970，《价值论的伦理学》（ *Axiological Ethics* ），伦敦：麦克米兰出版公司。

芬格莱特，赫尔伯特（Fingartte，Herbert），1972，《孔子：神圣的凡人》（ *Confucius*：*The Secular as Sacred* ），纽约：哈佩与罗出版社。

费尼斯，约翰（Finnis，John），1980，《自然法与天赋人权》（ *Natural Law and Natural Rights* ）牛津：克拉伦登出版社。

1983，《伦理学的基本原理》（ *Fundamentals if Ethics* ），华盛顿：乔治镇大学出版社。

弗莱明，阿瑟（Fleming，Alhur），1980，“重振美德”（ *Reviving the Virtues* ），载于《伦理学》90，第587—595页。

富特，费里帕（Foot，Philippa），1978，《美德与邪恶》（ *Virtues and Vices* ），伯克利：加州大学出版社。

1983，“功利主义与美德”（ *Utilitarianism and the Virtues* ），载于《美国哲学学会公报》57，第273—283页。

福腾堡（Fortenbaugh），W. W.，1975，《亚里士多德论情感》（ *Aristotle on Emotion* ），伦敦：杜克沃思出版社。

弗兰肯娜，威廉（Frankena，Willam），1970，“普里查德与美德伦理学”（ *Prichard and the Ethics of Virtue* ），载于《一元论者》54，第1—17页。

福兰克富特，哈利（Frankfurt，Harry），1971，“意志自由与人格概念”（ *Freedom of the Will and the Concept of a Person* ），载于《哲学》68，第1期第5—20页。

弗兰奇，P.（Franch，P.）、尤埃林，T. 和威特斯代因，H. 主编，1988，《伦理学理论：性格与美德，中西部哲学研究》第13卷（ *Ethical Theory*：*Character and Virtue*；*Midwest Study in Philosophy* ），印第安纳；圣母大学出版社。

伽达默尔（Gadamer Hans - Gorge），汉斯—乔治，1986，《柏拉图—亚里士多德哲学中的善的观念》（ *The Idea of the Good in Platonic—Aristote-*

lian Philosophy)，P. C. 史密斯译，纽黑文：耶鲁大学出版社。

伽费尔，尤金（Garver，Eugene），1980，“亚里士多德论美德与快乐”（ *Aristotle on Virtue and Pleasure* ），载于 D. 德皮乌主编的《希腊人与善的生活》，第 157—176 页，印第安纳波利斯：哈奇特出版公司。

高梯尔，R. A.（Gauthier，R. A.），OP，1951，《崇高》（ *Magnanimité*），巴黎：维林出版公司。

基奇，彼德（Geach，Peter），1969，《上帝与灵魂》（ *God and the Soul* ），伦敦：鲁特来基与克甘·保罗出版社。

1977，《美德》（ *Virtues* ），剑桥：剑桥大学出版社。

基里兹，克利福德（Geeriz Cliford），1973，《对文化的解释》（ *The Interpretation of Cultures* ），纽约：哈佩与罗出版社。

杰奈特，雅克（Gernet，Jacques），1968，《古代中国：从开端到帝国》（ *Ancient China*：*From the Beginnings to the Empire* ），R. 鲁道夫译，伯克利：加州大学出版社。

1986（1982），《中国与基督教的冲击：文化的冲突》（ *China and the Christian Impact*：*A Conflict of Cultures* ），J. 洛伊德译，剑桥：剑桥大学出版社。

杰尔特，伯纳德（Grert，Bernard），1966，《道德准则：道德的新的理性基础》（ *The Moral Rules*：*A New Rational Foundation for Morality* ），纽约：哈佩与罗出版社。

吉里甘，卡罗尔（Gilligan，Carol），1982，《异议》（ *In a Different Voice* ），坎布里奇：哈佛大学出版社。

吉尔森，埃梯恩（Gilson，Etienne），1956（1948），《圣托马斯·阿奎那的基督教哲学》（*The Christian Philosophy of St. Thomas Aquinas* ），L. K. 舒克译，纽约：兰登出版社。

杰拉道特，诺曼（Girardot，Norman），1976，“中国宗教研究中创世神话问题”（*The Problem of Creation Mythology in the Study of Chinese Religion*），载于《宗教史》15，第 4 期，第 289—318 页。

葛瑞汉（Graham，Angus），1958，《中国两个哲学家：程明道与程伊川》（*Two Chinese Philosophers*：*Cheng Ming—tao and Cheng Yi—chuan* ），伦敦：伦德·胡姆弗利出版社。

1959，“西方哲学中的‘存在’与中国哲学中的‘是非’、‘有无’”，

(“*Being*” *in Western Philosophy Compared with shi/fei and yu /wu in Chinese Philosophy*) 载于《亚洲研究》7，第1—2、79—112页。

1964，“理性在中国哲学传统中的地位”，(*The Place of Reason in the Chinese Philosophic Tradition*) 载于A. 道森主编的《中国的遗产》，第28—56页，牛津：牛津大学出版社。

1967，“孟子人性论的背景”，(*The Background of the Mencian Theory of Human Nature*) 载于《清华中国研究杂志》6，第1—2期，第215—271页。

1978，《后期墨家的逻辑、伦理学与科学》(*Later Mohist Logic, Ethics, and Science*)，香港：中文大学出版社。

1981，《庄子：内篇七篇与其余部分文章》(*Chuang—tzu: The Seven Inner Chapters and Other Writings from the Book Chuang—tzu*)，伦敦：乔治·爱伦和温文出版社。

1989，《论道者：中国古代的哲学辩论》(*Disputers of the Tao: Philosophical Argument in Ancient China*)，伊利诺斯州奥本出版社。

格兰姆里奇，弗兰克（Gramlich, Frank），1980，“孟子的道德哲学”，(*Menciius's Moral Philosophy*) 博士论文，斯坦福大学哲学系。

葛兰言（Granet, Marcel），1934，《中国的思想》(*La Pensée Chinese*)，巴黎：阿尔宾·米凯尔出版社。

1977（1922），《中国人的宗教》(*The Religion of the Chinese People*)，M. 弗里德曼译，纽约：哈佩与罗出版社。

格雷，格棱（Gray, J. Glenn），1970（1959），《勇士：对战斗中的人的思考》(*Warriors: Reflections on Men in Battle*)，纽约：哈佩与罗出版社。

格里塞斯，杰尔曼（Grisez, German），1969，“实践理性的第一原理”(*The First Principle of Practical Reason*)，载于A. 肯尼主编的《阿奎那：批评论文集》，第340—382页，纽约：道布尔戴出版公司。

格林，罗纳尔德（Green, Ronald），1978，《宗教理性：宗教信仰的理性的与道德的基础》(*Religious Reason: The Rational And Moral Foundations of Religious Belief*)，牛津：牛津大学出版社。

1981，戴维·里特尔和苏姆那尔·特威斯的《比较宗教伦理学》的书评，载于《宗教杂志》61，第111—113页。

1988，《宗教与道德理性：比较研究的新方法》（*Religion and Moral Reason: A New Method for Comparative Study*），纽约：牛津大学出版社。

古斯塔夫森，詹姆斯（Gustafson，James），1981—84，《以神学中心论眼光看伦理学》第1、2卷，（*Ethics from a Theocentric Perspective*）芝加哥：芝加哥大学出版社。

汉普夏，斯图亚特，1977，《两种道德理论》（*Two Theories of Morality*），牛津：牛津大学出版社。

1978，“道德与悲观主义”，（*Morality and Pessimism*）载于汉普夏主编的《道德与悲观主义》第1—22页，剑桥：剑桥大学出版社。

1982，“道德与社会习俗”，（*Morality and Convention*）载于A. 瑟恩与B. 威廉斯主编的《功利主义与以及对它的超越》，第145—158页，剑桥：剑桥大学出版社。

1983，《道德与冲突》（*Morality and Conflict*），坎布里奇：哈佛大学出版社。

汉森，查德（Hansen，Chad），1972，“中国伦理学中的自由与责任”，（*Freedom and Responsibility in Chinese Ethics*）《东西方哲学》22，第2期第169—186页。

1983，《中国古代的语言与逻辑》（*Language and Logic in Ancient China*），密歇根大学出版社。

哈拉克，西蒙（Harak，G. Simon），SJ.，1986，“激情在性格形成中的作用”，（*The Role of Passions in the Formation of Character*）博士论文，圣母大学神学系。

哈迪（Hardie，W. F. R.），W. F. R.，1968，《亚里士多德的伦理学理论》（*Aristotle's Ethical Theory*），牛津：克拉伦登出版社。

黑尔，R. M.（Hare，R. M.），1963，《自由与理性》（*Freedom and Reason*），牛津：牛津大学出版社。

哈特曼，尼古莱（Hartmann，Nicholai），1975（英文版：1932；德文版：1926），《伦理学》（*Ethics*），二卷，S. 柯伊特，纽约：新泽西州：人文出版社。

豪威瓦斯，斯坦利（Hauerwas，Stanley），1981a，《性格的相同：迈向建设性的社会伦理学》（*A Community of Character: Toward a Constructive Social Ethics*），印第安纳州圣母大学。

1981b,《想象与美德》(*Vision and virtue*),伊利诺斯州圣母大学。

豪利,约翰(Hawley, John),1987,《圣者与美德》(*Saints and Virtues*),豪利主编,伯克利:加州出版社。

赫尔曼,巴巴拉(Herman, Barbara),1981,“论出于责任动机的行动的价值”,(*On the Value of Acing from the Motive of Duty*) 载于《哲学评论》66,第2期,第233—250页。

赫尔姆斯,艾伊雷特(Herms, Eilert),1982,“美德:新教伦理中被忽略的概念”,(*Virtue: A Neglected Concept in Protestant Ethics*) 载于《苏格兰神学杂志》35,第6期,第481—495页。

希尔,托马斯(Hill, Thomas),1973,“奴性与自尊”,(*Servility and Self—Respect*) 载于《一元论者》57,第87—104页。

希尔斯曼,阿尔伯特(Hirschman, Albert),1977,《激情与利益:资本主义取胜之前论证它的政治理由》(*The Passions and Interests: Political Arguments for Capitalism before its Triumph*),普林斯顿大学出版社。

霍里斯,M. 与卢克斯,S.(Hollis, M, and Lukes, S)主编,1982,《合理性与相对主义》(*Rationality and Relativism*) 马萨诸塞州:麻省理工学院出版社。

豪尔顿,罗宾(Horton, Robin),1982,“传统与重温现代性”,(*Tradition and Modernity Revisited*) 载于霍里斯,M. 与卢克斯,S. 主编的《合理性与相对主义》,第210—260页,马萨诸塞州:麻省理工学院出版社。

许绰云,1965,《古代中国的变迁:社会变动性的分析》(公元前722—222),(*Ancient China in Transition: An Analysis of Social Mobility*),斯坦福大学出版社。

荀子,1963,《荀子的基本著作》(*Hsun Tzu: Basic Writings*),B. 沃特森译,纽约:哥伦比亚大学出版社。

赫德森,斯代芬(Hudson, Stephen),1980,“性格特点与欲望”(*Character Traits and Desires*) 载于《伦理学》90,第535—549页。

亨特,莱斯特(Hunt, Lester),1980,“勇敢与原则”,(*Courage and Principle*),载于《加拿大哲学杂志》10,第281—293页。

伊尔文,特伦斯(Irwin, Terence),1977,《柏拉图的道德理论:早期和中期的对话》(*Plato's Moral: Theory: The Early and Middle Dialogues*),

牛津：克拉伦登出版社。

伊凡胡，菲力普·约翰（Ivanhoe，Phillip John），1988，“信念问题：对《孟子·公孙丑下》第十三章的新解释”（*A Question of Faith*：*A New Interpretation of Mencius 2b13*），载于《早期中国》13，第153—165页。

1990，《儒家传统中的伦理学：孟子与王阳明的思想》（*Ethics in the Confucian Tradition*：*The Thought of Mencius and Wang Yang—ming*），佐治亚州学者出版社。

嘉法，哈利（Jaffa，tlarry），1952，《托马斯主义与亚里士多德主义：对托马斯·阿奎那的〈尼各马可伦理学〉的解说的研究》（*Thomism and Aristotelianism*：*A Study of the a Commentary by Thomas Aquinas on the Nicomachean Ethics*），芝加哥：芝加哥大学出版社。

詹姆斯，威廉（James，William），1985（1902），《各种各样的宗教体验：人性研究》（*The Varieties of Religious Experience*：*A Study in Human Nature*），纽约：瓦金企鹅出版社。

乔丹，马克（Jordan，Mark D.），1986a，“阿奎那构造的激情的道德论解释”（*Aquinas's Construction of a Moral Account of the Passions*），载于《哲学与神学》33，第1—2期，第71—97页。

1986b，《排序的智慧：阿奎那的哲学话语的等级体系》（*Ordering Wisdom*：*The Hierarchy of Philosophical Discourses in Aquinas*），印第安纳州圣母大学。

康德（Ckant，Immanul），1964（1797）《道德的形而上学第二部分：美德学说》（*The Doctrine of Virtue*：*Part II of The Metaphysics of Morals*），M. J. 格莱格译，费城宾夕法尼亚大学出版社。

凯利，杰克（kelly，Jack），1973，“美德与快乐”（*Virtue and Pleasure*），载于《心灵》82，第401—408页。

肯恩尼，安东尼（kenny，Anthony），1963，《行动，情感和意志》（*Action*，*Emotion*，*and Will*），伦敦：鲁特莱基与克甘·保罗出版社。

1980，《阿奎那》，纽约：希尔和王出版社。

奇克西菲，里查德（kieckhefer，Richard），1984，《不安宁的灵魂：十四世纪的圣者和他们的宗教环境》（*Unquiet Souls*：*Fourteenth—Century Saints and Their Religious Milieu*），芝加哥：芝加哥大学出版社。

科尔伯格，劳伦斯（Kohlberg，Lawrence），1971，“道德教育的基础：

道德发展的阶段”(*Stages of Moral Development as a Basis for Moral Education*),载于 C. M. 贝克、B. S. 克里腾登和 E. V. 苏里曼主编的《道德教育:多学科的进路》,纽约,保禄会出版社。

科尔尼亚,奥莱尔(kolnia, Aurel),1978,《伦理学,价值和理性》(*Ethics, Value, and Reality*),印第安纳波利斯,哈奇特出版公司。

科维希,居尔斯(Kovesi, Jules),1967,《道德观念》(*Moral Notions*),伦敦:鲁特莱基与克甘·保罗出版社。

科斯曼,L. A.(Kosman, L. A.),1980,“影响得当:亚里士多德伦理学中的美德与感情”(*Being Properly Affected: Virtues and Feelings in Aristotle's Ethics*),载于 A. O. 罗蒂主编的《论亚里士多德的伦理学》,第 103—116 页,伯克利:加州大学出版社。

克劳斯,米凯尔,与梅兰德,杰克(Krausz, Michael, and Meiland, Jack)主编,1982,《认知与道德的相对主义》(*Relativism: Cognitive And Moral*),印第安纳州圣母大学出版社。

克鲁西威兹,罗伯特(Kruschwitz, Robert),与罗伯茨,罗伯特主编,1987,《美德:当代论道德品质论文集》(*Virtues: Contemporary Essays on Moral Character*),加利福尼亚州:瓦德斯沃斯出版公司。

黎惠伦(Lai, Whalen),1985,“勇与士的传统:儒家重建英雄主义的勇敢”(*Yung and the Tradition of the Shih: The Confucian Restructuring of Heroic Courage*),载于《宗教研究》21,第 181—203 页。

兰甘,约翰,SJ(Langan, John, Sj.),1979,“奥古斯丁论美德的统一与相互联系”(*Augustine on the Unity and Interconnextion of the Virtues*),载于《哈佛神学评论》72,第 81—95 页。

刘殿爵,1953,“孟子与荀子的人性论”(*Theories of Human Nature in Mencius and Shyuntzyy*),载于《东方学与非洲研究学院学报》15,第 541—545 页。

1963a,《老子英译》(*Lao Tzu: Tao Te Ching*),附有导言,巴尔的摩企鹅书局。

1963b,“论孟子在辩论中使用类比法”(*On Mencius' Use of the Method of Analogy in Argument*),载于《亚洲研究》15,第 10 期,第 173—194 页。

1969,“《孟子》注解”(*Some Notes on the Mensius*),载于《亚洲研

究》15，第1期，第62—81页。

1979，《论语英译》（*Confucius: The Analects*），附有导言，巴尔的摩企鹅书局。

利阿尔，乔纳森（Lear，Jonathon），1984，“道德的客观性”（*Moral Objectivity*），见A. 布朗主编的《客观性与文化差异》，第135—170页，剑桥：剑桥大学出版社。

1988，《亚里士多德：理解的欲望》（*Aristotle: The Desire to Understand*），剑桥：剑桥大学出版社。

列文森，J. R.（Leyenson，J. R. and Schuman，F.）与舒曼，F.，1969，《中国：从开端到汉朝末年的解释史》（*China: An Interpretative History from the Beginnings to the Fall of Han*），伯克利：加州大学出版社。

里特尔，戴维，与特威斯，苏姆那尔（Litlle，David and Twiss，Sumner），1978，《比较宗教伦理学：一种新的方法》（*Comparative Religious Ethics: A New Method*），纽约：哈佩与罗出版社。

里特尔，戴维，1978，“比较宗教伦理学的目前状况”，（*The Present State of Comparative Religious Ethics*）载于《宗教伦理学杂志》9，第186—198页。

劳尔，C. H.（Lohr，C. H.），1982，“中世纪对亚里士多德的解释”（*The Medieval Interpretation of Aristotle*），载于N. 克莱茨曼、A. 肯尼与J. 平伯格主编的《剑桥中世纪晚期哲学史》，第80—98页，剑桥：剑桥大学出版社。

罗纳尔甘，伯纳德（Lonergan，Bernard），SJ，1967a，《罗奈尔甘文集》（*Collection: Papers by Bernard Lonergan*），纽约：赫尔德出版社。

1967b《阿奎那思想中的语言与观念》（*Verbum: Word and Idea in Aquinas*），印第安纳州：圣母大学出版社。

1971，《圣托马斯论恩典》（*Grace and Freedom, Operative Grace in the Thought of St. Thomas*），J. P. 彭斯编，纽约：赫尔德出版社。

1972，《神学中的方法》（*Method in Theology*），纽约：赫尔德出版社。

1974，《罗奈尔甘文集》第二卷（*A Second Collection: Papers by Bernard Lonergan*），费城：威斯特明斯特出版社。

1985，《罗奈尔甘文集》第三卷（*A Third Collection: Papers by Ber-*

nard Lonergan），纽约保禄会出版社。

娄登，罗伯特（Louden，Robert），1984，“论美德伦理学的某些缺点”（*On Some Vices of Virtue Ethics*），载于《美国哲学季刊》21，第3期，第227—236页。

1986，“康德的美德伦理学”（*Kant's Virtue Ethics*），载于《哲学》61，第473—483页。

罗维本德，萨布林娜（Lovibond，Sabrina），1983，《伦理学中的现实主义与想象》（*Realism and Imagination in Ethics*），明尼苏达出版社。

罗文，罗宾，与雷诺尔德，弗兰克（Lovin，Robin，and Reynolds，Frank）主编，《天体演化论与伦理学秩序：比较伦理学新研究》（*Cosmogony and Ethical Order*：*New Studies in Comparative Ethics*），芝加哥：芝加哥出版社。

鲁斯科姆，D. E.（Luscombe，D. E.），1982，“自然道德与自然律”（*Natural Morality and Natural Law*），载于N. 克莱茨曼、A. 肯尼和J. 平伯格主编的《剑桥中世纪晚期哲学史》，第705—720页，剑桥：剑桥出版社。

莱曼，斯坦福德（Lyman，Stanford），1978，《七大罪：社会与罪恶》（*The Seven Deadly Sins*：*Society and Evil*），纽约：圣马丁出版社。

林奇，威廉（Lynch，William），SJ，1960，《基督与阿波罗：文学想象的维度》（*Christ and Apollo*：*The Dimensions of the Literary Imagination*），纽约：希德和瓦尔德出版社。

莱昂斯，威廉（Lyons，Willianm），1980，《情感》（*Emotion*），剑桥：剑桥出版社。

麦克伦登，小詹姆斯，Jr.，1986，《伦理学：系统化的神学》第一卷（*Ethics*：*Systematic Theology*），纳西威勒：阿宾登出版社。

麦克道威尔，约翰（MacDowell，John），1979，“美德与理性”（*Virtue and reason*），载于《一元论者》62，第331—350页。

马奇尔，E.（Machle，E.），1976，“作为宗教哲学家的荀子”（*Hsun Tzu as a Religious Philosopher*），载于《东西方哲学》，26，第4期，第443—461页。

麦克伊奈尼，拉尔夫（Mclnerny，Ralph），1968，《类比研究》（*Study in Analogy*），海牙：尼吉霍夫出版社。

1975,《圣托马斯·阿奎那》(*Sr. Thomas Aquinas*),印第安纳州:圣母大学出版社。

1982,《托马斯的道德哲学》(*Ethica Thomistica: The Moral Philosophy of Thomas Aquinas*),华盛顿:美国天主教大学出版社。

麦金太尔,阿拉斯代(Maclntyre, Alasdair),1977,“认识论危机,戏剧性的叙述和科学哲学”(*Epistemological Crises, Dramatic Narrative, and the Philosophy of Science*),《一元论者》60,第453—472页。

1984a,《追寻美德:伦理理论研究》第二版(After Virtue),圣母大学出版社。

1984b,“伯恩斯坦的哈哈镜:一个反驳”(*Bernstein's Distorting Mirrors: A Rejoinder*),载于《探测》67,第30—41页。

1988,《谁的正义?什么样的合理性?》(*Whose Justice? Which Rationality?*),圣母大学出版社。

马基,J. L.(Mackie, J. L.),1977,《伦理学:发明权利与错误》(*Ethics: Inventing Right and Wrong*),巴尔的摩:企鹅书局。

曼德尔邦姆,莫里斯(Mandelbaum, Maurice),1955,《道德体验的现象学》(*Phenomenology of Moral Experience*),巴尔的摩:约翰·霍金斯出版社。

马丁,克里斯托弗(Martin, Christopher)主编,1988,《托马斯·阿奎那的哲学》(*The Philosophy of Thomas Aquinas*),纽约:鲁特莱基与克甘·保罗出版社。

马伯乐(Maspero, Henri),1950,《中国宗教史》三卷(*Mélanges Posthumes sur les Religions et l'Histoire de la Chine*),巴黎:文明出版社。

1978(1927),《古代中国》(*China in Antiquity*),F. A. 小基尔曼译,马萨诸塞大学出版社。

1981(1971),《道家和中国宗教》(*Taoism and Chinese Tradition*),F. A. 小基尔曼译,马萨诸塞大学出版社。

梅兰德,吉尔伯特(Meilaender, Gilbert),《美德的理论与实践》(*The Theory and Practice of Virtue*),圣母大学出版社。

墨子刻,托马斯(Metzger, Thomas),1977,《逃避困境》(*Escape from Predicament*),纽约:哥伦比亚大学出版社。

梅奈尔,休果(Meynell, Hugo),1986,《伯纳德·罗纳尔甘的神学》（*The Theology of Bernard Lonergan*），亚特兰大：学者出版社。

米尔哈文，约翰（Milhaven，John），1968，“绝对的道德准则与托马斯·阿奎那”（*Moral Absolutes and Thomas Aquinas*），载于 C. 库兰主编的《道德神学中的绝对?》第 154—185 页，华盛顿：科普斯书局。

米尔斯，C. 莱特（Mills，C. Wright），1963，“中国古代的语言与观念”（*The Language and Ideas of Ancient China*），载于 I. 霍罗威茨主编的《权力，政治与人民：C. 莱特·米尔斯选集》，纽约：哥伦比亚大学出版社。

密罗茨，泽斯洛（Milosz，Czeslaw），1968，《天然的境界：探索自我的定义》（*Native Realm*：*A Search for Self Definition*），纽约：道布尔戴出公司。

莫尔利，A.（Morley，A.），1935，“《左传》的某些伦理典范”（*Some Ethical Ideas of the Tso—Chuan*），载于《皇家亚洲协会》，第 274—284、449—458 页。

莫提默尔，G. W.（Mortimore，G. W.）主编，1971，《意志的弱点》（*Weakness of Will*），伦敦：麦克米兰出版社。

莫特，弗里德利克（Mote，Frederick），1972，“中国与西方之间的宇宙论鸿沟”（*The Cosmological Gulf between China and the West*），载于 D. 布克斯堡姆与 F. 莫特主编的《变迁与永恒：中国的历史与文化》，香港：香港大学出版社。

孟旦（Munro，Donald），1969，《早期中国的人的概念》（*The Concept of the Man in Early China*），斯坦福大学出版社。

1977，《当代中国的人的概念》（*The Concept of Man in Contemporary China*），密歇根大学出版社。

1985，《个体论与整体论：儒家与道家价值研究》（*Individualism and Holism*：*Study in Confucian and Taoist Values*），密歇根大学中国研究中心出版。

穆尔道奇，艾丽丝（Murdoch，lris），1966（1956），“道德中的想象与选择”（*Vision and Choice in Morality*），载于 I. 拉姆思主编的《基督教的伦理学与当代的哲学》，纽约：麦克米兰出版社。

1971，《善的自主权》（*The Sovereignty of Good*），纽约：斯科肯书局。

纳盖尔，托马斯（Nagel，Thomas），1979，《现世的问题》（*Mortal*

Questions），剑桥：剑桥大学出版社。

1980，“客观性的局限（三）：伦理学”，（*The Limits of Objectivity III, Ethics*）载于S. 麦克穆林主编的《坦纳讲座：论人的价值》，第119—139页，盐湖城：犹他大学出版社。

1986，《来自乌有之乡的观点》（*The View from Nowhere*），纽约：牛津大学出版社。

中村元，1964（1947），《东方民族的思维方式》（*Ways of Thinking of Eastern Peoples*），P. 威那尔译，夏威夷：东西方研究中心出版。

李约瑟（Needham，Joseph），1956，《中国的科学与文明》第2卷《科学思想史》（*Science and Civilization in China, vol. 2 History of Scientific Thought*），剑桥大学出版社。

纽豪斯，里查德（Neuhaus，Richard），J. 主编，1986，《公共与私人领域中的美德》（*Virtue: Private and Public*），密歇根：威廉出版社。

纽曼，约翰·亨利（Newman，John Henry），1891（1870），《论同意的基本原理：帮助》（*An Assay in Aid of a Grammar of Assent*），伦敦：隆曼斯与格林出版公司。

尼采（Nietzche，Friedrich），1967（1879），《意见与箴言的混合》（*Mixed Opinions and Maxims*），见《论道德系统，瞧这个人》，W. 考夫曼译，纽约：兰登出版社。

尼维森，戴维（Nivison，David），1973，“中国四世纪时的哲学唯意志论”（未付梓文稿）（*Philosophical Voluntarism in Fourth—Century China*）

1978—79，“商代甲骨文中的王室‘美德’”（*“Royal Virtue” in Shang Oracle Inscriptions*），载于《早期中国》4，第52—55页。

1979，“孟子与动力”（*Mencius and Motivation*），载于《美国宗教专题学院杂志》47，第417—432页。

1980a“中国哲学研究”（*Investigations in Chinese Philosophy*），（未付梓，瓦尔特·伊凡斯—文茨讲座讲稿）

1980b，“二本还是一本？”（*Two Roots or One*？），载于《美国哲学学会公报》53，第6期，第739—761页。

1980c，“论翻译《孟子》”（*On Translating Mencius*），载于《东西方哲学》30，第93—122页。

1985，“对刘殿爵的《孟子英译》评论与纠正”（*D. C. Lau, Menci-*

us: *Comments and Corrections*)（未付梓文稿）。

诺威尔—史密斯，帕特里克（Nowell－Smith，Patrick），1954，《伦理学》（ *Ethics* ），英国哈蒙思沃斯：企鹅书局。

努斯包姆，马尔塔 C.（Nussbaum，Martha C.），1986，《善的脆弱性：古希腊悲剧与哲学中的幸运与伦理学》（*The Fragility of Goodness*: *Luck and Ethics in Greek Tragedy and Philosophy* ），剑桥大学出版社。

奥孔诺，D. J.（O' Connor，D. J.），1967，《阿奎那与自然律》（*Aquinas and Natural Law* ），伦敦：麦克米兰出版社。

奥奈尔，查尔斯，J.（O' neil，Charles j.），1955，《圣托马斯·阿奎那的轻率》（*Imprudence in St. Thomas Aquinas* ），密尔沃基：马奎特出版社。

奥奈尔，奥诺拉（O' neill，Onora），1984，《康德追求美德》（*Kant after Virtue* ），载于《探索》26，第387—405页。

奥特加，吉恩（Outka，Gene），1972，《圣爱的伦理分析》（*Agape*: *An Ethical Analysis* ），纽黑文：耶鲁大学出版社。

皮埃尔斯，戴维（Pears，David），1980，“亚里士多德对勇敢的分析”（*Aristotle's Analysis of Courage* ），载于A. O. 罗蒂主编的《论亚里士多德的伦理学》，第171—188页，加州大学出版社。

彭斯，格里哥利（Pence，Gregory），1984，“近期论美德的著作”，（*Recent Work on Virtue* ）《美国哲学季刊》21，第4期，第281—298页。

皮埃佩，约瑟夫（Pieper，Josef），1965，《四元德》（*The Four Cardinal Virtues* ），R. 文斯顿、C. 文斯顿、L. 林奇和D. 科甘译，纽约：哈考特·布拉斯与世界出版社。

1967（1949），《现实性与善》（*Reality and the Good* ），S. 兰基译，芝加哥：亨利·莱格奈利出版社。

1986（1977），《论希望》（ *On Hope* ），M. F. 麦卡锡，旧金山：伊格纳修斯出版社。

平考夫斯，埃德蒙（Pincoffs，Edmund），1971，“困惑中的伦理学”（*Quandary Ethics* ），载于《心灵》80，第552—571页。

1986，《困境与美德：反对伦理学中的简化论》（*Quandaries and Virtues*: *Against Reductionism in Ethics* ），劳伦斯：坎萨斯大学出版社。

皮切尔，乔治（Pitcher，George），1971，“维特根斯坦，荒谬，与列维斯·卡罗尔”（*Wittgenstein, Nonsense, and Lewis Carroll*），载于 D. J. 格莱编《爱丽丝漫游奇境记》，第 387—402 页，纽约：诺顿出版公司。

波茨，提莫思（Potts，Timothy），1982，“良心”（*Conscience*），载于 N. 克莱茨曼、A. 肯尼和 J. 平伯格主编的《剑桥中世纪晚期哲学史》，第 687—704 页，剑桥：剑桥大学出版社。

普莱勒尔，维克特（Preller，Victor），1967，《神的学问和关于上帝的学问：重新阐述托马斯·阿奎那》（*Divine Science and the Science of God: A Reformulation of St. Thomas Aquinas*），普林斯顿大学出版社。

普特曼，希拉利（Putman，Hilary），1981，《理性，真理和历史》（*Reason, Truth and History*），剑桥：剑桥大学出版社。

拉奈尔，卡尔（Rahner，Karl），1961，《论死亡神学》（*On the Theology of Death*），C. H. 亨奇译，纽约哈德出版社。

罗尔斯，约翰（Raws，John），1971，《正义论》（*A Theory of Justice*），坎布里奇：哈佛大学出版社。

1980，“道德理论中的康德构成主义：杜威讲座，1980”（*Kantian Constructivism in Moral Theory : Dewey Lectures* 1980），《哲学杂志》77，第 9 期，第 515—572 页。

拉茨，约瑟夫（Raz，Joseph），主编，1978，《实用推理》（*Practical Reasoning*），牛津：牛津出版社。

里德，约翰（Reeder，John），Jr.，1988，《根源，法令和拯救：犹太人和基督教传统中的宗教与道德》（*Source, Sanction, and Salvation: Religion and Morality in Judaic and Christian Traditions*），新泽西州：普伦提斯—豪尔出版社。

雷诺尔茨，查尔斯（Reynolds，Charles）主编，1986，《探测》（*Soundings*），专题论丛：《心灵的习惯》（*Habits of the Heart*），70，第 1—2 页。

里查兹 I. A.（Richards，I. A.），1932，《孟子论心：尝试多种定义》（*Mencius on Mind: Experiments in Multiple Definition*），伦敦：鲁特莱基与克甘·保罗出版社。

利凯特，W. A.（Rickett，W. A），1965，《管子：中国早期思想的宝库》（*Kuan Tzu: A Repository of Early Chinese Thought*），香港：香港大学出版社。

利盖尔，杰弗里（Riegel，Jeffrey），1979，“对不动心的思索：分析《孟子·公孙丑上》第二章”（*Reflection of Unmoved Mind*：*An Analysis of Mencius 2a2*），载于《美国专题宗教专题学院杂志》47，第433—458页。

罗伯茨，罗伯特（Roberts，Robert），1984，“意志的力量与美德”，（*Will Power and Virtue*）载于《哲学评论》93，第2期，第227—247页。

罗蒂，阿梅利，奥克森伯格（Rorty·Amelie Oksenberg）主编，1980，《解释情感》（*Explaining Emotions*），加州大学出版社。

1988，《心灵的作用：精神哲学论文集》（*Mind in Action*：*Essays in Philosophy of Mind*），波士顿：比肯出版社。

罗思文（Rosemont，Henry），1970—1971，“《荀子》中的国家与社会：哲学述评”（*State and Society in Hsun Tzu*：*A Philosophic Commentary*），载于《汉学文献》29，第38—78。

1974，《论汉语文言文中的抽象表达》（*On Representing Abstractions in Archaic Chinese*），载于《东西方哲学》24，第1期，第71—88页。

罗森塔尔，阿比盖尔（Rosenthal，Abigail），L.，1987，《认真弄清罪恶》（*A Good Look at Evil*），费城：坦普尔大学出版社。

罗斯，J.，1969，“类比：宗教语言的意义准则”（*Analogy as a Rule of Meaning for Religious Language*），载于A. 肯尼主编的《阿奎那：批评论文集》，第93—138页，纽约：道布尔戴出版公司。

罗斯，W. D.（Ross，W. D.），1930，《权利与善》（*The Right and The Good*），牛津：克拉伦登出版社。

1959（1923—1953），《亚里士多德》（*Aristotle*），纽约：梅里典书局。

鲁宾，维塔利（Rubin vitaly），1976，《中国古代的个人与国家：论四个中国哲学家》（*Individual and State in Ancient China*：*Essays on Four Chinese Philosophers*），S. 列文译，纽约：哥伦比亚大学出版社。

莱尔，杰尔伯特（Ryle，Gilbert），1949，《心的概念》（*The Concept of Mind*），伦敦：胡秦森出版公司。

1967，“教学与训练”，（*Teaching and Training*）载于R. S. 彼德斯主编的《教育的概念》，第105—119页，伦敦：鲁特莱基与克甘·保罗出版社。

斯坎伦，托马斯（Scanlon，Thomas），1982，“契约论与功利主义”

(*Contractualism and Utilitarianism*)，载于 A. 森与 B. 威廉斯主编的《功利主义以及对它的超越》，第 103—128 页，剑桥：剑桥大学出版社。

沙尔曼，罗伯特（Scharlemann，Robert），1964，《托马斯·阿奎那与约翰·杰尔哈特》（*Thomas Aquinas and John Gerhard*），耶鲁大学出版社。

谢夫勒，萨缪尔（Scheffler，Samuel），1983，“评麦金太尔的《追寻美德：伦理理论研究》”（*Review of After Virtue*：*A Study in Moral Theory by Alasdair MacIntyre*），载于《哲学评论》92，第 3 期，第 443—447 页。

谢曼，诺密（Scheman，Naomi），1979，“论同情”（*On Sympathy*），载于《一元论者》62，第 320—330。

施尼文德，J. B.（Schneewind，J. B.），1982，“美德，叙述，与社群：麦金太尔与道德”（*Virtue*，*Narrative*，*and Community*：*MacIntyre and Morality*），载于《哲学杂志》79：第 653—663 页。

1983，“道德危机与伦理学史”，（*Moral Crisis and History of Ethics*）载于 P. 弗兰奇、T. 乌埃林，Jr. 与 H. 威特斯代因主编的《中西部哲学研究》第 8 卷，《以当代眼光看哲学史》，第 525—542 页，明尼苏达大学出版社。

1984，“神圣的联合与伦理学史”（*The Divine Corporation and the History of Ethics*），载于 R. 罗蒂与 Q. 斯金纳主编的《历史中的哲学》，第 173—192 页，剑桥：剑桥大学出版社。

舒斯特，J. B.（Schuster，J. B.），1933，“伦理学原理：托马斯·阿奎那神学研究”（*Von den Ethischen Pinzipien*：*Eine Thomasstudie zu S. Th. I—II*），《天主教神学杂志》第 57 卷，第 44—65 页。

史华兹，本杰明（Schwarts，Benjamin），1986，《中国古代的思想界》（*The World of Thought in Ancient China*），坎布里奇：哈佛大学贝尔克纳普出版社。

塞提兰基斯，A. D.（Sertillanges，A. D.），1922，《圣托马斯·阿奎那的道德哲学》（*La Philosophie Morale de Saint Thomas d'Aquin*），巴黎：费力克斯·阿尔坎出版社。

塞尔曼，詹姆斯（Sellmann，James），1987，“早期中国的自我整合的三种模式”（*The Tree Models of Self Integration*），载于《东西方哲学》37，第 372—391 页。

施，约瑟夫（Shih，Joseph），1969—1970，“中国古代宗教中的上帝观念”（*The Notion of God in Ancient Chinese Religion*），载于《元神》16—17，第99—138页。

施克拉，居迪斯（Shklar，Judith），1984，《普通的罪恶》（*Ordinary Vices*），坎布里奇：哈佛贝尔克纳普出版社。

信广来，1986，“美德，心灵与道德：孟子伦理学研究”，（*Virtue, Mind, and Morality: A Study in Mencian Ethics*）博士论文，斯坦福大学哲学系。

斯德威克，亨利（Sidgwick Henry），1981（1907），《伦理学的方法》第七版（*The Method of Ethics*），印第安纳州：哈奇特出版公司。

斯罗特，米凯尔（Slote Michael），1984，《善与美德》（*Goods and Virtues*），牛津：牛津大学出版社。

史密斯，乔纳森，Z.（Smith，Jonathan Z.），1970，“符号对社会变化的影响”（*The Influence of Symbols on Social Change*），载于《崇拜》44，第457—474页。

1982，《想象的宗教：从巴比伦到琼斯镇》（*Imagining Religion: From Babylon to Jonestown*），芝加哥大学出版社。

索科洛夫斯基，罗伯特（Sokolowski，Robert），1982，《信仰的上帝与理性：基督教神学的基础》（*The God of Faith and Reason: Foundation of Christian Theology*），印第安纳州圣母大学出版社。

1985，《对道德行动的现象学研究》（*Moral Action: A Phenomenological Study*），印第安纳大学出版社。

斯托克，米凯尔（Stocker，Michael），1976，“现代伦理学理论的精神分裂”（*The Schizophrenia of Modern Ethical Theories*），载于《哲学杂志》63，第4期，第453—466页。

斯托特，杰弗利（Stout，Jeffrey），1980，“韦伯的追随者及其再传弟子”（*Weber's Progeny, Once Removed*），载于《宗教研究评论》6，第4期，第289页。

1983a，“整体论与比较伦理学：答里特尔”（*Holism and Comparative Ethics: A Responsive to Little*），载于《宗教伦理学杂志》11，第1期，第301—315页。

1983b，“希伯来—基督教的道德传统的哲学旨趣”（*The Philosophical*

Interest of the Hebrew—Christian Moral Tradition），载于《托马斯主义者》47，第2期，第165—196页。

1984，“废墟中的美德：论麦金太尔”（*Virtue among the Ruins*：*An Essay on MacIntyre*），载于《系统神学与宗教哲学新杂志》26，第3期，第273—275页。

唐君毅，1961—62，“中国先秦的天命”（*The Tien Ming* [*Heavenly Ordinance*] *in Pre—Ch'in China*），载于《东西方哲学》11—12，第195—218、29—49页。

泰勒，查尔斯（Taylor，Charles），1982，“善的多样性”（*The Diversity of Goods*），载于A. 森与B. 威廉斯主编的《功利主义以及对它的超越》，第129—144页，剑桥：剑桥大学出版社。

1985a，《人的能动性与语言：哲学论文（一）》（*Human Agency and Language*：*Philosophical Papers* 1），剑桥：剑桥大学出版社。

1985b，《哲学与人类科学：哲学论文（二）》（*philosophy and the Human Science*：*Philosophical Papers* 2），剑桥：剑桥大学出版社。

泰勒：里查德（Taylor，Richard），《伦理学，信仰和理性》（*Ethics*，*Faith*，*and Reason*），新泽西州：普伦提斯—豪尔出版社。

特拉西，戴维（Tracy，David）主编，1978，“赞美中世纪遗产：关于阿奎那和波拿文彻思想的对话”（*Celebrating the Medieval Heritage*：*A Colloquy on the Thought of Aquinas and Bonaventure*），载于《宗教杂志》58，增刊。

1981，《类比想象：基督教神学与多元论文化》（*The Analogical Imagination*：*Christian Theology and the Culture of Pluralism*），纽约：十字路口出版社。

杜维明，1979，《人性与自我修养：论儒家思想》（*Humanity and Self—Cultivation*：*Essays in Confucian Thought*），亚洲人文出版社。

乌姆森J. O.（Urmson，J. O.），1967，“亚里士多德论快乐”（*Aristotle on Pleasure*），载于J. M. E. 莫拉西克主编的《亚里士多德：批评论文集》，第323—333页，纽约：道布尔戴·安可出版社。

1980，“亚里士多德的中庸学说”（*Aristotle's Doctrine of the Mean*），载于A. O. 罗蒂主编的《论亚里士多德的伦理学》，第157—170页，加州大学出版社。

威贝克，杰拉德（Verbeke，Gerard），1983，《斯多葛哲学在中世纪思想中的出现》（*The Presence of Stoicism in Medieval Thought*），华盛顿：美国天主教大学出版社。

威维尔根，A. F.（Verwilghen，A. F.），1967，《孟子其人及其思想》（*Mencius: The Man and His Ideas*），纽约：圣约翰大学出版社。

冯·莱特，格莱格·亨利克（Von Wright，Greg Henrick），1963，《各种各样的善》（*The Varieties of Goodness*），伦敦：鲁特莱基与克甘·保罗出版社。

瓦代尔，保罗（Wadell Paul），1985，"'解说阿奎那'：以与上帝为伴的博爱的眼光看激情、美德与天赐"（"*An Interpretation of Aquinas" Treatise on the Passions, the Virtues, and the Gifts from the Perspective of Charity as Friendship with God*），博士论文，圣母大学神学系。

韦利，阿瑟（Waley Arthur），1934，《道及其力量：〈道德经〉及其在中国思想中的地位研究》（*The Way and Its Power: A Study of the Tao Te Ching and Its Place in Chinese Thought*），伦敦：艾伦与温文出版社。

华莱士，G. 与沃尔克，A. D. M.（Wallace，G.，and Walker，A. D. M.）主编，1970，《道德的定义》（*The Definition of Morality*），伦敦：梅提温出版公司。

华莱士，詹姆斯（Wallace，James），1978，《美德与罪恶》（*Virtues and Vices*），康奈尔大学出版社。

沃尔顿，道格拉斯（Walton，Douglas），1986，《对勇敢的哲学研究》（*Courage: A Philosophical Investigation*），加州大学出版社。

瓦尔托夫斯基，马克斯（Wartofsky，Marx），1984，"迷失的美德，或理解麦金太尔"（*Virtue Lost or Understanding MacIntyre*），载于《探索》27，第235—250页。

瓦特森，加利（Watson，Gary），1982，"自由的能动作用"（*Free Agency*），载于G. 瓦特森主编的《自由意志》第96—110页，纽约：牛津大学出版社。

1984，"过了头的美德"（*Virtues in Excess*），载于《哲学研究》46，第57—74页。

韦伯，马克斯（Weber，Max），1951（1920—1921），《中国的宗教》（*The Religion of China*），H. 杰尔思译，伊利诺斯州：自由出版社。

威兰德，乔格（Weiland，Georg），1982a.，“对亚里士多德的伦理学的接受与解释”，（*The Reception and Interpretation of Aristotle's Ethics*）载于N. 克莱茨曼、A. 肯尼与J. 平伯格主编的《剑桥中世纪晚期哲学史》，第657—672页，剑桥：剑桥大学出版社。

1982b，“幸福：人的完善”（*Happiness：the Perfection of Man*），载于N. 克莱茨曼、A. 肯尼与J. 平伯格主编的《剑桥中世纪晚期哲学史》第673—686页，剑桥：剑桥大学出版社。

维谢普尔，詹姆斯（Weisheiple，James），1974，《托钵会修士托马斯·阿奎那；他的生平，思想和著作》（*Friar Thomas Aquino：His Life，Thought，and Work*），纽约：道布尔戴出公司。

怀特，维克多（White，Victor），OP，1961（1952），《上帝与无意识》（*God and Unconscious*），克利夫兰：梅利典出版社。

1955，《未知的上帝及其他》（*God the Unknown and Other Essays*），伦敦：哈维尔出版社。

维金斯，戴维（Wiggins，David），1976，“真理，发明与生活的意义”（*Truth，Invention，and the Meaning of Life*），载于《不列颠学院公报》62，第331—378页。

1978，“思虑与实践理性”（*Deliberation and Practical Reason*），载于J. 拉茨主编的《实用推理》，第144—152页，牛津：牛津大学出版社。

1980a，“思虑与实践理性”（*Deliberation and Practical Reason*），载于A. O. 罗蒂主编的《论亚里士多德的伦理学》，第221—240页，加州大学出版社。

1980b，“意志的弱点，可比性，思虑和欲望的对象”（*Weakness of Will，Commensurability，and the Objects of Deliberation and Desire*），载于A. O. 罗蒂主编的《论亚里士多德的伦理学》，第241—265页，加州大学出版社。

威廉斯，伯纳德（Williams，Bernard），1973，“道德与情感”（*Morality and the Emotions*），载于《自我问题》，剑桥：剑桥大学出版社。

1981a，“人格，性格，与道德”（*Persons，Character，and Morality*），载于《道德的命运：哲学论文集》，第1—19页，剑桥：剑桥大学出版社。

1981b，“道德的命运”（*Moral Luck*），载于《道德的命运：哲学论文集》，第20—39页，剑桥：剑桥大学出版社。

1981c，“功利主义与道德的自我放纵”（*Utilitarianism and Moral Self—Indulgence*），载于《道德的命运：哲学论文集》，第 40—53 页，剑桥：剑桥大学出版社。

1985，《伦理学与哲学的局限》（ *Ethics and Limits of Philosophy* ），坎布里奇：哈佛大学出版社。

维特根斯坦，路德维格（Wittgestein，Ludwig），1965（1929—30），“维特根斯坦的伦理学讲演”（*Wittgenstein's Lecture on Ethics*），载于《哲学评论》74：1。

1968（1953），《哲学研究》（*Philosophical Investigations* ），G. E. M. 安斯科姆贝译，牛津：巴西尔·布拉克与莫特出版有限公司。

沃尔夫，苏珊（Wolf，Susan），1982，“有德的圣者”（ *Moral Saints* ），载于《哲学杂志》89，第 8 期，第 419—439 页。

卫礼贤（Wollheim，Richard），1984，《生命的历程》（ *The Thread of Life* ），坎布里奇：哈佛大学出版社。

沃尔特斯托夫，尼古拉斯（Wolterstorff，Nicolas），1986，“有神论论证的变迁：从自然神学到证据论的辨惑学”（ *The Migration of Theistic Arguments：From Natural Theology to Evidentialist Apologetics* ），载于 R. 奥迪与 W. 温莱特主编的《合理性，宗教信仰与道德操守：宗教哲学新论》，第 38—81 页，康奈尔出版社。

王，戴维（Wong，David），1984，《道德的相对性》（ *Moral Relativity* ），加州大学出版社。

李耶理（Yearley，Lee），1970，“卡尔·拉纳论自然与恩典的关系”（ *Karl Rahner on the Relation of Nature and Grace*），载于《加拿大神学杂志》16，第 3—4 页，第 219—231 页。

1971，“坚韧的语境中的自然—恩典问题”（*The Nature—Grace Question in the Context of Fortitude*），《托马斯主义者》35，第 557—580 页。

1975a，“孟子的人性论：他的宗教思想的表现形式”（ *Mencius on Human Nature：The Forms of His Religious Thought* ），《美国宗教研究院杂志》43，第 2 期，第 185—198 页。

1975b，“建立宗教思想的类型学：中国实例”（ *Toward a Typology of Religious Thought：A Chinese Example* ），载于《宗教杂志》55，第 4 期，第 426—443 页。

1978，《纽曼的观念：基督教与人类的宗教性》（*The Ideas of Newman: Christianity and Human Religiosity*），宾夕法尼亚州立大学出版社。

1979，“评秦家懿的《儒学与基督教比较研究》”（*Review of Confucianism and Christianity: A Comparative Study by Julia Ching*），载于《东西方哲学》32，第4期，第439—451页。

1980，“荀子论心：他融合儒家与道家的企图”（*Hsun Tzu on the Mind: His Attempted Synthesis of Confucianism and Taoism*），载于《亚洲研究》39，第3期，第465—480页。

1982，“走向宗教的三种方式”（*Three Ways of Being Religious*），载于《东西方哲学》32，第4期，第439—451页。

1983a，“中国古典时期的思想与托马斯基督教思想的对比”（*A Comparison between Classical Chinese Thought and Thomistic Christian Thought*），载于《美国宗教研究院杂志》51，第3期，第427—458页。

1983b，“庄学激进派对完美人格的认识”（*The Perfected Person in the Radical Chuang—tzu*），载于V. 梅尔主编的《庄子的尝试》出版社。

1985a，“儒家危机：孟子的两个宇宙演化论及其伦理学”（*A Confucian Crisis: Mencius Two Cosmogonies and Their Ethics*），载于R. 罗宾与F. 雷诺兹主编的《宇宙演化论与伦理秩序：比较伦理学新论》第310—327页，芝加哥大学出版社。

1985b，“弗洛伊德：宇宙演化论及其伦理学的创立者和评论者”（*Freud as Creator and Critic of Cosmogonies and Their Ethics*），载于R. 罗宾与F. 雷诺兹主编的《宇宙演化论与伦理秩序：比较伦理学新论》第381—413页，芝加哥大学出版社。

1985c，“教师与救星”（*Teachers and Saviors*），载于《宗教杂志》65，第2期，第225—243页。

1990a，“中产阶级的相对主义与对自我的比较研究”（*Bourgeois Relativism and the Comparative Study of the Self*），载于J. 卡尔门主编的《宗教学说的专题比较》，佐治亚州：学者出版社。

1990b，“教育与智识上的优点”（*Education and the Intellectual Virtues*），载于S. 布尔克哈特与安·F. 雷诺兹主编的《超越经典？论宗教研究与自由主义教育》，佐治亚州：学者出版社。

1990c，“近期关于美德的著作”（*Recent Works on Virtue*），载于《宗

教研究评论》16，第 1 期，第 1—9 页。

“庄子对于宇宙的认识”（*Chuang Tzu's Cosmic Identification*），即将发表于杜维明主编的《道家精神性》第 10 卷，《世界的精神性：宗教追求的全面展示》，纽约：十字路口出版公司。

“人道昌盛的典范之间的冲突”（*Conflicts Among Ideals of Human Flourishing*），即将发表于 G. 欧特加与 J. 里德，Jr. 主编的《共同的道德规范的前景》。

“荀子：实行人道的礼制”（*Hsun Tzu: Ritualization as Humanization*），即将发表于杜维明主编的《儒家精神性》第 2 卷《世界的精神性：宗教追求的全面展示》，纽约：十字路口出版公司。